甘肃 2024 调查年鉴

GANSU SURVEY YEARBOOK

国家统计局甘肃调查总队　编

Compiled by
Survey Office of the National Bureau of Statistics in Gansu

中国统计出版社
China Statistics Press

图书在版编目（CIP）数据

甘肃调查年鉴. 2024 / 国家统计局甘肃调查总队编. -- 北京 : 中国统计出版社, 2024.8
ISBN 978-7-5230-0439-5

Ⅰ. ①甘… Ⅱ. ①国… Ⅲ. ①统计资料－甘肃－2024－年鉴 Ⅳ. ①C832.42-54

中国国家版本馆 CIP 数据核字(2024)第 110000 号

甘肃调查年鉴 2024

作　　者/ 国家统计局甘肃调查总队
责任编辑/ 李　冲
封面设计/ 李雪燕
出版发行/ 中国统计出版社有限公司
地　　址/ 北京市丰台区西三环南路甲 6 号　邮政编码/100073
发行电话/ 邮购（010）63376909　书店（010）68783171
网　　址/ http://www.zgtjcbs.com
印　　刷/ 河北鑫兆源印刷有限公司
经　　销/ 新华书店
开　　本/ 890mm×1240mm　1/16
字　　数/ 380 千字
印　　张/ 13
版　　别/ 2024 年 8 月第 1 版
版　　次/ 2024 年 8 月第 1 次印刷
定　　价/ 320.00 元

《甘肃调查年鉴 2024》编委会和编辑人员

编 委 会

编辑工作人员

Gansu Survey Yearbook 2024
EDITORIAL BOARD AND EDITORIAL STAFF

编者说明

《甘肃调查年鉴 2024》是国家统计局甘肃调查总队编辑出版的资料型专业调查年刊，是一本记录甘肃城乡居民生活质量、物价变动、农业生产情况等内容的资料工具书。本年鉴收录了 2023 年甘肃省农业、畜禽监测、脱贫县农村住户监测、居民收支、消费价格、生产价格等各项统计调查数据，对于了解甘肃社会经济发展，研究制定各项政策，指导经济决策具有重要的参考价值。

年鉴共分为七个部分：第一部分，综合篇；第二部分，农业农村调查；第三部分，脱贫县农村住户监测；第四部分，城乡居民家庭收支；第五部分，消费价格；第六部分，生产价格；第七部分，附录。

资料中所使用的度量衡单位均采用国际统一标准计量单位，部分数据合计数或相对数由于单位取舍不同产生的计算误差均未作机械调整。书中“空格”表示无该项数据或数据不详。

限于我们的经验和水平，编辑中难免出现错误和疏漏，敬请广大读者批评指正。

Editor's Notes

Gansu Survey Yearbook 2024 is an annual professional statistical publication edited and published by the Survey Office of National Bureau of Statistics in Gansu. It is a reference book that records the quality of life, price changes and agricultural production of urban and rural residents in Gansu. The yearbook contains various statistical survey data of agriculture, livestock and poultry monitoring, rural household monitoring in poverty-stricken counties, resident income and expenditure consumer price and production price in Gansu Province from 2023, which has important reference value for understanding the social and economic development of Gansu province, studying and formulating various policies, and guiding economic decision-making.

The yearbook contains 7 chapters: 1. Comprehensive; 2. Agriculture and Rural Survey; 3.Rural Household Monitoring in Poverty-stricken Counties; 4.Urban and Rural Household Income and Expenditure; 5.Consumer Prices; 6.Production Prices; 7.Appendix.

The units of weights and measures used in the data are all international unified standard units of measurement, and the calculation errors caused by different unit choices in some data total or relative numbers have not been mechanically adjusted. The "blank space" in the book indicates that the data is not available or the data is unknown.

Limited to our experience and level, editing errors and omissions are inevitable, please criticize and correct.

目　　录

Contents

一、综合篇

Comprehensive

二、农业农村调查篇

Agriculture and Rural Survey

三、脱贫县农村住户监测篇

Rural Household Monitoring in Poverty-stricken Counties

四、城乡居民家庭收支篇

Urban and Rural Household Income and Expenditure

五、消费价格篇
Consumer Prices

六、生产价格篇
Production Prices

七、附录

Appendix

一

综 合 篇

Comprehensive

2023年甘肃省国民经济和社会发展统计公报

甘肃省统计局　国家统计局甘肃调查总队

（2024年3月14日）

2023年，在省委、省政府的坚强领导下，全省上下坚持以习近平新时代中国特色社会主义思想为指导，深入贯彻党的二十大精神，坚持稳中求进工作总基调，完整准确全面贯彻新发展理念，深入实施“四强”行动，做深做细“五量”文章，全力以赴抓经济，千方百计促发展，全省经济稳中向好、进中提质，质量效益持续提升，民生保障有力有效，高质量发展扎实推进，中国式现代化甘肃实践迈出坚实步伐。

一、综合

初步核算，全年全省地区生产总值11863.8亿元，比上年增长6.4%。其中，第一产业增加值1641.3亿元，增长5.9%；第二产业增加值4080.8亿元，增长6.5%；第三产业增加值6141.8亿元，增长6.4%。第一产业增加值占地区生产总值比重为13.8%，第二产业增加值比重为34.4%，第三产业增加值比重为51.8%。按常住人口计算，全年人均地区生产总值47867元，比上年增长6.9%。

全年全省十大生态产业增加值3882.96亿元，占全省地区生产总值的32.7%。

年末全省常住人口2465.48万人，比上年末减少26.94万人。其中，城镇人口1368.05万人，占常住人口比重（常住人口城镇化率）为55.49%，比上年末提高1.3个百分点。全年出生人口19.10万人，出生率为7.71‰；死亡人口22.40万人，死亡率为9.04‰；人口自然增长率为-1.33‰。

表1　2023年甘肃省年末人口数及其构成

指　　标	年末数（万人）	比重（%）	指　　标	年末数（万人）	比重（%）
常住人口	2465.48	100.00	其中：男性	1251.48	50.76
其中：城镇	1368.05	55.49	女性	1214.00	49.24
乡村	1097.43	44.51	其中：0—14岁	453.84	18.41
			15—64岁	1675.16	67.94
			65岁及以上	336.48	13.65

全年城镇新增就业32.01万人，其中失业人员再就业13.90万人。全年输转城乡富余劳动力523.2万人，其中，省外输转230.6万人，省内输转292.6万人。

全年居民消费价格比上年上涨0.5%。农产品生产者价格上涨3.3%。工业生产者出厂价格下降4.1%。工业生产者购进价格下降7.5%。

表 2　2023 年甘肃省居民消费价格比上年涨跌幅度

单位：%

指　　标	全省	城市	农村
居民消费价格	0.5	0.5	0.5
其中：食品烟酒	0.3	0.3	0.2
衣着	0.2	0.3	0.0
居住	-0.4	-0.8	0.7
生活用品及服务	0.0	0.0	-0.2
交通和通信	-0.8	-0.4	-1.8
教育文化和娱乐	1.6	1.6	1.5
医疗保健	3.5	4.0	2.7
其他用品和服务	3.2	3.5	2.1

二、农业

全年全省粮食种植面积 271.1 万公顷，比上年增加 1.1 万公顷。其中，小麦种植面积 74.0 万公顷，增加 0.1 万公顷；玉米种植面积 109.9 万公顷，增加 2.5 万公顷；马铃薯种植面积 56.9 万公顷，减少 0.8 万公顷。蔬菜种植面积 48.6 万公顷，增加 3.2 万公顷。中药材种植面积 31.7 万公顷，增加 1.8 万公顷。果园面积 33.1 万公顷，减少 0.1 万公顷。油料种植面积 27.8 万公顷，增加 0.8 万公顷。

全年粮食产量 1272.9 万吨，比上年增产 0.6%。其中，夏粮产量 343.6 万吨，增产 0.4%；秋粮产量 929.3 万吨，增产 0.7%。

全年蔬菜产量 1822.6 万吨，比上年增产 5.0%。中药材产量 148.9 万吨，增产 8.3%。园林水果产量 616.4 万吨，增产 7.1%。

全年猪牛羊禽肉产量 156.2 万吨，比上年增长 10.4%。牛奶产量 101.8 万吨，增长 10.8%。年末牛存栏 558.9 万头，增长 5.1%；牛出栏 261.4 万头，增长 5.5%。羊存栏 2805.8 万只，增长 8.1%；羊出栏 2558.2 万只，增长 12.3%。生猪存栏 696.0 万头，下降 0.5%；生猪出栏 958.6 万头，增长 7.0%。

表 3　2023 年甘肃省主要农产品产量及其增长速度

产品名称	产量（万吨）	比上年增长（%）	产品名称	产量（万吨）	比上年增长（%）
粮食	1272.9	0.6	中药材	148.9	8.3
夏粮	343.6	0.4	园林水果	616.4	7.1
秋粮	929.3	0.7	蔬菜	1822.6	5.0
#小麦	299.2	0.8	猪牛羊禽肉	156.2	10.4
玉米	672.6	1.3	#猪肉	72.7	7.1
薯类	222.1	-0.2	牛肉	29.8	9.5
油料	63.1	2.9	羊肉	40.9	12.0
#油菜籽	37.6	3.1	禽肉	12.8	29.7
棉花	4.2	6.5	牛奶	101.8	10.8
甜菜	16.9	6.6	禽蛋	23.5	8.6
烟叶	0.6	9.4			

三、工业和建筑业

全年全省全部工业增加值 3389.6 亿元，比上年增长 6.8%。规模以上工业增加值增长 7.6%。在规模以上工业中，分经济类型看，国有及国有控股企业增加值增长 7.0%；集体企业下降 10.0%，股份制企业增长 4.8%，外商及港澳台投资企业增长 6.0%；私营企业增长 11.6%。分隶属关系看，中央企业增加值增长 5.9%，省属企业增长 10.2%，省以下地方企业增长 8.8%。分轻重工业看，轻工业增加值增长 4.0%，重工业增长 8.1%。分门类看，采矿业增加值增长 4.4%，制造业增长 9.4%，电力、热力、燃气及水生产和供应业增长 5.9%。

表 4　2023 年甘肃省规模以上工业分行业增加值增长速度及其比重

行　业	比上年增长（%）	占规模以上工业增加值比重（%）	行　业	比上年增长（%）	占规模以上工业增加值比重（%）
全　省	7.6	100.0	电子工业	13.4	2.5
煤炭工业	4.1	9.4	食品工业	5.5	8.6
电力工业	1.0	10.4	建材工业	2.9	5.1
冶金工业	1.5	3.7	纺织工业	-13.9	0.2
有色工业	15.9	18.6	医药工业	-5.1	2.8
石化工业	6.5	32.6	其他工业	42.8	2.4
机械工业	20.7	3.8			

表 5　2023 年甘肃省主要工业产品产量及其增长速度

产品名称	单位	产量	比上年增长（%）
原煤	万吨	6019.7	11.2
原油	万吨	1166.4	6.8
天然气	亿立方米	7.5	38.2
原油加工量	万吨	1466.5	0.8
发电量	亿千瓦时	2109.0	7.9
#火力发电量	亿千瓦时	1050.2	-0.1
水力发电量	亿千瓦时	373.5	-0.3
铁矿石原矿	万吨	1231.2	3.0
电石	万吨	72.2	-30.8
水泥	万吨	4125.5	2.8
生铁	万吨	814.7	0.5
粗钢	万吨	1108.9	2.2
钢材	万吨	1179.4	6.5
十种有色金属	万吨	498.8	17.4
#铜	万吨	115.5	23.7
铅	万吨	2.4	16.2
锌	万吨	44.5	0.3
铝	万吨	307.4	16.7

年末全省发电装机容量 8963.5 万千瓦，比上年末增长 32.2%。其中，火电装机容量 2524.6 万千瓦，增长 9.2%；水电装机容量 971.8 万千瓦，与上年持平；风电装机容量 2614.1 万千瓦，增长 26.1%；太阳能发电装机容量 2539.8 万千瓦，增长 79.2%。

全年规模以上工业企业利润 514.0 亿元，比上年下降 12.5%，其中国有及国有控股企业利润 436.6 亿元，下降 7.1%。分门类看，采矿业利润 206.6 亿元，比上年下降 23.2%；制造业 257.0 亿元，下降 11.1%；电力、热力、燃气及水生产和供应业 50.4 亿元，增长 72.0%。规模以上工业企业每百元营业收入中的成本为 85.5 元，比上年增加 0.2 元；营业收入利润率为 4.6%，下降 0.7 个百分点。年末规模以上工业企业资产负债率为 58.6%，比上年末提高 0.2 个百分点。

全年建筑业增加值 707.7 亿元，比上年增长 5.9%。年末具有资质的总承包和专业承包建筑业企业 2963 个，比上年末增加 293 个。

四、服务业

全年全省批发和零售业增加值 848.1 亿元，比上年增长 6.6%；交通运输、仓储和邮政业增加值 691.4 亿元，增长 17.7%；住宿和餐饮业增加值 190.6 亿元，增长 21.7%；金融业增加值 955.9 亿元，增长 5.2%；房地产业增加值 568.7 亿元，增长 2.0%；其他服务业增加值 2821.1 亿元，增长 4.3%。全年规模以上服务业企业营业收入比上年增长 16.0%，利润总额增长 215.9%。

全年货物运输总量 79807.6 万吨，比上年增长 9.4%；货物运输周转量 4245.8 亿吨公里，增长 15.4%。旅客运输总量 15938.9 万人次，增长 96.9%；旅客运输周转量 498.4 亿人公里，增长 125.9%。甘肃省民航机场集团完成旅客吞吐量 1872.4 万人次，比上年增长 152.2%；货邮吞吐量 7.9 万吨，增长 35.6%。年末全省铁路营业里程 4860.3 公里，与上年持平；公路里程 15.8 万公里，增长 0.6%，其中等级公路 15.5 万公里，增长 1.1%。

表 6　2023 年甘肃省主要运输方式完成货物、旅客运输量及其增长速度

指　　标	单位	绝对数	比上年增长（%）
货物运输总量	万吨	79807.6	9.4
#铁路	万吨	9904.6	11.8
公路	万吨	69902.1	9.1
货物运输周转量	亿吨公里	4245.8	15.4
#铁路	亿吨公里	2155.2	8.3
公路	亿吨公里	2090.5	23.7
旅客运输总量	万人次	15938.9	96.9
#铁路	万人次	6200.4	153.7
公路	万人次	9371.0	69.0
旅客运输周转量	亿人公里	498.4	125.9
#铁路	亿人公里	402.3	127.7
公路	亿人公里	66.0	104.7

年末全省民用汽车保有量 470.2 万辆，比上年末增长 7.0%，其中私人汽车保有量 406.2 万辆，增长 7.2%。民用轿车保有量 209.8 万辆，增长 6.4%，其中私人轿车保有量 188.6 万辆，增长 6.6%。

全年完成邮政行业业务总量 62.8 亿元，比上年增长 27.1%。邮政业完成邮政函件业务 671.3 万件；包裹业务 37.0 万件；快递业务量 2.9 亿件，增长 49.2%；快递业务收入 52.3 亿元，增长 37.0%。全年完成电信业务总量 300.1 亿元，增长 15.4%。年末移动电话基站数 22.4 万个，其中 4G 基站 10.7 万个，5G 基站 5.8 万

个。全省年末电话用户总数 3186.1 万户，其中移动电话用户 2879.4 万户，移动电话用户中 4G 移动电话用户 1356.5 万户，5G 移动电话用户 1318.6 万户。移动电话普及率 115.6 部/百人，比上年增加 3.8 部/百人。固定互联网宽带接入用户 1186.7 万户，比上年末增加 94.1 万户。其中，固定互联网光纤宽带接入用户 1162.8 万户，比上年末增加 95.1 万户。全年移动互联网用户接入流量 52.1 亿 GB，比上年增长 9.0%。年末互联网宽带接入端口 1958.6 万个，增长 11.6%。固定宽带接入用户普及率 47.7 部/百人。

五、国内贸易和对外经济

全年全省社会消费品零售总额 4329.7 亿元，比上年增长 10.4%。按经营地统计，城镇消费品零售额 3544.2 亿元，增长 10.2%；乡村消费品零售额 785.5 亿元，增长 11.3%。按消费形态统计，商品零售额 3831.1 亿元，增长 9.0%；餐饮收入 498.6 亿元，增长 22.7%。

全年限额以上单位商品零售额中，粮油、食品类零售额比上年增长 9.2%，烟酒类增长 18.1%，化妆品类增长 12.6%，金银珠宝类增长 30.6%，日用品类下降 2.0%，中西药品类增长 6.4%，汽车类增长 15.2%，服装、鞋帽、针纺织品类增长 33.3%，家用电器和音像器材类下降 4.0%，石油及制品类增长 13.1%。限额以上批零住餐企业通过公共网络实现零售额增长 34.7%。

全年外贸进出口总值 491.7 亿元，比上年下降 13.0%。其中，出口 123.8 亿元，增长 3.8%；进口 367.9 亿元，下降 17.5%。对共建“一带一路”沿线国家进出口 366.6 亿元，比上年下降 2.6%，占同期全省外贸总值的 74.6%。其中，出口 69.3 亿元，增长 26.8%；进口 297.3 亿元，下降 7.6%。

全年外商直接投资合同项目 34 个，实际使用外商直接投资金额 13919 万美元，比上年增长 11.5%。对外承包工程完成营业额 45268 万美元，增长 31.0%。对外承包工程新签合同金额 34482 万美元，下降 40.0%。

六、固定资产投资

全年全省固定资产投资比上年增长 5.9%。按三次产业分，第一产业投资下降 1.9%；第二产业投资增长 30.0%，其中工业投资增长 30.1%；第三产业投资下降 4.1%。基础设施投资与上年持平。民间固定资产投资下降 3.6%。社会领域投资增长 6.4%。

全年项目投资比上年增长 13.2%。其中，制造业投资增长 11.0%，电力、热力、燃气及水生产和供应业投资增长 31.3%，交通运输、仓储和邮政业投资持平，水利、环境和公共设施管理业投资下降 0.2%。

表 7　2023 年甘肃省分行业项目投资增长速度及其比重

行　　业	比上年增长（%）	占项目投资比重（%）	行　　业	比上年增长（%）	占项目投资比重（%）
项目投资	13.2	100.0	金融业	42.5	0.0
农林牧渔业	-1.9	4.4	房地产业	-2.5	6.1
采矿业	125.8	5.4	租赁和商务服务业	-23.8	1.0
制造业	11.0	14.5	科学研究和技术服务业	29.4	0.3
电力、热力、燃气及水生产和供应业	31.3	25.3	水利、环境和公共设施管理业	-0.2	11.5
建筑业	-34.9	0.0	居民服务和其他服务业	-33.0	0.2
批发和零售业	84.7	1.1	教育	-4.6	3.1
交通运输、仓储和邮政业	0.0	19.8	卫生、社会保障和社会福利业	24.8	3.5
住宿和餐饮业	56.4	0.4	文化、体育和娱乐业	-6.4	1.1
信息传输、软件和信息技术服务业	36.8	1.6	公共管理和社会组织	73.4	0.6

全年房地产开发投资比上年下降 14.8%，其中住宅投资下降 11.4%。房屋施工面积 12102.5 万平方米，下降 1.4%，其中住宅施工面积 8874.3 万平方米，下降 0.9%。在房屋施工面积中，房屋新开工面积 1577.9

万平方米，下降 25.1%，其中住宅新开工面积 1210.6 万平方米，下降 27.1%。房屋竣工面积 1241.2 万平方米，下降 35.2%，其中住宅竣工面积 977.0 万平方米，下降 34.2%。商品房销售面积 1496.7 万平方米，增长 1.8%，其中住宅销售面积 1426.8 万平方米，增长 2.8%。

七、财政金融

全年全省一般公共预算收入 1003.5 亿元，比上年增长 10.6%。其中，税收收入 698.5 亿元，增长 19.9%；非税收入 304.9 亿元，下降 6.1%。从主体税种看，国内增值税 322.3 亿元，增长 55.2%；企业所得税 82.3 亿元，下降 2.8%；个人所得税 24.8 亿元，增长 5.0%。一般公共预算支出 4518.5 亿元，增长 6.1%。其中，民生支出 3569.5 亿元。

年末全省金融机构本外币各项存款余额 26544.1 亿元，比上年末增长 6.6%，其中人民币各项存款余额 26488.3 亿元，增长 6.7%。金融机构本外币各项贷款余额 27489.8 亿元，增长 8.3%，其中人民币各项贷款余额 27407.3 亿元，增长 8.4%。

表 8　2023 年甘肃省金融机构本外币各项存贷款余额及其增长速度

指　标	年末数（亿元）	比上年末增长（%）	指　标	年末数（亿元）	比上年末增长（%）
金融机构本外币各项存款余额	26544.1	6.6	财政性存款	584.1	19.0
#境内存款	26532.9	6.6	金融机构本外币各项贷款余额	27489.8	8.3
#住户存款	17376.7	12.5	#境内贷款	27416.7	8.3
非金融企业存款	4253.6	-9.0	#住户贷款	7037.9	7.0
机关团体存款	3801.6	2.0	企事业单位贷款	20334.8	8.7

年末全省境内上市公司 36 家，比上年末减少 1 家。其中，A 股上市公司 35 家，H 股上市公司 1 家。A 股上市公司总市值 2959.6 亿元，比上年增长 2.4%。

全年保险公司原保险保费收入 534.3 亿元，比上年增长 8.8%；支付各类赔款及给付 213.5 亿元，增长 35.1%。

表 9　2023 年甘肃省保险业务情况

指　标	绝对数（亿元）	比上年增长（%）	指　标	绝对数（亿元）	比上年增长（%）
原保险保费收入	534.3	8.8	支付各类赔款及给付	213.5	35.1
财产险	150.6	7.9	财产险	104.7	21.4
人身险	383.6	9.2	人身险	108.8	51.5

八、居民收入消费和社会保障

全年全省居民人均可支配收入 25011 元，比上年增长 7.5%。按常住地分，城镇居民人均可支配收入 39833 元，增长 6.0%；农村居民人均可支配收入 13131 元，增长 7.9%。城乡居民人均可支配收入比值为 3.03，比上年缩小 0.06。

全年全省居民人均消费支出 19013 元，比上年增长 8.7%。按常住地分，城镇居民人均消费支出 27044 元，增长 7.3%；农村居民人均消费支出 12575 元，增长 9.4%。全省居民恩格尔系数为 29.9%，其中城镇为 28.8%，农村为 31.8%。

表 10　2023 年甘肃省城乡居民家庭人均收支情况

指　标	全体居民		城镇		农村	
	绝对数（元）	比上年增长（%）	绝对数（元）	比上年增长（%）	绝对数（元）	比上年增长（%）
可支配收入	25011	7.5	39833	6.0	13131	7.9
工资性收入	14236	9.5	27141	7.6	3893	11.3
经营净收入	4382	2.9	2810	2.6	5642	3.8
财产净收入	1435	4.0	3001	1.7	180	11.7
转移净收入	4958	6.8	6880	3.3	3417	11.3
生活消费支出	19013	8.7	27044	7.3	12575	9.4
食品烟酒	5687	6.0	7793	3.5	3999	8.6
衣着	1222	7.4	1871	6.3	702	7.3
居住	4065	3.7	6039	0.5	2482	8.1
生活用品及服务	1057	5.7	1583	3.9	635	7.1
交通通信	2604	12.1	3740	12.1	1694	10.3
教育文化娱乐	2071	16.6	2937	18.9	1376	11.4
医疗保健	1893	17.4	2407	20.0	1481	13.3
其他用品和服务	414	15.4	674	16.8	205	8.8

年末全省参加城镇职工基本养老保险人数 532.54 万人，比上年末增加 14.99 万人。参加城乡居民基本养老保险人数 1378.98 万人，减少 7.57 万人。参加基本医疗保险人数 2510.58 万人，减少 44.57 万人。其中，参加职工基本医疗保险人数 396.68 万人，参加城乡居民基本医疗保险人数 2113.9 万人。参加失业保险人数 210.05 万人，增加 7.29 万人。年末全省领取失业保险金人数 2.25 万人。参加工伤保险人数 297.44 万人，增加 10.22 万人，其中参加工伤保险的农民工 40.82 万人，增加 2.03 万人。参加生育保险人数 265.41 万人，增加 8.51 万人。年末全省共有 30.9 万人享受城市居民最低生活保障，159.1 万人享受农村居民最低生活保障，9.9 万人享受农村特困人员救助供养。

年末全省共有各类社区服务机构和设施 5746 个。其中，社区服务指导中心 7 个，社区服务中心 563 个，社区服务站 4745 个，社区专项服务机构和设施 431 个。共有社区养老服务机构和设施 9492 个。其中，未登记的特困人员救助供养机构 114 个，全托服务社区养老服务机构和设施 467 个，日间照料社区养老服务机构和设施 2955 个，互助型社区养老设施 5854 个，其他社区服务机构和设施 102 个。

九、科学技术

全省共有国家工程技术研究中心 5 个，国家级企业技术中心 20 家。全年登记省级科技成果 2449 项，其中，基础理论 1102 项，应用技术类成果 1288 项，软科学 59 项。专利授权量 20903 件，比上年下降 7.06%，其中发明专利授权量 3568 件，增长 44.34%。有效发明专利 15252 件，每万人口发明专利拥有量 6.12 件。共签订技术合同 14148 项，增长 6.85%；技术合同成交金额 468.15 亿元，增长 38.27%。

十、文化旅游、卫生健康和体育

年末全省广播节目综合人口覆盖率 99.48%，比上年末提高 0.02 个百分点；电视节目综合人口覆盖率 99.54%，提高 0.02 个百分点。

全年共接待国内游客 3.88 亿人次，比上年增长 187.8%；实现国内旅游综合收入 2745.8 亿元，增长 312.9%。接待入境游客 13.06 万人次。旅游人均花费 708 元，比上年增加 215 元。

年末全省共有医疗卫生机构25345个。其中，医院737个，医院中有综合医院357个，中医医院120个，专科医院205个；基层医疗卫生机构24200个，其中，社区卫生服务中心（站）744个，卫生院1351个，村卫生室16272个；专业公共卫生机构383个，其中，疾病预防控制中心105个，妇幼保健院（所、站）99个，卫生监督所（中心）64个，计划生育技术服务机构61个。年末卫生技术人员22.06万人。其中，执业医师和执业助理医师7.8万人，注册护士10.04万人。医疗卫生机构床位20.4万张。其中，医院15.61万张，卫生院3.22万张。全年总诊疗人次12105.81万人次，出院人数589.84万人。

全省共有体育场地92462个，体育场地面积5607万平方米，人均体育场地面积2.25平方米。全年体育获得各类奖牌207枚，其中金牌70枚。

十一、资源、环境和应急管理

全年全省水资源总量217.6亿立方米。人均水资源量883立方米，比上年下降4.7%。年末全省大中型水库蓄水总量51.96亿立方米，比上年末增长8.2%。全年总用水量115.8亿立方米，比上年增长2.6%。其中，生活用水量10.74亿立方米，增长3.9%；工业用水量6.38亿立方米，增长0.8%；农业用水量91.42亿立方米，增长11.1%；生态用水量7.26亿立方米，下降47.8%。人均用水量470立方米，增长3.8%。

全省共有自然保护区56个，其中国家级自然保护区21个。国家地质公园12个，省级地质公园24个。

全年全省规模以上工业能源消费量5633.1万吨标准煤，比上年增长4.0%。六大高耗能行业能源消费量5098.2万吨标准煤，增长4.5%。

省内74个地表水监测断面中，达到或优于III类断面比例为95.9%。全年全省14个市州环境空气质量平均优良天数比率为96.2%（剔除沙尘天气影响）。庆阳市、嘉峪关市、武威市和临夏州4个城市声环境质量等级为一级；甘南州、酒泉市、张掖市、白银市、平凉市、金昌市、定西市、天水市和兰州市9个城市声环境质量等级为二级；陇南市声环境质量等级为三级。

全年全省平均气温为9.3℃，比上年下降0.2℃。年日照小时数2422小时，比上年增加100小时。年降水量387.2毫米，比上年增长25毫米。全省气象雷达观测站点16个，卫星云图接收站点2个。

全省共有地震台站（点）1705个，其中，有人值守的地震监测台站14个，无人值守的地震监测台站（点）1691个。

全年农作物受灾面积43.59万公顷，比上年上升39.56%；农作物成灾面积22.75万公顷，上升33.48%。全年实际发生地质灾害8起，造成直接经济损失370.32万元，下降95.9%。

全年共发生各类生产安全事故615起，比上年下降13.26%；死亡492人，下降10.71%；受伤414人，下降11.54%；直接经济损失1.23亿元，下降30.67%。亿元地区生产总值生产安全事故死亡人数为0.04人，下降15.69%；工矿商贸企业就业人员10万人生产安全事故死亡人数1.76人，下降27.81%；煤矿百万吨死亡人数0.13人，下降63.42%；十二类营运车辆道路交通事故万车死亡人数8.92人，增长0.14%。

注：

1. 本公报各项数据均为初步统计数，正式数据以《甘肃发展年鉴2024》为准。部分数据因四舍五入的原因，存在总计与分项合计不等的情况。

2. 地区生产总值、三次产业及相关行业增加值和人均地区生产总值绝对数按现价计算，增长速度按不变价格计算。

3. 农产品生产者价格是指农产品生产者直接出售其产品时的价格。

4. 主要工业产品产量中原煤、火电发电量包括规模以上和规模以下工业企业产量，发电量包括火电、水电、风电、太阳能发电量，2023年产量增速按可比口径计算。

5. 规模以上工业企业财务指标增速及变化按可比口径计算。

6. 规模以上服务业统计范围包括：辖区内年营业收入2000万元及以上交通运输、仓储和邮政业，信息传输、软件和信息技术服务业，水利、环境和公共设施管理业三个门类和卫生行业大类法人单位；辖区内年营业收入1000万元及以上租赁和商务服务业，科学研究和技术服务业，教育三个门类，以及物业管理、房地产中介服务、房地产租赁经营和其他房地产业四个行业小类法人单位；辖区内年营业收入500万元及以上居民服务、修理和其他服务业，文化、体育和娱乐业两个门类，以及社会工作行业大类法人单位。

7. 邮政业务总量按2020年不变价格计算。

8. 电信业务总量按上年不变价格计算。

9. “一带一路”是指“丝绸之路经济带”和“21世纪海上丝绸之路”。

10. 基础设施投资包括交通运输、邮政业，电信、广播电视和卫星传输服务业，互联网和相关服务业，水利、环境和公共设施管理业投资（其中不含土地管理业）。

11. 民间固定资产投资是指具有集体、私营、个人性质的内资企事业单位以及由其控股（包括绝对控股和相对控股）的企业单位建造或购置固定资产的投资。

12. 原保险保费收入是指保险企业确认的原保险合同保费收入。

13. 社会保障数据为快报数，最终数据以决算数为准。

14. 体育场地统计范围不包括军队、铁路系统所属体育场地，数据为截至2023年年底。

15. 卫生健康数据为初步数据，最终数据以省卫生健康委公布的《2023年甘肃省卫生健康事业发展统计公报》数据为准。

16. 水资源和用水量数据均为初步测算数，最终数据以省水利厅发布的水资源公报为准。

17. 工矿商贸企业就业人员10万人生产安全事故死亡人数数据是以《甘肃发展年鉴2023》中全省二、三产业就业人数计算。

18. 资料来源：本公报中城镇新增就业人员、社会保障数据来自甘肃省人力资源和社会保障厅；发电装机容量数据来自甘肃省电力公司；财政数据来自甘肃省财政厅；进出口数据来自兰州海关；利用外资数据来自甘肃省商务厅；交通运输数据来自甘肃省交通运输厅、甘肃省公安厅交警总队、中国铁路兰州局集团有限公司、甘肃省民航机场集团、东航甘肃分公司；邮政数据来自甘肃省邮政管理局；通信数据来自甘肃省通信管理局；旅游数据来自甘肃省文化和旅游厅；金融数据来自中国人民银行甘肃省分行；保险数据来自国家金融监督管理总局甘肃监管局；证券数据来自中国证监会甘肃监管局；医疗保险、生育保险数据来自甘肃省医疗保障局；城乡低保、农村特困人员救助供养、社会服务数据来自甘肃省民政厅；除国家级企业技术中心数据外，其他科技数据来自甘肃省科技厅；专利数据来自甘肃省市场监督管理局（知识产权局）；广播、电视数据来自甘肃省广播电视局；卫生数据来自甘肃省卫生健康委员会；体育数据来自甘肃省体育局；用水量数据来自甘肃省水利厅；安全生产数据来自甘肃省应急管理厅；自然保护区、地质公园数据来自甘肃省林业和草原局；环境监测数据来自甘肃省生态环境厅；地质灾害数据来自甘肃省自然资源厅；气象数据来自甘肃省气象局；地震数据来自甘肃省地震局；煤矿百万吨死亡人数来自国家矿山安全监察局甘肃局；十二类营运车辆数量来自甘肃省公安厅交通管理局。

全力落实硬招提产能　甘肃粮食生产再增产

——2023年全年粮食生产形势分析

2023年，甘肃上下认真贯彻落实党的二十大和习近平总书记关于粮食安全重要指示批示精神，牢牢扛起粮食安全政治责任，大力实施“藏粮于地，藏粮于技”战略，出实招落实党政同责责任、粮食生产多项补贴、粮食生产良法良技和防灾减灾关键措施，粮食生产实现了连续四年稳定在1200万吨以上的目标。据调查统计和国家统计局数据评估反馈，甘肃粮食播种面积2710.9千公顷，同比增加11.2千公顷，增长0.4%；粮食单位面积产量313.0公斤/亩，同比增加0.7公斤/亩，增长0.2%；粮食总产量1272.9万吨，同比增加7.9万吨，增长0.6%。粮食生产呈现出“面积增、单产提、总产长”来之不易的平稳向好形势。

一、粮食生产情况

（一）夏粮生产

1.夏粮播种面积略减。夏粮播种面积880.7千公顷，同比减少2.4千公顷，下降0.3%。小麦播种面积740.2千公顷，同比增加0.7千公顷，增长0.1%，其中：冬小麦播种面积525.3千公顷，同比增加1.1千公顷，增长0.2%；春小麦播种面积214.8千公顷，同比减少0.4千公顷，下降0.2%；其他夏收粮食播种面积140.6千公顷，同比减少3.1千公顷，下降2.1%。

2.夏粮单产稳中略增。夏粮单位面积产量3901.5公斤/公顷，同比增加26.0公斤/公顷，增长0.7%，小麦单产4042.1公斤/公顷，同比增加27.5公斤/公顷，增长0.7%，其中：冬小麦单产3504.5公斤/公顷，同比增加5.4公斤/公顷，增长0.2%；春小麦单产5356.5公斤/亩，同比增加86.9公斤/公顷，增长1.6%。其他夏收粮食播种单产3161.9公斤/公顷，同比增加2.0公斤/公顷，增长0.1%。

3.夏粮总产持平略增。夏粮总产343.6万吨，同比增加1.4万吨，增长0.4%。小麦总产299.2万吨，同比增加2.3万吨，增长0.8%，其中：冬小麦总产184.1万吨，同比增加0.7万吨，增长0.4%；春小麦总产115.1万吨，同比增加1.6万吨，增长1.4%。其他夏收粮食播种总产44.5万吨，同比减少0.9万吨，下降2.1%。

（二）秋粮生产

1.播种面积显增略涨。2023年甘肃秋粮播种面积1830.2千公顷，同比增加13.6千公顷，增长0.7%。其中：玉米播种面积1099.2千公顷，同比增加24.7千公顷，增长2.3%；马铃薯播种面积568.6千公顷，同比减少7.5千公顷，下降1.3%；秋收杂粮播种面积162.4千公顷，同比减少3.6千公顷，下降2.2%。

2.秋粮单产基本持平。秋粮单产5077.5公斤/公顷，减少1.8公斤/公顷，下降0.04%。其中：玉米单产6119.1公斤/公顷，同比减少62.7公斤/公顷，下降1.0%；马铃薯（折粮）单产3906.3公斤/公顷，同比增加41.7公斤/公顷，增长1.1%；秋收杂粮单产2129.1公斤/公顷，同比减少30.5公斤/公顷，下降1.4%。

3.秋粮总产稳中略增。秋粮总产量929.3万吨，同比增加6.6万吨，增长0.7%。其中：玉米总产量672.6万吨，同比增加8.4万吨，增长1.3%；马铃薯（折粮）总产量222.1万吨，同比减少0.5万吨，下降0.2%；秋收杂粮总产量34.6万吨，同比减少1.3万吨，下降3.6%。

二、粮食生产因素分析

2023年，甘肃粮食生产通过强力落实党政同责、及时拨付支农资金、推广良种良法、加强作物管理、有效防灾减灾等，多措并举齐发力，稳中扩面提产能，重点应对力抗旱，粮食生产实现了旱情之年“重旱区少减产、轻旱区不减产、无旱区多增产、减损失补产能”和总产再提增的良好收成。

（一）藏粮于政，“粮食安全”保障政策落实到位

2023 年，甘肃各级党委政府全面落实地力保护补贴、农机具购置补贴、旱作农业等优惠扶持政策，加强监督监测落实工作，调动了广大农民种粮积极性。据农业部门数据显示，2023 年中央财政落实耕地地力保护补贴资金 26.37 亿元、实际种粮农民一次性补贴 2.03 亿元、小麦“一喷三防”补助资金 0.5 亿元、重大病虫害防控补助资金 0.12 亿元、秋粮“一喷多促”补助资金 0.75 亿元，安排其他各类项目资金 4.27 亿元，2023 年落实支持粮食生产的资金累计超过 50 亿元。

（二）“藏粮于地”，土地综合整治扩种面积增能

2023 年，甘肃秋粮面积同比增加 13.6 千公顷，粮食作物播种面积同比增加 11.2 千公顷（夏粮播种面积减少 2.4 千公顷）。粮食面积增加主要来源于“两年三茬”复种、耕地“非粮化”整治和高标准农田建设综合成效。气温变暖农业种植方式改变，原本一些非传统地区，陆续出现小麦、玉米、油菜等作物，小麦、油菜收获后复种蔬菜、小秋粮食作物。“非粮化”整治使部分原本种植经济作物或其他用途的基本农田种植粮食作物。133.3 千公顷高标准农田，推动了小田变大田和地力提升，及时种植粮食作物，增加了粮食作物播种面积，提升了粮食生产产能。

（三）“藏粮于技”，旱作农业技术措施落实有力

涉农部门大力推广良种良法和抗旱技术，扩大玉米全膜双垄沟播种植、推广秋膜种植、增加密度种植、增强抗旱保墒，大面积、大范围实施高新种植技术提产能。根据农业部门数据显示，甘肃全膜双垄沟播玉米种植面积达到 92.6%。同时，落实小麦“一喷三防”玉米“一喷多促”，很好地起到了抗旱、保墒、提产的作用。

（四）藏粮于利，玉米价高利好带动玉米扩种提能

2023 年甘肃省玉米面积增加 24.7 千公顷。主要原因是玉米收购价格一直高位、种植效益较好，且田间管理简单，农户种植积极性提高；春小麦种植因补助减少，农户改种玉米；非马铃薯和杂粮优势种植区域，因效益问题，压减种植面积，扩大了高产、高效玉米种植，拉动了玉米面积增加、单产提升、总产增加，玉米总产增产 8.4 万吨。同时，夏秋作物种植结构调整，由 2022 年的 32.7∶67.3 调整为 2023 年的 31.7∶68.3。

（五）藏粮于防于减，防灾减灾工作措施及时有效

进入夏季，全省范围气温偏高，降雨少且持续时间长。6 月份平均气温较常年偏高 0.7℃，降水较常年同期偏少 42.1%；7 月份平均气温较常年偏高 0.8℃，降水较常年同期仅偏多 1.5%；8 月以来，平均降水量 48.5 毫米，较常年同期偏少 44.4%。6 月至 8 月连续 3 个月降水偏少，河西走廊和陇中地区的降水量较往年同期减少了 20%至 70%，造成武威市凉州区和古浪县局部、金昌市永昌县、张掖市山丹县、庆阳市环县等县区旱情较重。旱情发生以后，灾情地区利用中央财政拨付救灾资金，开展玉米生产“一喷多促”，及时调水、运水浇灌、打机井滴灌灌溉，有效缓解了旱情对玉米生产的影响，促进了灌浆和生长成熟，减小了玉米因旱减产损失，实现了玉米种植重旱区少减产、轻旱区不减产、无旱区多增产的预期。旱情相对较重的武威市秋粮单产减少 504 公斤/公顷、下降 6.0%，金昌市秋粮单产减少 258.5 公斤/公顷、下降 4.1%，加之定西市、庆阳市等市（州）的县区影响，玉米单产减少 63 公斤/公顷、下降 1.0%，秋粮单产减少 1.8 公斤/公顷，下降 0.04%。

三、存在主要问题

2023 年粮食生产虽然通过利好政策、人勤努力、技术保障和措施应对等逐步落实，实现了增产预期，但仍存在一些长期一直在不断解决，而又难以完全彻底解决或无法根本性解决的问题，需要不断关注和不断解决。

（一）种粮成本不断上涨，增收与增效难达预期

粮食价格虽有所上涨，但种粮经济效益仍然不高，农业灌溉用水、种子、化肥、农膜等一些重要农资

价格和用工价格持续上涨，导致农业生产效益低，种粮赚钱越来越难，成为农业生产的一道长期难题，且直接影响到农户种粮积极性。

（二）农资监管不容忽视，需要长期重视和加强

农资市场生产厂家多，经营主体多，经销体系开放，部分农民消费保护意识不强，识别真伪、辨别质量的能力有限，极易受低廉价格的吸引上当受骗。购买假劣农资后，严重影响农业丰产增效。

（三）农业设施与管护有短板，加快建设与加强管理需加力

甘肃地理条件与气候因素决定了土地质量，也影响了土地投入与产出，虽然各地经过多年的投入改造，有效提升了耕地质量和粮食生产产能，但目前仍存在高标准农田占比不高、设施配套特别是水利设施不完善、管理维护制度不健全、机械化程度不高和原有设施作用发挥不够等问题。加快高标准农田建设和建成配套农田水利设施，是提高耕地质量的有效手段。农业部门数据显示，目前甘肃建成的高标准农田仅占耕地总量的36%左右。

（四）干旱少雨气候特征难改变，防旱抗旱保障措施需跟进

甘肃地处西北内陆、山地较多、干旱少雨是地理条件和气候环境的基本特征，因而部分地区完全靠天吃饭，缺乏有效的灌溉条件和抗旱手段。且靠天吃饭的普通农田面积较大，对降水依赖性强，对粮食产量影响程度较深，加强突发性自然灾害的预防应对成为防灾减灾的长期功课。

（五）野生动物糟害农作物严重，保护野生动物和保障农业生产并重问题需重视

随着生态保护和生态治理的成效显现，陇南、天水等市（州）植被恢复良好，野生动物数量增多，野兔、野猪、野鸡、麂子等野生动物对粮食作物的危害日趋严重，尤其是一些地区，野猪对于玉米、马铃薯等粮食作物毁坏情况较为严峻。

四、促进粮食生产的建议

旱情之年，甘肃粮食生产平稳向好的状况来之不易，要进一步推动甘肃粮食生产的稳定增产丰收，必须牢牢扛起粮食安全政治责任，要在稳定播种面积、提升产能上下功夫，要紧盯关键环节，落实支农政策，落实关键措施，持续发力抓落实。

（一）围绕种粮成本降本增效，大力提高农民种粮积极性

一是持续完善农业“价格+补贴+保险”的农业种粮收益保障机制，加大政策补贴力度，降低种粮成本，确保相对高标准的支农补贴惠及全体种粮主体。二是不断提高粮食收购价格，稳定农户种粮收益预期，充分调动农户种粮积极性。三是加强农资储备供应，加大农资市场监管工作，保障农资价稳质优。四是多渠道助力农户销售农产品，减少农产品流通中间环节，有效防止中间商压价，稳定提升农民种粮收益。五是持续加强农业保险和受灾理赔工作，研究推广新险种，提高理赔标准，受灾及时赔付，加强理赔监督。

（二）围绕高标准农田产能效益，加快高标准建设

要用好用足国家关于乡村振新、产业发展和保障粮食生产的各项政策，积极争取国家项目资金的大力支持，提升基本农田基础设施建设标准，在加快推进高标准农田建设和提高综合产能上下大功夫，同时加快推进高标准农田流转和机械化耕种程度，加强耕地建设管理，提升耕地质量，大力提高防灾抗灾减灾能力，最大限度巩固和提升粮食生产能力。

（三）围绕种质核心和种植技术，研究推广良种良法

要加强农业农村、农业科研院所、农业机械研究制造职能部门的作用发挥，在加快生物育种产业和生物技术上下大功夫，对应农机部门应切实加强抗旱、抗病和抗虫品种的培育、选育、选调、示范和推广。对经历了今年旱情检验的优质抗旱品种和抗逆性较强的优质种子，要大面积和大区域推广种植。要跟进研究种植新技术、新方法，大力推进良种良技良法种植和科学种植，适时适宜开展“一喷三防”“一喷多促”增产措施落实，全面提高粮食产能。

（四）围绕干旱少雨的气候特征，加强防范应对能力

一是要因地制宜，有序加快旱区灌溉问题解决。水利部门要统筹利用好现有水源，加快旱区灌溉水利设施配套建设，做好水源调配，强化节约用水，规范用水秩序，严格灌溉管理，全面提升水资源利用效率和效益，最大限度减少干旱影响。二要加大农田水利建设投入和用水指标争取，加大节水农业建设，推进高效节水灌溉农业发展，不断提升农田排灌和农业抗御旱涝灾害能力。三要加强灾害气象气候预报预防工作，积极启动灾情应急应对预案，针对各地实际受灾情况和受灾时间，及时有效开展补种、改种补救工作，确保种植农户受灾少减损或不减损，实现粮食稳定增产。

（五）围绕生态保护和粮食作物生长，有效防范粮食作物生长遭害

高度重视野生动物遭害农作物和病虫害防治预防工作，相关部门要积极沟通协同，创新建立防范或防治野生动物遭害农作物的机制办法，有效驱逐管控或合理猎捕。既要保护野生动物良好繁殖生长，又要防范农作物生长，做到“虎口”夺粮。同时，病虫害预防工作也不能掉以轻心，必须时刻关注，加强监测预警，加强防治落实，实现壮苗增粮、“虫口”夺粮。

畜禽生产稳中有进　存在问题亟待突破

——2023年甘肃畜牧业生产形势分析

2023 年，甘肃省委、省政府深入贯彻落实党的二十大精神和党中央关于三农工作的重大决策部署，锚定建设农业强省目标,全力实施养殖业牵引战略，持续壮大产业规模、构建现代产业体系。据主要畜禽监测调查数据显示，2023 年，甘肃畜牧业持续健康发展、畜产品市场供应充足。

一、畜牧业生产总体形势

2023 年，在一系列推进畜牧业高质量发展政策措施带动下，甘肃畜牧业产能持续整体提升。主要体现在主要畜禽及畜产品产能增幅高于全国平均水平，详见表 1。

表 1　2023 年甘肃主要畜禽生产与全国情况比较

指标名称	计量单位	2023 年	2022 年	增幅%	全国平均增幅%	高于全国百分点
一、畜禽存栏	—					
猪	万头	696.0	699.5	-0.5	-4.1	3.6
其中：能繁殖母猪	万头	62.9	67.2	-6.4	-5.7	-0.7
牛	万头	558.9	531.8	5.1	2.9	2.2
羊	万只	2805.8	2595.6	8.1	-1.2	9.3
活家禽	万只	6718.5	6130.0	9.6	0.2	9.4
二、畜禽出栏	—					
猪	万头	958.6	895.7	7.0	3.8	3.2
牛	万头	261.4	247.8	5.5	3.8	1.7
羊	万只	2558.2	2278.0	12.3	0.7	11.6
活家禽	万只	9829.6	7561.2	30.0	4.2	25.8
三、畜禽产品产量	—					
猪肉	万吨	72.7	67.9	7.1	4.6	2.5
牛肉	万吨	29.8	27.2	9.5	4.8	4.7
羊肉	万吨	40.9	36.5	12.0	1.3	10.7
禽肉	万吨	12.8	9.9	29.7	4.9	24.8
禽蛋	万吨	23.5	21.6	8.6	3.1	5.5
生牛奶	万吨	101.8	91.8	10.8	6.7	4.1

二、畜牧业生产能力稳步提升

（一）生猪存栏规模小幅下降，出栏稳定增长

随着生猪市场竞争加剧，动物疫病防控、环保等要求的提高，甘肃生猪规模养殖企业增加，中小散户逐渐退出，养殖场淘汰低效产能，生猪出栏量持续增加。2023 年末，甘肃生猪存栏 696.0 万头，同比减少

0.5%；生猪出栏 958.6 万头，同比增长 7.0%；猪肉产量 72.7 万吨，同比增长 7.1%。目前，甘肃已初步形成了以武威张掖为核心的河西走廊生猪产业带、以兰州白银为核心的中部地区生猪产业带、以庆阳天水为核心的陇东南生猪产业带。养殖区域化优势逐步显现，产业发展聚集度显著提升。

（二）牛、羊生产稳定增长

甘肃把推进畜牧业高质量发展作为巩固拓展脱贫攻坚成果同乡村振兴有效衔接的重要抓手，大力发展规模化、集约化养殖。作为甘肃特色产品，2023 年末，全省牛存栏 558.9 万头，同比增长 5.1%，出栏 261.4 万头，同比增长 5.5%；羊存栏 2805.8 万头，同比增长 8.1%，出栏 2558.2 万头，同比增长 12.3%。

牛羊肉产销两旺。一方面伴随甘肃旅游业快速升温，带动餐饮消费持续回升，牛羊肉需求大量增加。另一方面甘肃牛羊肉质高价低，颇受沿海市场青睐，肉牛出省销售量大幅增长。2023 年，甘肃牛肉产量 29.8 万吨，同比增长 9.5%；羊肉产量 40.9 万吨，同比增长 12.0%。

（三）家禽生产势头迅猛

各大型养殖场一方面不断转型升级调结构，提升养殖效率；另一方面充分挖掘饲养周期短、出栏快、产肉量高的禽类品种，多点布局，拉动甘肃家禽养殖快速增长，特别是庆阳市镇原县肉鸡产业发展较快，规模较大，带动了全省家禽产业的快速发展。2023 年末，甘肃活家禽存栏 6718.5 万只，同比增长 9.6%。家禽出栏 9829.6 万只，同比增长 30.0%，禽肉产量 12.8 万吨，同比增长 29.7%。

（四）奶产量稳步提升

2023 年，甘肃认真组织实施奶业振兴苜蓿发展行动、奶业生产能力提升整县推进和奶业新型经营主体培育等项目，落实中央财政资金 1.08 亿元。不断鼓励企业引进高产奶牛种质资源，提升奶牛单产，推动甘肃牛奶产能稳中有增。2023 年甘肃牛奶产量 101.8 万吨，同比增长 10.8%。

三、当前畜牧业发展面临的主要问题

（一）养殖效益下降影响畜牧业发展

2023 年 2 月以来，猪、牛、羊价格均出现不同程度下跌。特别是生猪价格，尽管在三季度传统节日刺激下价格有所回升，但仍难以止跌回稳。另一方面，受饲料原料成本持续上涨、养殖生产效率不高等因素影响，养殖户效益持续下滑，一度出现亏损。养殖户对市场信心不足，部分养殖户选择出栏止损或者继续观望。市场风险的增加，影响养殖业的整体稳定发展。

（二）规模化集约化发展受到自然条件制约

目前，甘肃河西地区畜牧业发展如火如荼。但受资源环境约束趋紧，甘肃中东部地区可供连片开发利用的土地和河西地区水资源紧缺，跟不上规模养殖发展的需要。规模化、集约化养殖用地和用水难度越来越大，已成为甘肃养殖业整体规模化发展的掣肘因素。

（三）产品附加值较低，品牌效应不强

一是甘肃大部分畜产品以直接销售为主，缺乏精深加工产品，多数屠宰企业以初级加工和粗加工为主，产品附加值很低；二是产品品牌效应不强竞争力低。产品的市场竞争力很大程度上依靠产品品牌和企业知名度。目前甘肃多数畜产品加工的畜产品品牌优势不强，知名度不高。已注册的品牌，市场开拓不够，宣传范围不广，没有形成市场竞争优势。

四、对策建议

（一）多措并举提升养殖效益

一是提高畜禽品种的质量和适应性，选择高效、抗病、节能的良种并加强推广，提升畜禽生产效率和生产能力，增加养殖收益。二是优化饲养管理，采用科学的饲养方式和饲料配方，提高饲料的利用率和转化率，降低饲料成本，减少饲料浪费。三是建立行之有效的产能调控机制，引导饲养主题及时调整生产计划，规避风险、提振信心。

（二）通过聚集发展实现提质增效

深入落实甘肃养殖业牵引战略，推进特色畜产品及食品加工产业链发展，抓产销大市、养殖大县、养殖大场建设。强化政策资金扶持，保持用地、金融、环保等政策的稳定和落地，持续推进设施畜牧业建设和畜牧养殖产业带建设。

（三）通过产业融合实现长远发展

一要加大招商引资力度，继续引进培育产业龙头企业，开发畜牧业高附加值产品，延伸产业链。以企业的加工项目建设为中心，上抓企业自建、联建标准化养殖基地项目建设，下抓企业产品研发和市场开拓，加强产品品牌建设 提升产品竞争力；二要对接“供”和“需”两个环节，从改善供给入手，优化品种品质，打造知名品牌，持续提高甘肃畜产品核心竞争力，以更加契合市场需求。培育一批消费者认可、市场占有率高、带动作用强的具有甘肃特色的畜产品加工品牌。

脱贫县农村居民收入持续增长　但与全国水平依然存在差距

——2023年甘肃省脱贫县农村住户监测调查报告

2023 年，在甘肃省委、省政府的正确领导下，全省上下坚持以习近平新时代中国特色社会主义思想为指导，坚持稳中求进工作总基调，以开展“三抓三促”行动为抓手，持续巩固脱贫攻坚成果，脱贫县农村居民收入和消费延续增长态势。

一、脱贫县农村居民人均可支配收入较快增长，增速高于全省农村水平

据甘肃省脱贫县农村住户监测调查资料显示，2023 年，甘肃脱贫县农村居民人均可支配收入 12107 元，比 2022 年增加 917 元，达到全省农村居民人均可支配收入的 92.2%，比 2022 年提高 0.2 个百分点，与全省农村居民人均可支配收入的差距进一步缩小。2023 年，全省脱贫县农村居民人均可支配收入增长 8.2%，增速高于全省农村居民人均可支配收入 0.3 个百分点，低于全国平均水平 0.3 个百分点，增速在西北五省中排名第 4 位（见表 1）。

表 1　2023 年全国及西北五省脱贫县农村居民人均可支配收入及增速

地　区	人均可支配收入（元）	增速（%）
全　国	16396	8.5
陕　西	16074	8.3
甘　肃	12107	8.2
青　海	15614	8.0
宁　夏	15339	8.4
新　疆	16881	9.5

（一）工资性收入是拉动脱贫县农村居民可支配收入增长的重要来源

2023 年，甘肃脱贫县农村居民人均工资性收入 4052 元，比 2022 年增长 8.5%，占人均可支配收入的 33.5%，对收入增长的贡献率达到 34.8%（见表 2）。

表 2　2023 年甘肃脱贫县农村居民人均可支配收入结构及增速

指标名称	2023 年（元）	2022 年（元）	增量（元）	增幅（%）	贡献率（%）	占比（%）
可支配收入	12107	11190	917	8.2	-	-
一、工资性收入	4052	3733	319	8.5	34.8	33.5
二、经营净收入	4123	3917	206	5.3	22.5	34.0
三、财产净收入	96	75	21	28.6	2.3	0.8
四、转移净收入	3836	3465	371	10.7	40.4	31.7

工资性收入增长的主要原因：一是甘肃加大对农村劳动力特别是脱贫人口的稳岗就业帮扶，认真落实脱贫劳动力务工奖补政策，精准实施“雨露计划+”帮扶政策，全面加强乡村公益性岗位和生态护林员管理，

支持就业帮扶车间健康发展，积极创建现代农业产业园，支持就地就近就业，扶持多渠道灵活就业。二是全省积极开展“春风行动暨就业援助月”等专项活动和“点对点”有组织输转，进一步加强省内外东西部劳务协作，持续做好稳就业工作，2023 年甘肃农民工总量增长 2.7%；据甘肃省人社厅数据，截至 12 月底，全省共输转城乡富余劳动力 523.2 万人。三是严格落实保障农民工工资支付各项制度，有力促进了农村劳动力就业增收。

（二）经营净收入占比最高

2023 年，甘肃脱贫县农村居民人均经营净收入 4123 元，比 2022 年增长 5.3%，占人均可支配收入的 34.0%，对收入增长的贡献率为 22.5%。从三次产业看，脱贫县农村居民人均一产经营净收入比上年下降 1.7%，主要受农资产品和牧业饲料价格上涨影响，经营费用支出明显上涨，加之肉畜产品市场价格低位运行，导致农牧业收入下降。人均二产经营净收入 35 元，下降 53.0%，主要因制造业和建筑业收入下降影响。人均三产经营净收入 1126 元，增长 36.0%。2023 年，“如意甘肃”火爆出圈，文旅市场强劲复苏，旅游人数暴涨，带动交通运输仓储和邮政业、住宿和餐饮业、居民修理和其他服务业收入大幅增长。

（三）转移净收入对收入增长贡献率最高

2023 年，甘肃脱贫县农村居民人均转移净收入 3836 元，比 2022 年增长 10.7%，占人均可支配收入的 31.7%，对收入增长的贡献率达到 40.4%。甘肃持续巩固深化脱贫攻坚成果，提高城乡居民基本养老保险、基础养老金最低标准和城乡低保标准，养老金或离退休金、社会救济和补助分别增长 9.2%和 27.8%；在“点对点”促进劳务输转和外出务工奖补等利好政策促进下，人均家庭外出从业人员寄回带回收入增长 3.7%，人均赡养收入增长 1.3%。

（四）财产净收入增幅高，但总量偏小

2023 年，甘肃脱贫县农村居民人均财产净收入 97 元，比 2022 年增加 22 元,增长 28.6%，占人均可支配收入的 0.8%，对收入增长的贡献率为 2.3%。财产净收入增长主要依靠转让承包土地经营权租金收入和出租房屋收入，分别增长 42.1%和 30.0%。2023 年，全省土地流转租金在 300—1000 元/亩，增长 10%—27%，是拉动财产净收入增长的主要因素。

二、脱贫县农村居民生活消费支出增长较快

2023 年，甘肃脱贫县农村居民八大类消费增长较快，人均生活消费支出 11201 元，比 2022 年增加 1169 元，增长 11.6%，增速高于全省农村居民人均生活消费支出 2.2 个百分点。八大类消费均呈现增长特点，其中食品烟酒、衣着、居住、生活用品及服务、交通通信、教育文化娱乐、医疗保健、其他用品和服务支出分别增长 15.3%、16.6%、9.8%、11.6%、8.0%、7.3%、10.3%和 8.5%。

（一）基础类消费快速恢复

甘肃脱贫县农村居民吃、穿、住等基础性消费支出恢复明显。人均食品烟酒消费支出 3768 元，比 2022 年增长 15.3%，其中食品消费支出增长 10.4%，烟酒消费支出增长 16.3%，在外饮食支出增长 50.3%。人均衣着消费支出 707 元，增长 16.6%。人均居住消费支出 2202 元，增长 9.8%。

（二）服务性消费增长较快

甘肃脱贫县农村居民生活用品及服务、交通通信、医疗保健、其他用品及服务消费支出等服务性消费支出延续增长态势。人均医疗保健费用支出比 2022 年增长 10.3%，交通通信消费支出增长 8.0%。教育文化娱乐消费支出增长 7.3%，外出旅游、购买新能源汽车成为脱贫县农村消费的新趋势。

三、需要关注的问题

（一）收入增速低于全国平均水平，且与全国平均水平差距逐年拉大

2023 年，甘肃脱贫县农村居民人均可支配收入虽然延续增长态势并高于全省农村水平，但是与全国脱贫县农村居民人均可支配收入增速相比仍有差距，增速低于全国平均水平 0.3 个百分点。甘肃脱贫县农村居民人均可支配收入占全国脱贫县农村居民人均可支配收入的比重 2021 年为 74.4%，2022 年为 74.1%，2023

年为73.8%，呈下降趋势。

（二）工资性收入增长空间收窄

工资性收入作为拉动脱贫县农村居民收入增长的主要动力，正遭遇多重挑战压力，增长空间收窄。一方面，传统需要大量人力完成的耕作、播种、收割、灌溉等农业生产环节越来越多地由高效的农业机械替代，为农民提供直接从事农业生产的劳动收入水平和工作岗位正在不断减少。另一方面，去产能背景下的劳动力供大于求。城市化相对减速，制造业和建筑业对农民工的需求大幅度缩减，从而使农民在城市的发展机会和工资性收入都受到前所未有的挤压。

（三）农牧业稳定增收能力不足

2023年，农业生产相关的种子、化肥、以及农药等农资物品价格上涨，增加了生产经营成本。全省夏季降水总体偏少、气温偏高，河西走廊多地降水较去年同期有所减少，局部地区干旱，部分秋粮作物有所减产。牧业方面，猪、牛、羊出栏价格低位运行，以玉米、豆粕为主的养殖饲料价格上涨，养殖成本上涨，利润空间进一步压缩。

四、相关建议

（一）织密帮扶保障网络，提高一产收入

进一步发挥政策性补贴作用，加大对脱贫地区农牧业生产补贴，缓解农牧业生产成本增长对收入增长的压力。支持具有确定性的成熟型企业和专业大户扩大高质量产品的生产，培育成为区域优势主导产业，形成产业发展的长效机制。

（二）着力各类农技培训和职业技能培训，稳定务工收入

加强脱贫地区农技培训和职业技能培训，使农民能够接触到先进的农业生产技术和管理方法，为脱贫农民进入非农领域提供更多的就业选择，提升在其他行业就业的竞争力。进一步落实脱贫地区就业创业政策，增加公益性岗位、以工代赈等优惠帮扶，提高就业吸纳能力。通过农业产业链整合推动农业结构调整和农业转型升级，为脱贫地区农民提供更多就业机会。

（三）推进农业产业链整合，让脱贫人口共享产业融合发展的增值收益

优化农业产业链条，提高农业生产和加工环节的协同效率，实现农业产业链上下游的有机衔接和协同发展。通过农业产业链整合，提高农产品附加值，为农民提供更多增收机会。

甘肃城镇居民收入平稳增长　持续增收压力犹存

2023 年，甘肃全省上下深入学习贯彻党的二十大精神，大力实施“四强”行动，做深做细“五量”文章，着力推动高质量发展，经济运行呈现稳中向好、进中提质、效速兼具的良好态势，民生政策效果显现，城镇居民收入平稳增长。

一、城镇居民收入平稳增长

2023 年甘肃城镇居民人均可支配收入 39833 元，较 2022 年增加 2260 元，增长 6.0%，增速较 2022 年提高 2.2 个百分点，较 2019 年增长 23.2%，年均增长 5.4%。从收入来源看，四大项收入全面增长。

表 1　2022—2023 年甘肃城镇居民人均可支配收入及构成表

指标名称	2023 年（元）	2022 年（元）	增量（元）	增速（%）	占比（%）	贡献率（%）
人均可支配收入	39833	37572	2260	6.0	100.0	100.0
一、工资性收入	27141	25223	1919	7.6	68.1	84.8
二、经营净收入	2810	2739	71	2.6	7.1	3.2
三、财产净收入	3001	2950	51	1.7	7.5	2.3
四、转移净收入	6880	6661	220	3.3	17.3	9.7

表 2　2019—2023 年甘肃城镇居民人均可支配收入及构成表

指 标 名 称	2023 年（元）	2019 年（元）	增量（元）	累计增长（%）	年均增长（%）
人均可支配收入	39833	32323	7509	23.2	5.4
一、工资性收入	27141	21708	5434	25.0	5.7
二、经营净收入	2810	2484	326	13.1	3.1
三、财产净收入	3001	2539	462	18.2	4.3
四、转移净收入	6880	5593	1287	23.0	5.3

（一）工资性收入增长较快，是增收基础支撑

2023 年甘肃城镇居民人均工资性收入 27141 元，比 2022 年增长 7.6%，较 2019 年增长 25.0%，年均增长 5.7%，是城镇居民收入的主要来源，占可支配收入的 68.1%，对收入增长的贡献率为 84.8%，在四项收入中增速最快，呈现领跑态势。一方面，全省经济回升向好，就业形势总体稳定，居民就业机会增多，从业时间增加，保障了城镇居民工资性收入增加。另一方面，全省各地积极落实机关事业单位津贴补贴等相关增资政策，补发 2022 年度绩效奖金，并在 2023 年将绩效奖金纳入月工资发放，健全企业薪酬激励约束机制，为城镇居民工资性收入增长提供了有力保障。

（二）经营净收入持续增长，是增收重要动力

2023 年城镇居民人均经营净收入 2810 元，较上年增长 2.6%，较 2019 年增长 13.1%，年均增长 3.1%，占 7.1%，贡献率为 3.2%。随着疫情防控较快平稳转段，全省持续优化营商环境，加力推进民营经济发展，

持续推进延链补链强链，大力开展“引大引强引头部”，推动县域经济和园区发展整体跃升，加快推动文化旅游强省建设，全省持续向好的因素在不断积累，经营状况持续向好，尤其交通出行、住宿餐饮、批发零售等行业有序恢复，旅游和消费市场快速升温，带动了经营收入持续增长。

（三）财产净收入平稳增长，是增收有力补充

2023 年城镇居民人均财产净收入 3001 元，较上年增长 1.7%，增速回落 2.5 个百分点，较 2019 年增长 18.2%，年均增长 4.3%，占 7.5%，贡献率为 2.3%。随着经济持续好转，人员流动性不断增强，居民出租房屋收入增加，为财产收入增长提供了有力支撑，但受楼市持续疲软，银行存款利率下调等因素影响，财产净收入增速有所放缓。

（四）转移净收入稳中有进，是增收重要来源

2023 年城镇居民人均转移净收入 6880 元，较上年增长 3.3%，较 2019 年增长 18.2%，年均增长 23.0%，占 5.3%，贡献率为 9.7%，对居民增收和民生保障起到重要支撑作用。全省各地继续加大基本民生兜底力度，各项惠民政策落地见效，养老金、最低生活保障标准提高，医疗报销、失业保险、工商保险省级统筹力度加大，职工基本医疗保险门诊共济保障机制出台等因素，进一步助推转移性收入稳中有进，人民群众幸福感、安全感、获得感明显增强。

二、城镇居民收入运行特点

（一）收入增速呈前低后高走势

2023 年甘肃城镇居民人均可支配收入一季度、上半年、前三季度增速为 2.5%、6.7%、6.1%，全年增长 6.0%，增速呈现低开高走，除一季度外，全年各阶段收入总体平稳。

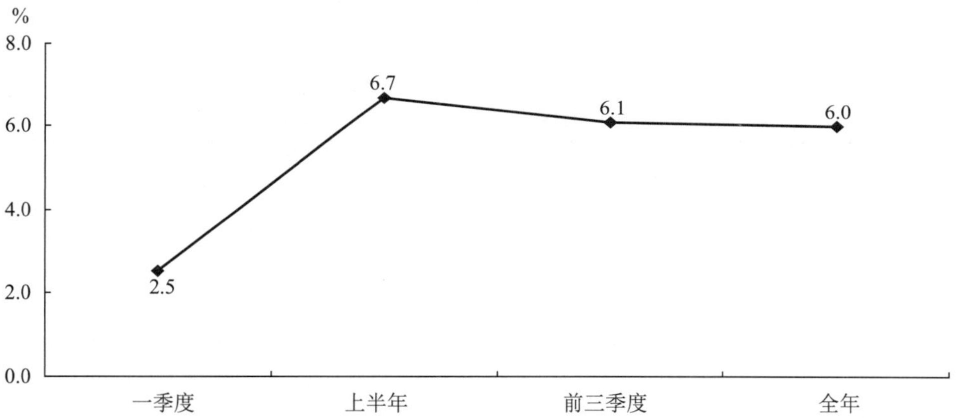

图 1　2023 年城镇居民人均可支配收入增速

（二）收入结构基本稳定

2023 年，甘肃城镇居民收入结构基本保持稳定。工资性收入仍是城镇居民收入的重要组成部分，占比

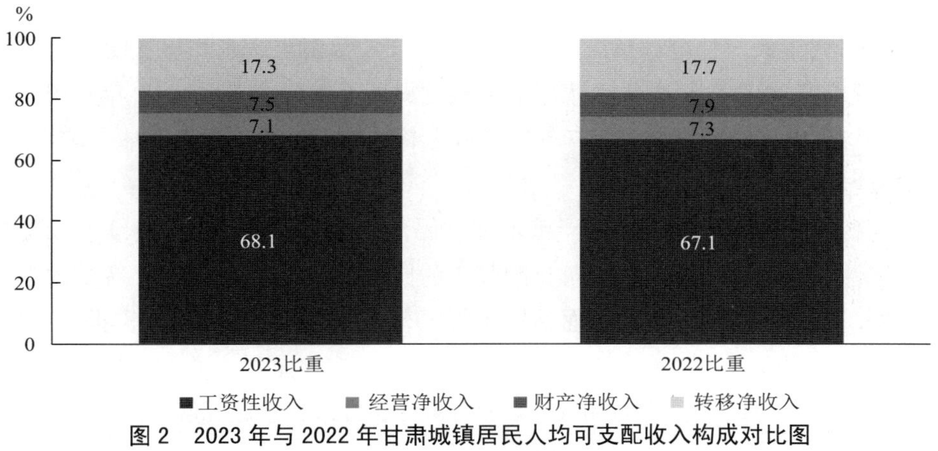

图 2　2023 年与 2022 年甘肃城镇居民人均可支配收入构成对比图

达到 68.1%，比上年同期提高 1 个百分点；人均经营净收入占比 7.1%，下降 0.2 个百分点，其中，第一、二、三产业经营净收入占可支配收入的比重分别为 0.9%、0.6%和 5.6%；人均财产净收入占比 7.5%，占比较上年下降 0.3 个百分点；转移净收入占可支配收入的比重为 17.3%，比上年减少 0.5 个百分点。

（三）增速高于全国平均水平

2023 年全国城镇居民人均可支配收入 51821 元，增长 5.1%，甘肃城镇居民收入增速高于全国水平 0.9 个百分点，在全国 31 个省（区、市）中排名第 4 位，收入增速排名较 2022 年上升 14 位。

表 3　2019—2023 年甘肃城镇居民收入增速在全国排名情况表

年份	绝对值 （元）	增速 （%）	甘肃增速在全国排名
2019	32323	7.9	19
2020	33822	4.6	10
2021	36187	7.0	26
2022	37572	3.8	18
2023	39833	6.0	4

（四）与相邻省份比较增速较快，但绝对差距依然较大

从与西北五省比较情况来看，2023 年甘肃城镇居民人均可支配收入增速在西北五省居第 1 位，高于陕西、新疆、宁夏、青海 0.6 个、0.4 个、0.5 个和 1.7 个百分点。但从收入水平看，在西北五省居末位，比陕西、宁夏、新疆、青海分别低 4880 元、2562 元、745 元和 576 元，尽管相对差距有所缩小，但绝对差距仍较大。

表 4　2023 年甘肃城镇居民可支配收入与西北五省比较情况表

地区	城镇可支配收入 （元）	增速 （%）	绝对值排名	与甘肃对比 （元）
甘肃	39833	6.0	29	-
陕西	44713	5.4	18	-4880
新疆	40578	5.6	26	-745
宁夏	42395	5.5	23	-2562
青海	40408	4.3	27	-575

三、需关注的问题

（一）收入与全国有较大差异

从收入水平来看，近年来，甘肃城镇居民收入持续增长，城镇居民人均可支配收入与全国平均水平的相对差距不断缩小，但绝对差距却随着收入水平的大幅度提高呈扩大态势，2023 年甘肃城镇居民与全国水平差距为 11988 元，与上年相比差距扩大 277 元。从收入构成看，城镇居民四项收入均低于全国平均水平。

（二）收入增长内生动能不足

一是工资性收入持续增收压力大。随着经济增速放缓，就业和工资性收入持续增长受到影响，且近五年甘肃城镇居民工资性收入和转移性收入占可支配收入的比重始终超过 85%，二者受政策影响较大，如无后续有力的政策支撑，城镇居民持续增收将面临较大的压力。二是经营净收入尚需提升。2023 年，甘肃城镇居民经营净收入占可支配收入的比重为 7.1%，是四大项收入中比重最小的，需加劲提升。近年来，受疫情和外部环境等因素影响，经济下行压力加大，工业稳增长压力大、大宗商品价格高位波动以及中小微企

业、服务业恢复缓慢等问题凸显，导致经营净收入波动较大，保持较快的增长速度仍有压力，这也制约城镇居民稳定增收。

（三）高低收入群体收入差距仍较大

从城镇居民收入五等份分组数据看，2023 年甘肃城镇居民 20%低收入组家庭人均可支配收入为 12531 元，20%中间组家庭人均可支配收入为 35675 元，20%高收入组家庭人均可支配收入为 95528 元，高低收入组人均可支配收入之比为 7.6，比上年上升 1.0，相对差距扩大，收入绝对差额为 82997 元，比上年扩大 12316 元，绝对差距仍在继续扩大，城镇居民可支配收入群体间差距较大，在扎实推进共同富裕的道路上，这也是需要关注的问题。

四、促进城镇居民持续增收建议

2024 年是新中国成立 75 周年，是实施“十四五”规划的关键一年，增加居民收入，夯实共同富裕基础，具有更加重要的意义。要全面贯彻落实党的二十大精神和中央经济工作会议精神，坚定不移推动高质量发展，推动甘肃经济实现质的有效提升和量的合理增长，聚力增进民生福祉，努力实现城镇居民收入增长与经济发展基本同步，努力让人民群众生活得更富裕、更幸福。

（一）加大就业保障力度，在“稳”字上狠下功夫

坚持把稳就业放在首位，重视就业在初次分配中的基础性作用，推动各项就业政策落到实处。在政策上加以扶持，通过政策性补贴、税收返还等手段鼓励和引导企业提供更多就业岗位。充分发挥创新创业优势，以创业带动就业，发展就业新形态，形成创新创业和扩大就业的倍增效应。加强全省机关事业单位人员收入与全国平均水平和其他高收入省份的比较和分析研究，出台符合甘肃实际的增资及奖励性补贴政策，进一步完善机关事业单位工资动态调整和合理增长机制，科学规范、全面提高机关事业人员工资收入水平，拉动工资性收入增长。

（二）扩宽居民收入来源，在“新”字上广开门路

持续优化营商环境，加大金融纾困力度，大力扶持中小微企业发展，完善创新创业支撑体系建设，营造良好创新创业环境，提升创新创业参与率。大力发展现代服务业，新兴产业等能够吸收高素质、高收入劳动力的产业，以产业结构优化带动就业结构优化。规范发展房屋租赁市场，畅通投资理财渠道，充分盘活居民现有资金、资产，激活增收新动能。逐步推动收入从主要依靠工资性收入向工资性收入、经营净收入和财产净收入并重方向发展。

（三）提高低收入群体收入，在“全”字上精准施策

低收入群体是促进共同富裕的重点帮扶人群，只有低收入者增收，才能让更多人向中等收入群体流动，使全体人民朝着共同富裕目标扎实迈进。要充分发挥社保、低保、救济等民生政策的兜底作用，持续提高补贴力度，精准施策，切实保障低收入群体尤其是特困人群最低收入水平。建立健全医疗、养老、教育等政策配套措施，牢牢守住民生底线，不断增强人民群众获得感、幸福感、安全感。

甘肃农民收入较快增长　经营净收入仍需发力

——2023年甘肃农村居民人均可支配收入情况报告

2023 年是三年新冠疫情防控转段后经济恢复发展的一年，甘肃全省上下深入贯彻党的二十大精神，大力实施“四强”行动，做深做实“五量”文章，聚焦农业强省建设，狠抓生产保供给，巩固成果守底线，统筹协调促振兴，多措并举增收入，全省经济运行稳中向好，民生福祉不断增进，农民收入较快增长，但也存在农村居民家庭经营净收入增长相对乏力等问题，需针对性采取措施促进农村居民持续增收。

一、农村居民收入较快增长

2023 年全省农村居民人均可支配收入 13131 元，比上年名义增长 7.9%；扣除价格因素，实际增长 7.4%，实现了与经济增长基本同步。从收入来源看，收入四大项全面增长（详见表 1）。

表 1　2023 年甘肃农村居民人均可支配收入对比表

指标名称	2023 年（元）	2022 年（元）	增加额（元）	增速（%）	比重（%）	贡献率（%）	拉动增长（%）
人均可支配收入	13131	12165	966	7.9	100.0	100.0	7.9
一、工资性收入	3893	3498	395	11.3	29.6	40.9	3.2
二、经营净收入	5642	5435	206	3.8	43.0	21.3	1.7
三、财产净收入	180	161	19	11.7	1.4	1.9	0.2
四、转移净收入	3417	3071	346	11.3	26.0	35.8	2.8

（一）工资性收入贡献最大

2023 年全省深入实施就业优先战略，全力以赴做好稳就业工作，持续释放稳就业政策红利，加大对农村劳动力特别是脱贫人口的稳岗就业帮扶，积极吸纳群众就地就近就业，加强乡村公益性岗位和生态护林员管理，扶持多渠道灵活就业，大力培育劳务品牌，严格落实保障农民工工资支付等各项制度，有力促进了农村劳动力就业增收。2023 年农村居民人均工资性收入 3893 元，同比增长 11.3%（以下如无特别说明，均为名义增长），对收入增长的贡献率达到 40.9%，拉动收入增长 3.2 个百分点，贡献最大。

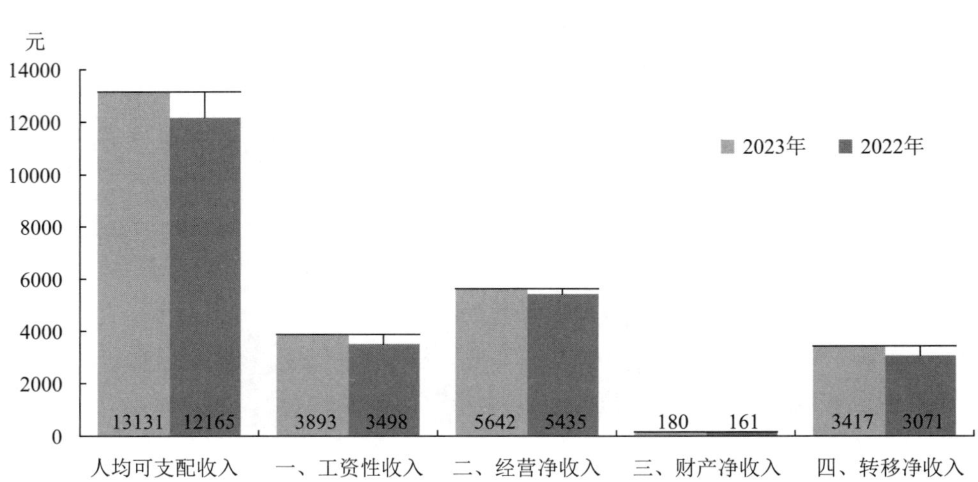

图 1　2023 年甘肃农村居民人均可支配收入对比图

（二）经营净收入比重最大

2023年省委省政府全面落实粮食安全党政同责，藏粮于地、藏粮于技，积极主动抗灾减灾、“旱口夺粮”，全年粮食生产再获丰收，总产量达1272.9万吨，比上年增加7.9万吨。聚焦“土特产”，做足“农头工尾、粮头食尾、畜头肉尾”文章，大力发展“牛羊菜果蔬药”六大产业和区域性优势产业，擦亮农业“绿色”底色，“甘味”品牌日益凸显，推动乡村产业提质增效。2023年农村居民人均经营净收入5642元，同比增长3.8%，占人均可支配收入的43.0%，是农村居民收入的主要来源，对收入增长的贡献率为21.3%，拉动收入增长1.7个百分点。

（三）财产净收入增速最快

2023年甘肃积极实施村级集体经济倍增计划和农村集体资产监管提质增效行动，鼓励引导各县开展村集体收益分红工作，加强到户产业扶持资金使用管理，通过项目扶持引导经营主体流转土地，全力打造集体经济“新引擎”，不断激活“强村富民”的内生动力，带动集体分配的红利和转让承包土地经营权租金净收入较快增长，促进财产净收入快速增长。2023年农村居民人均财产净收入180元，同比增长11.7%，增速最快，但对收入增长的贡献率仅1.9%，拉动收入增长0.2个百分点。其中，人均集体分配的红利增长26.1%，人均转让承包土地经营权租金净收入增长11.0%。

（四）转移净收入较快增长

2023年甘肃进一步做好最低生活保障等社会救助兜底保障工作，上调城乡居民基础养老金标准，稳步提高城乡低保、特困供养保障标准，有效推进救助扩围增效，加强急难临时救助，健全完善工作机制，扎实推进关爱行动，积极落实各项强农惠农政策，门急诊报销比例提高，托起群众“稳稳的幸福”。2023年农村居民人均转移净收入3417元，同比增长11.3%，对收入增长的贡献率为35.8%，拉动收入增长2.8个百分点。其中，人均养老金或离退休金增长9.9%，人均社会救济和补助增长11.3%，人均报销医疗费增长14.5%，人均现金政策性惠农补贴增长13.6%；同时，因外出务工形势持续好转，带动人均家庭外出从业人员寄回带回收入增长13.0%，人均赡养收入增长10.5%。

二、农村居民收入增速快于城镇

（一）增速快于全国平均

2023年全国农村居民人均可支配收入21691元，增长7.7%，扣除价格因素，实际增长7.6%。甘肃农村居民人均可支配收入名义增速快于全国增速0.2个百分点。从全国范围来看，甘肃农村居民人均可支配收入绝对值继续垫底，与贵州相比，相差1686元，与全国平均水平相比，相差8560元。

表2　2023年甘肃农村居民人均可支配收入与全国数据对比表

地　区	2023年（元）	2022年（元）	增加额（元）	增速（%）
全　国	21691	20133	1558	7.7
贵　州	14817	13707	1111	8.1
甘　肃	13131	12165	966	7.9

（二）收入结构优化调整

从收入四大项比重对比图可以看出，2023年全省农村居民人均可支配收入结构优化调整，其中：人均工资性收入由2022年的28.8%增长到2023年的29.6%，增长了0.8个百分点，比重进一步提高；人均经营净收入由2022年的44.7%减少到2023年的43.0%，下降了1.7个百分点；人均财产净收入微增，由2022年的1.3%增长到2023年的1.4%，增长了0.1个百分点；人均转移净收入由2022年的25.2%提高2023年的26.0%，增长了0.8个百分点。

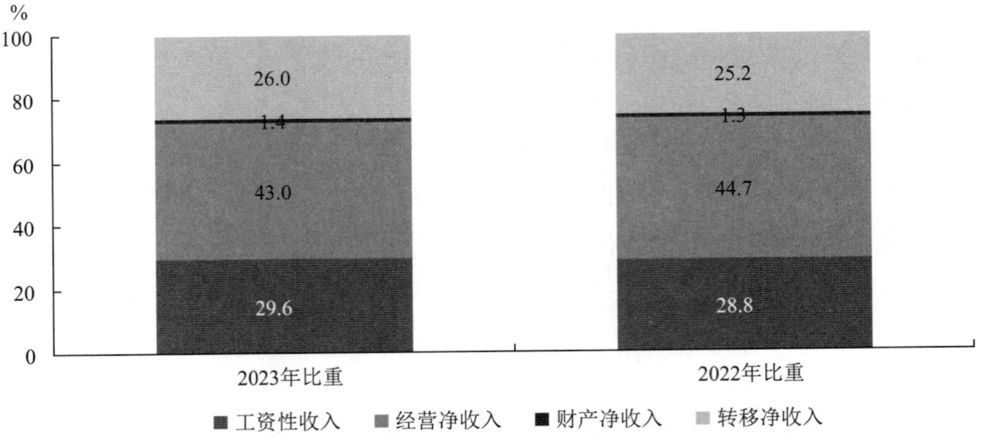

图 2　2023 年与 2022 年甘肃农村居民人均可支配收入四大项比重对比图

（三）城乡差距进一步缩小

2023 年全省城镇居民人均可支配收入 39833 元，增长 6.0%，农村居民人均可支配收入增速快于城镇居民 1.9 个百分点。城乡居民人均可支配收入之比为 3.03，比上年同期缩小 0.06，城乡居民收入差距逐步缩小。

三、家庭经营净收入增长乏力

2023 年全省农村居民人均可支配收入持续增长，但绝对值垫底的形势并未改善，家庭经营净收入保持较快增长的难度进一步加大，2023 年全省农村居民人均经营净收入增速分别比全省农村居民人均可支配收入、人均工资性收入、人均财产净收入和人均转移净收入低 4.1 个、7.5 个、7.9 个和 7.5 个百分点，调查数据显示经营净收入增长动力不足。

（一）种粮收益收窄

全年粮食生产虽然通过政策落实、技术支持和应对措施等，实现了增产增收，但增长幅度不大，2023 年人均农业经营净收入 3351 元，同比增长 2.3%，占人均可支配收入的 25.5%。随着化肥、农药、种子、人工、耕地流转价格等成本不断上涨，农业生产投入不断增加。虽然粮食价格有所上涨，但在成本上涨的影响下，农业生产利润空间被进一步压缩，拉低了农民种粮收益，削弱了农民种粮积极性。因农业设施及管护有短板，靠天吃饭的耕地面积较大，2023 年全省粮食生产又遇到春季低温、夏秋伏旱等灾害，直接影响粮食生产成效。

（二）牧业承压发展

2023 年人均牧业经营净收入 1089 元，同比增长 8.0%，占人均可支配收入的 8.3%。但这个增长速度是农户在较大投入和去库存的双重影响下实现的增长，实际上一些养殖户仍处于亏损。整体看，2023 年“猪周期”持续影响畜牧业生产，肉类消费恢复不及预期，猪价低迷一定程度上也影响牛羊出栏价格，养殖成本上涨挤压养殖效益，养殖户面临高成本和低价格的双重压力，长期亏损迫使部分散养户清栏停养。

（三）三产不及预期

全省农村居民第三产业经营户主要集中在批发和零售业、交通运输、住宿和餐饮以及居民服务修理等方面，2023 年人均第三产业经营净收入 1000 元，同比增长 6.9%，占人均可支配收入的 7.6%。受经营成本上涨，青年劳力外出，消费主体减少，线上消费冲击，行业竞争激烈，致使第三产业经营净收入恢复增长不及预期。

四、多途径促进农村居民持续增收

习近平总书记强调，要坚持把增加农民收入作为“三农”工作的中心任务。2024 年，要深入学习贯彻习近平总书记关于“三农”工作的重要论述和中央农村工作会议精神，坚持农业农村优先发展，锚定农业强省建设目标，坚持问题导向，开拓进取、攻坚克难，有力有效推进乡村全面振兴，拓宽农民增收渠道，多途径促进农民收入持续增长，让农民的腰包越来越鼓。

（一）促进就业增收

要把推进新型城镇化和乡村全面振兴有机结合起来，发展壮大县域主导产业，以产兴城、强城带乡、强镇带村、联村成片，拓展农民就地就近就业空间，以县域经济高质量发展带动就业增收。深入实施就业优先战略，落实落细就业优先政策，加力稳固并创造挖掘更多就业岗位，扩展农村居民在数字经济、银发经济等新质生产力中的就业空间，加强对农村劳动力的就业帮扶。分类开展农民工就业技能、岗位技能、新职业新业态、企业新型学徒制等培训，加大劳务品牌和乡村工匠培育力度，打造规范化零工市场，积极提供就业信息和就业便利，引导零散务工农民工求职择业。

（二）确保农业增收

要毫不放松抓好粮食和重要农产品生产，稳定粮食播种面积，加大高标准农田建设投入和管护力度，强化科技驱动，提升粮食单产，落实粮食最低收购价，优化粮食生产补贴，稳定农民种粮收益。抓好农业防灾减灾救灾工作，强化基础设施建设，提前监测预警，做好指导服务，发挥保险功效，降低农业风险。坚持产业兴农、质量兴农、绿色兴农，在打造特色优势产业上再下功夫，深挖潜力做大“土特产”文章，防止产业同质化等问题，精准务实壮大乡村富民产业，促进农村三产融合发展，让广大农民更多参与产业发展中，分享增值收益。

（三）稳定牧业收入

要完善监测预警机制，密切关注市场动态，加大畜禽市场监测力度，强化信息发布预警，引导养殖场户合理安排生产，引导养殖主体特色化发展，引导中小养殖户提档升级，淘汰落后产能，节本增效适度优化产业布局，延长产业链，提高养殖户抗风险能力。充分发挥政府全盘调控作用，加大政策扶持力度，稳定畜禽生产，探索政策引导，推进行业转型，发挥保险兜底作用，帮助养殖场户有效规避风险。

（四）数商助农增收

要坚持以数字化赋能乡村振兴，抓好数字乡村建设，加快推进智慧农业发展，培育发展数字乡村新产业、新业态、新模式，带动农业农村现代化发展。持续加大农村数字人才培训力度，加强对农民的数字技能培训，让农民搭乘“互联网+”快车，帮助农民实现创业增收。深入实施“数商兴农”工程，继续支持农户和新型农业经营主体用好社交电商、直播带货等模式，鼓励发展农产品电商直采、定制生产等模式，拓宽农副产品的线上销售渠道。借助互联网推进共享农业、文创农业等发展，有序发展农村平台经济，为农民增收提供新的动力和机遇。

（五）落实政策保障

要加强低收入人口动态监测，扎实做好基本生活救助，完善医疗、教育、住房、就业和受灾人员等专项社会救助，加强急难社会救助，积极发展服务类社会救助，提升特殊群体结对关爱行动工作质效，鼓励开展慈善帮扶，持续巩固拓展脱贫攻坚成果帮扶，按时足额发放各类救助金、保障金，把基本民生底线兜住兜准兜好，不断增进民生福祉。坚持尽力而为、量力而行，提高2024年城乡居民基础养老金标准，继续推动低保提标扩围增效，持续加大惠农富农政策支持力度，发挥政策引导作用，让促农增收的动力更加强劲。

（六）拓展财产收入

要统筹整合财政衔接推进乡村振兴补助资金等，盘活农村集体资产资源，赋予农民更加充分的土地财产权益，推动农村要素资源市场化配置，抓住数字经济发展机遇，因地制宜发展新产业，开拓思路探索新模式，持续发展壮大农村集体经济，促进集体资产保值增值，紧密联农带农机制，规范收益分配，带动农民共同富裕。

甘肃城镇居民消费持续向好　消费潜力仍需释放

2023 年是全面贯彻党的二十大精神的开局之年，是疫情防控转段后经济恢复发展的第一年，甘肃全省上下大力实施扩大内需战略，从供需两侧协同发力，出台一系列恢复和扩大消费的有力举措，增强消费能力、改善消费条件、增加消费场景，积极推动居民消费恢复扩容提质升级，城镇居民消费潜力进一步释放。但当前甘肃城镇居民消费水平整体偏低、消费动能不足，仍需进一步释放消费潜能，不断充实群众的获得感和幸福感。

一、城镇居民消费支出持续向好

2023 年甘肃城镇居民人均消费支出 27044 元，较上年增加 1837 元，增长 7.3%，增速由负转正，提升 9.4 个百分点。分阶段看，城镇居民消费支出一季度增长 4.4%，上半年增长 6.3%，前三季度增长 8.0%，全年增长 7.3%，各类促消费活动有力激活居民消费动能，特别进入三季度后，随着甘肃“丝路游”火爆出圈，消费增速明显提升。

表 1　2022—2023 年甘肃城镇居民人均消费支出情况表

指标名称	2023 年（元）	2022 年（元）	增量（元）	增速（%）	比重（%）
人均消费支出	27044	25207	1837	7.3	100.0
#服务性消费	12354	10621	1733	16.3	45.7
一、食品烟酒	7793	7530	263	3.5	28.8
二、衣着	1871	1759	111	6.3	6.9
三、居住	6039	6006	33	0.5	22.3
四、生活用品及服务	1583	1524	60	3.9	5.9
五、交通通信	3740	3335	405	12.1	13.8
六、教育文化娱乐	2937	2470	467	18.9	10.9
七、医疗保健	2407	2005	402	20.0	8.9
八、其他用品和服务	674	577	97	16.8	2.5

（一）八大类消费全面增长

从城镇居民八大项消费结构看，由 2022 年的“六降二升”转为“全面增长”。其中，人均交通通信、教育文化娱乐、医疗保健和其他用品及服务消费支出保持两位数增长速度，分别增长 12.1%、18.9%、20.0% 和 16.8%；人均食品烟酒、衣着、居住和生活用品及服务消费支出稳步增长，分别增长 3.5%、6.3%、0.5% 和 3.9%。

（二）基础类消费支出稳步增长

2023 年，全省各地千方百计活流通、促消费，提振市场消费信心，释放消费潜力，促进城镇居民基础类消费稳步增长。全年城镇居民人均食品烟酒支出 7793 元，比上年增长 3.5%；居民恩格尔系数 28.8%，比上年下降 1.1 个百分点；人均衣着支出 1871 元，增长 6.3%；人均居住支出 6039 元，增长 0.5%；人均生活用品及服务支出 1583 元，增长 3.9%；人均其他用品及服务支出 674 元，增长 16.8%。

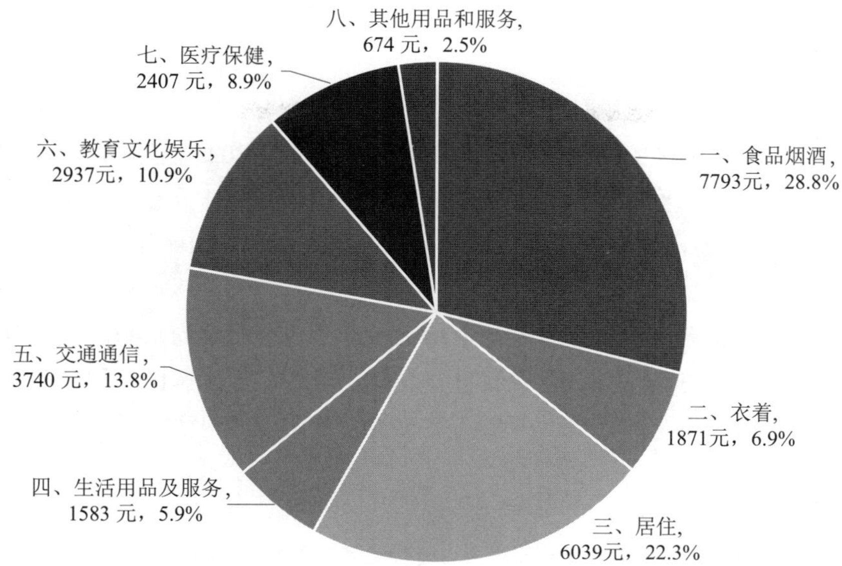

图　2023 年甘肃城镇居民人均消费支出及构成

（三）消费支出“三驾马车”增速较快

一是医疗保健支出显著增长。2023 年甘肃城镇居民人均医疗保健支出 2407 元，同比增长 20.0%，在八大类消费中增速最快，占人均消费支出的 8.9%。受新冠病毒感染和季节性流感等因素影响，居民就医需求增长较为明显。城镇居民人均医疗服务消费 1641 元，同比增长 26.1%。同时，居民对自身健康也愈发关注，购买药品及医疗保健器具增多，推动医疗保健消费快速增长。城镇居民人均医疗器具及药品支出 766 元，增长 8.8%。二是交通通信支出快速增长。随着全省加大举措推进消费政策落地实施，发放购车补贴、消费券等促进汽车消费活动，居民购车意愿增强。同时，居民出游需求释放，旅游市场回暖明显，带动交通通信支出较快增长。2023 年，城镇居民人均交通通信支出 3740 元，同比增长 12.1%。三是教育文化娱乐消费强势复苏。疫情转段后线下教学恢复，文娱消费意愿充分释放，推动教育文化娱乐消费大幅增长。2023 年，城镇居民人均教育文化娱乐消费支出 2937 元，增长 18.9%，占人均消费支出的 10.9%。

二、城镇居民消费支出特点

（一）消费增速快于收入增速

2023 年全省城镇居民人均可支配收入 39833 元，增长 6.0%。城镇居民人均消费支出快于收入增速 1.3 个百分点。

（二）消费品质持续提升

随着居民收入水平和对生活品质追求层次的不断提升，在八大类消费中，以满足基本生存为目的的生存型消费（吃、穿、住）比重呈下降趋势，满足生活品质提升的需求为目的的发展型和享受型消费比重不断上升，消费结构不断优化。2023 年全省城镇居民人均生存型消费支出 15703 元，增长 2.7%；人均发展型消费支出 8189 元，增长 13.4%；人均享受型消费支出 3153 元，增长 17.2%。发展型、享受型消费支出增速分别高于人均生活消费支出 6.1 个和 9.9 个百分点，两类消费支出占生活消费支出的比重为 41.9%，较上年提高 2.6 个百分点。

（三）服务性消费支出增长较快

随着社会经济日益复苏，居民消费信心持续增强，在出游热和文娱市场需求旺盛带动下，在外饮食、交通出行、旅游等服务消费支出快速增长，带动服务性消费支出较快增长。2023 年甘肃城镇居民人均服务性消费支出 12354 元，增长 16.3%，增速高于城镇居民人均消费支出 9 个百分点，占城镇居民消费支出比重为 45.7%，比上年的 42.1%上升 3.6 个百分点。

三、制约城镇居民消费的因素

（一）收入水平偏低，制约居民消费能力

收入是消费的前提，收入水平的高低决定着消费能力的高低。2023 年甘肃城镇居民人均可支配收入 39833 元，在全国 31 个省（市、区）排名 29 位，与全国平均水平 51821 元相比，相差 11988 元，相当于全国平均水平的 76.8%，差距明显，城镇居民收入水平偏低，导致消费能力明显不足。

（二）整体消费水平偏低

2023 年，虽然甘肃城镇消费支出持续增长，但增长程度不及全国平均水平。从增速看，甘肃城镇居民人均消费支出同比增长 7.3%，低于全国 1.3 个百分点。从比重看，甘肃居民人均消费支出仅占全国平均消费水平（32994 元）的 81.9%，与全国平均水平相比差 5950 元，是消费水平最高上海的 49.2%。甘肃城镇居民消费水平整体偏低。

表 2　2023 年甘肃城镇居民人均消费支出与全国、上海数据对比表

地　区	2023 年（元）	2022 年（元）	增加额（元）	增速（%）
全　国	32994	30391	2603	8.6
上　海	54919	48111	6808	14.2
甘　肃	27044	25207	1837	7.3

（三）居民消费信心仍显不足

一方面，新冠疫情对居民消费习惯、消费倾向的改变影响深远，居民消费更趋理性保守，预防性储蓄意愿较强，大胆消费意愿不足。另一方面，虽然近年来甘肃居民收入稳步提升，但国际形势错综复杂，国内需求恢复不足，加之房地产市场下行等因素影响，居民收入增长仍面临不小压力，消费信心和底气仍需提振。数据显示，2023 年末，全省全年新增住户定期存款 1636 亿元，占住户存款总增量的 85%，较上年多增 437 亿元，年增量创有统计以来新高，居民存款避险倾向强烈。

四、扩大城镇居民消费建议

2024 年春节期间，全省各地针对节日期间消费特点，积极开展丰富多彩，形式多样的促销费活动，文旅消费市场热潮涌动，提振市场消费信心，推动消费扩容提质升级，为一季度乃至全年消费创造了良好开局。要坚定实施扩大内需战略,把恢复和扩大消费摆在优先位置，顺应居民消费升级趋势，打通制约消费的“堵点”“卡点”，坚决落实积极有效的扩内需促消费政策措施，在增强消费能力、改善消费条件、优化消费环境、创新消费场景上做文章，持续激发有潜能的消费，推动甘肃城镇居民消费扩容升级提质，促进消费稳定增长。

（一）保障居民收入平稳增长，进一步提振居民消费信心

提高居民收入水平是扩大消费需求、增强居民消费意愿的主要因素。一是全面落实就业优先政策，优化调整稳就业政策措施，多渠道、多层次、多形式开发就业岗位，不断扩大中等收入群体。二是切实保障和改善民生，持续提高社保待遇水平，引导各类灵活就业人员积极参加基本养老和医疗保险，兜住、兜准、兜牢民生底线，推动城镇居民收入稳步增长，增强消费能力，提高居民消费意愿。

（二）确保促消费政策落实落靠，着力提高居民消费能力

结合甘肃本地消费市场实际，强化消费政策引领，做好各类主题促销活动，加大对中小企业、个体工商户的扶持力度，优化消费环境。扩大消费券发放范围和种类，将更多的商品零售业、餐饮业、娱乐业店面加入消费券使用范围，进一步激发居民消费热情，增强消费信心。

（三）推动消费转型升级，积极发展新兴业态

一是大力优化市场供给，全面提升国产商品服务的质量与知名度，发挥“国潮”品牌优势，持续加强市场拓展。二是大力发展“互联网+社会服务”消费模式，加快构建“智能+”消费生态体系，满足中等收入群体、新生代等不同群体的多样化消费需求，大力发展智能、环保等新消费业态，进一步激发居民消费潜能。三是重点推进文旅休闲消费提质升级，丰富消费场景，打造消费新地标。利用微博、小红书等平台吸引年轻人来甘旅游，积极配合宣传、放大对消费的引流功能，带动形成新的消费增长点。

甘肃农民消费恢复向好 扩大消费仍需多措并举

——2023年甘肃农村居民人均消费支出调查报告

2023 年是三年新冠疫情防控转段后经济恢复发展的一年，甘肃全省经济运行稳中向好，农民收入较快增长，提高了农民消费能力，各地制定出台了一系列恢复和扩大消费的有力举措，提振消费信心，激发消费活力，增强消费意愿，全年农村居民消费支出持续恢复向好，服务性消费支出较快增长，让广大农民群众的获得感、幸福感更充实。但也存在农村居民消费动力不足、消费增长势头不稳等问题，需多措并举推动消费增长持续扩大。

一、农村居民消费支出恢复向好

2023 年全省农村居民人均消费支出 12575 元，比上年名义增长 9.4%，扣除价格因素，实际增长 8.9%。按消费类别看，消费支出八大类全面增长（详见表 1）。

表 1 2023 年甘肃农村居民人均消费支出对比表

指标名称	2023 年（元）	2022 年（元）	增加额（元）	增速（%）	比重（%）
人均消费支出	12575	11494	1081	9.4	100.0
#服务性消费	4714	4273	441	10.3	37.5
一、食品烟酒	3999	3682	317	8.6	31.8
二、衣着	702	655	48	7.3	5.6
三、居住	2482	2297	185	8.1	19.7
四、生活用品及服务	635	593	42	7.1	5.1
五、交通通信	1694	1536	158	10.3	13.5
六、教育文化娱乐	1376	1236	141	11.4	10.9
七、医疗保健	1481	1308	174	13.3	11.8
八、其他用品和服务	205	189	17	8.8	1.6

（一）基础类消费支出稳步增长

2023 年，全省各地千方百计活流通、促消费，商务部门按照“季季有主题、月月有活动、周周有场景”的要求，精心组织开展“乐享消费•惠购陇原”“迎新春跨年消费季”“田间行甘味产销季”“度假日车油惠购季”“品美食文旅畅游季”“享绿色智慧家居季”等活动，省市县联动组织“5+12+N”系列促消费活动近万场（次），提振市场消费信心，释放消费潜力，促进农村居民基础类消费稳步增长。农村居民人均食品烟酒支出 3999 元，同比增长 8.6%，农村居民恩格尔系数 31.8%，比上年下降 0.2 个百分点；人均衣着支出 702 元，同比增长 7.3%；人均居住支出 2482 元，同比增长 8.1%；人均生活用品及服务支出 635 元，同比增长 7.1%；人均其他用品及服务支出 205 元，同比增长 8.8%。

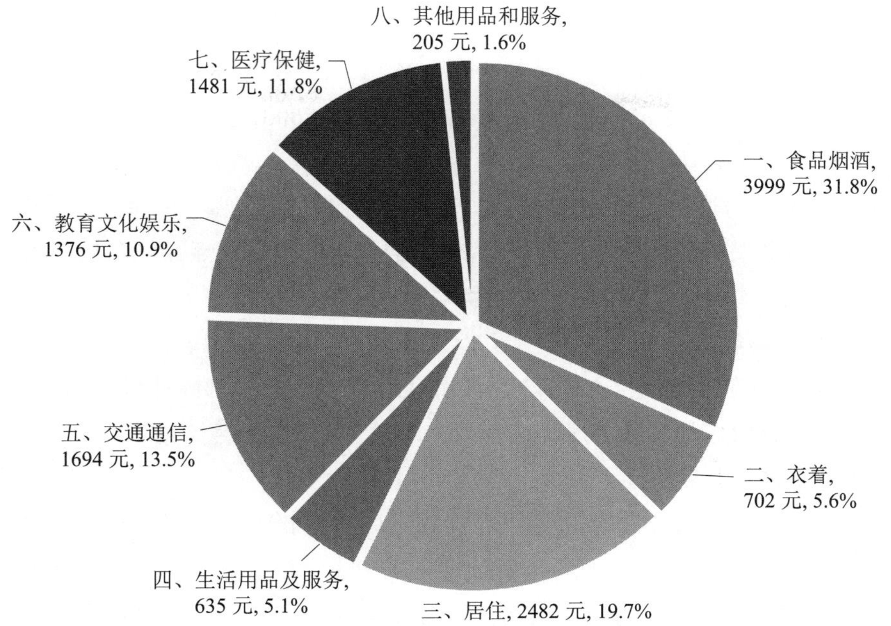

图　2023 年甘肃农村居民人均消费支出及构成

（二）医疗保健消费支出快速增长

2023 年，全省各类康复诊疗服务全面恢复正常，加之季节性呼吸道疾病流行，持续刺激居民释放健康消费需求。医保部门全力开启基层医疗机构医保结算“一站式”服务，有效落实跨省异地就医直接结算政策，方便群众就近就医。农村居民人均医疗保健支出 1481 元，同比增长 13.3%，增速最快，占人均消费支出的 11.8%，比上年上升 0.4 个百分点，其中，人均医疗器具及药品支出增长 28.1%，人均门诊总费用支出增长 15.5%。

（三）教育文化娱乐消费支出大幅增长

2023 年，全省学校线下教学和居民文化娱乐生活恢复常态化，特别在全省文化旅游发展大会召开后，全省构建文旅“大产业”生态圈，推景区、拓线路、引客流，消费场景全面拓展，推动如意甘肃破局“出圈”、持续火爆，全面提振文旅消费信心，创新方式丰富业态，拉动居民文旅消费快速增长。农村居民人均教育文化娱乐消费支出 1376 元，同比增长 11.4%，占人均消费支出的 10.9%，比上年上升 0.2 个百分点，其中，人均教育支出增长 10.3%，人均文化娱乐支出增长 17.6%。

（四）交通通信消费支出保持较快增长

2023 年，全省居民出行意愿强烈，外出时间大幅增加，消费热情高涨，出行服务类消费保持强劲。同时，在汽车让利促销活动等带动下，农村居民购车意愿强烈，推动了汽车消费升级。省发改委制定了《关于加快推进充电基础设施建设更好支持新能源汽车下乡和乡村振兴的若干措施》，更好推动新能源汽车下乡，全省农村居民每百户家用汽车拥有量 38.0 辆，同比增长 20.6%。农村居民人均交通通信支出 1694 元，同比增长 10.3%，占人均消费支出的 13.5%，其中，人均交通支出增长 15.9%，人均通信支出基本持平。

二、农村居民消费支出亮点纷呈

（一）增速快于全国平均增速

表 2　2023 年甘肃农村居民人均消费支出与全国数据对比表

地　区	2023 年（元）	2022 年（元）	增加额（元）	增速（%）
全　国	18175	16632	1543	9.3
西　藏	12619	11139	1480	13.3
甘　肃	12575	11494	1081	9.4

2023 年，全国农村居民人均消费支出 18175 元，比上年名义增长 9.3%，扣除价格因素，实际增长 9.2%。甘肃农村居民人均消费支出名义增速快于全国 0.1 个百分点。从全国范围来看，甘肃农村居民人均消费支出绝对值处于末位，与西藏相比少 44 元，与全国平均水平相比差 5600 元。

（二）农村居民增速快于城镇

2023 年全省城镇居民人均消费支出 27044 元，比上年名义增长 7.3%，扣除价格因素，实际增长 6.8%，农村居民人均消费支出名义增速和实际增速均快于城镇居民 2.1 个百分点。城乡居民人均消费支出之比为 2.15，比上年同期缩小 0.04，城乡居民消费水平逐步缩小。

（三）消费增速快于收入增速

2023 年全省农村居民人均可支配收入 13131 元，比上年名义增长 7.9%，扣除价格因素，实际增长 7.4%。农村居民人均消费支出名义增速和实际增速均快于收入增速 1.5 个百分点。

（四）服务性消费支出增长较快

2023 年，全省农村居民人均服务性消费支出 4714 元，同比增长 10.3%，增速快于农村居民消费支出 0.9 个百分点，占农村居民消费支出比重为 37.5%，比上年上升 0.3 个百分点。2023 年，全省农村居民人均商品性消费支出 7861 元，同比增长 8.9%，占农村居民消费支出比重为 62.5%，商品性消费支出仍是农村居民消费的主力。

三、制约农村居民消费的因素

（一）农民消费能力不足

收入是消费的前提，收入水平的高低决定着消费能力的高低。2023 年甘肃农村居民人均可支配收入 13131 元，居全国末位，比全国平均水平 21691 元低 8560 元，相当于全国平均水平的 60%，与全国的差距进一步加大，农村居民收入水平偏低，消费能力不足，2023 年甘肃农村居民平均消费率（农村居民人均消费支出占人均可支配收入的比重）达 95.8%，比上年提高 1.3 个百分点，这是在低收入水平下的消费，收入成为制约农村居民消费持续扩大的主要因素。

（二）农村消费主体流转

常住居民是居民消费的主体，因城乡融合发展，农村人口特别是消费能力最强、消费需求最大的农民工和学子，持续向城镇集聚转化为城镇人口，不仅带走即期消费，也带走大量家庭消费。2023 年，甘肃乡村常住人口 1097 万人，减少 44 万人，农村“空心化”现象逐步加深，影响消费增长。2023 年甘肃全年出生人口 19.1 万人，人口出生率为 7.71‰，死亡人口 22.4 万人，人口死亡率为 9.04‰，人口自然增长率为-1.33‰，人口结构的变化将引起消费结构的持续变化。

（三）消费观念趋于谨慎

受近年疫情影响，外部环境的复杂性、严峻性、不确定性上升，推动经济回升向好面临着一些困难和挑战，农村居民对稳定就业和收入持续增长仍存担忧，对于消费更趋审慎，消费理念更加理性实际，消费降级行为普遍存在，对新业态、新热点消费尚持观望态度。居民生活压力普遍较大，优先将收入用于教育、医疗、养老、居住等刚需开支，而这些刚性服务支出又逐年增长，很大程度上挤占了其他消费空间，大宗商品消费更新换代缓慢，导致发展型、享受型消费增长受限，影响居民生活质量提高。一些农村居民受传统观念影响，习惯于勤俭节约，存款储蓄意识强，更倾向于增加储蓄、减少消费，数据显示，2023 年末，全省全年新增住户定期存款 1636 亿元，占住户存款总增量的 85%，较上年多增 437 亿元，年增量创有统计以来新高，居民存款避险倾向强烈。

（四）消费环境有待提升

农村地区商业基础设施相对落后，村镇周边的商业环境建设不够完善，缺少优质和特色化消费供给，无法满足当地居民的消费需求，部分本地人群消费流向周边城市。随着数字经济快速发展，线上消费因商品服务种类繁多且不受时间地点的限制，逐渐成为农村居民消费的新渠道，但对农村常住居民较多的年长者来说，面临“数字困境”，操作复杂、担心产品质量、害怕电信诈骗、售后维权困难等问题，部分监管仍不完善，致使部分农村居民对线上消费有所顾虑，影响消费释放。2023 年，各地开展了多场促消费活动，但向乡村延伸不足，产品促销力度不够、使用门槛过高，家电下乡、汽车下乡政策宣传不到位，农村居民知晓度、普及度较低，影响内需的拉动。

四、多措并举扩大农村居民消费

迎新春，农民消费活力满满，促增长，乡村消费潜力巨大。新的一年里，要坚定实施扩大内需战略，把恢复和扩大消费摆在优先位置，顺应居民消费升级趋势，打通制约消费的“堵点”“卡点”，坚决落实积极有效的扩内需促消费政策措施，在增强消费能力、改善消费条件、优化消费环境、创新消费场景上做文章，持续激发有潜能的消费，推动甘肃农村居民消费扩容升级提质，促进消费稳定增长。

（一）多途径增加农民收入，提升消费信心

实施农民增收促进行动，强化农民增收举措，突出就业优先导向，千方百计促进农村劳动力多渠道就业，大力发展乡村特色产业，强化联农带农机制，让更多农民分享产业增值收益，持续巩固拓展脱贫攻坚成果帮扶，加大强农惠农富农政策支持力度，织密扎牢社会保障网，不断增进民生福祉，深化农村改革赋能，促进新型农村集体经济健康发展，赋予农民更加充分的财产权益，巩固农民持续增收势头。

（二）建设宜居宜业和美乡村，厚实消费底气

学习运用“千村示范、万村整治”工程经验，适应乡村人口变化趋势，因地制宜、分类施策，扎实推进乡村建设，不断满足广大农民群众日益增长的美好生活需要。深入推进农村人居环境整治提升，深入实施“八改”工程，持续加强农村水、电、路、气、房、信息等基础设施建设，优化提升教育、医疗、养老等农村公共服务供给水平，加强农村生育支持和婴幼儿照护服务。推进抓党建促乡村振兴，推广积分制、民事直说等务实管用的乡村治理方式，坚持和发展新时代“枫桥经验”，久久为功推进移风易俗，整治高额彩礼、大操大办等陈规陋习，增加村晚、村超、“村 BA”、社火等富有农耕农趣农味的乡村文化产品供给。注重保护传统村落和乡村特色风貌，融得进绿水青山，留得住田园乡愁，大力发展乡村旅游。

（三）促进县域城乡融合发展，激发消费活力

把县域作为城乡融合的重要切入点，统筹新型城镇化和乡村全面振兴，实施新一轮农业转移人口市民化行动，提升县城综合承载能力和治理能力，促进县乡村功能衔接互补、资源要素优化配置。加快城乡基础设施一体化建设，实施快递进村、“一村一站”工程，推动城乡资源、城乡公共服务均衡配置，城乡要素双向流动，引导鼓励更多城市资金、技术、人才进入“三农”领域，服务乡村、建设乡村、发展乡村。丰富市场供给，培育壮大新型消费，大力发展数字消费、绿色消费、健康消费、体育休闲消费，积极培育智能家居、文娱旅游、乡村旅游、国货“潮品”、银发经济等新的增长点，支持直播电商、即时零售等发展，打造演艺经济、网红打卡、夜间消费等消费场景，拓展便民生活圈。增强消费领域执法监管，开展放心消费行动，营造放心消费环境。

（四）办好“消费促进年”活动，满足消费需求

围绕推动消费持续扩大，坚持“政策+活动”双轮驱动，突出重点品类、节庆时令，结合传统节日、公休假日等消费旺季，突出甘肃特色，结合地方特色民俗，培育标志性活动品牌，继续组织开展丰富多彩的促消费活动，发挥政府主导作用，加大促消活动宣传力度，利用各乡镇逢集日聚集有利时机，将促销活动办到乡村一线，满足农村居民消费需求。继续支持新能源汽车、绿色智能家电、绿色建材和家具家装下乡，开展家电“以旧换新”活动，加强废旧家电回收，促进农村大宗商品消费更新换代。持续举办“陇上美食博览会”等餐饮促消费活动，大力发展传统特色小吃，做好“春绿陇原”文艺展演活动，开展“优质服务基层行”活动，举办“网上年货节”“双品网购节”“618”等各类线上线下融合促消费活动，营造浓厚消费氛围，为居民提供更多元、更丰富的消费体验。

甘肃 CPI 低位运行　存在问题仍需关注

2023 年是全面贯彻落实党的二十大精神的开局之年，甘肃省委、省政府认真落实党中央、国务院决策部署，坚持稳中求进工作总基调，持续出台一系列促进消费、保供稳价措施，有力有效推动后疫情时代经济恢复发展。经过全省上下的不懈努力，经济运行稳中向好，民生福祉不断增进，市场供应总体充足，居民消费价格保持低位平稳运行。

一、居民消费价格运行基本情况

（一）总体低位平稳运行

2023 年，甘肃省居民消费价格较上年同期上涨 0.5%，涨幅比上年同期低 1.4 个百分点。其中，城市上涨 0.5%，农村上涨 0.5%；食品价格上涨 0.1%，非食品价格上涨 0.6%；消费品价格与上年同期持平，服务价格上涨 1.3%。

（二）核心 CPI 温和上涨

2023 年，甘肃扣除食品和能源价格的核心 CPI 较上年同期上涨 0.9%，涨幅较上年同期扩大 0.1 个百分点。市场经济向好发展，供需循环趋向通畅，全年各月核心 CPI 均维持在正增长区间，延续温和上涨态势。其中，6 月份同比上涨 0.6%，2 月、3 月、4 月、5 月、11 月同比均上涨 0.8%，7 月、8 月同比均上涨 0.9%，1 月、9 月、10 月同比均上涨 1.0%，12 月同比上涨 1.2%。

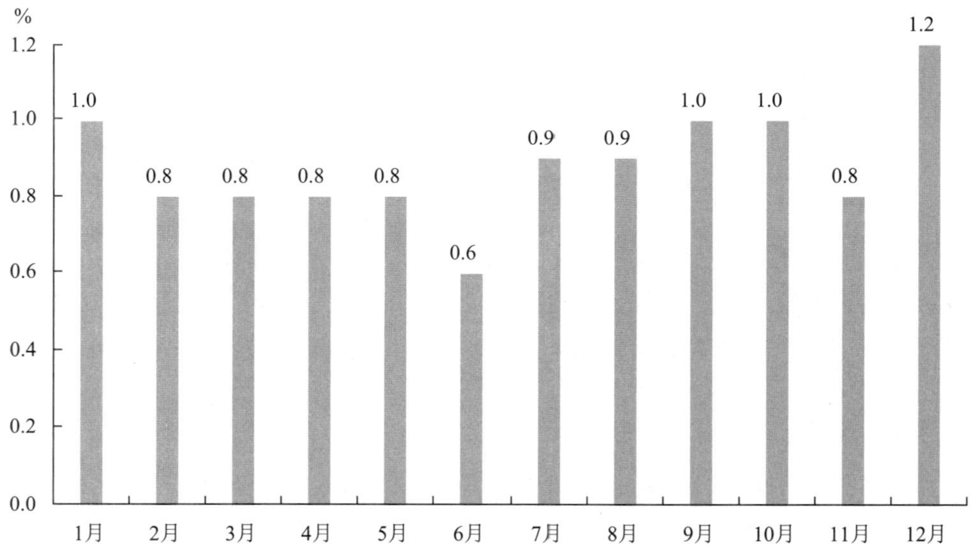

图 1　2023 年 1—12 月甘肃核心 CPI 同比涨跌幅对比图

（三）环比高开低走，同比逐步回落

从环比看，各月价格呈现明显的季节性特征。1 月份受元旦、春节节日效应叠加疫情防控政策优化影响，CPI 环比上涨 0.6%。随着节日效应消退，居民需求回落，供给持续增加，CPI 稳中有降，2—4 月份 CPI 降幅分别为 0.2%、0.4%、0.2%。5 月份止降持平。6 月份生鲜食品价格季节性回落，CPI 下降 0.1%。7—10 月份受暑期、中秋、国庆假期影响，来甘旅游人数激增，旅游相关服务价格上涨，CPI 小幅上扬，分别上涨 0.2%、0.1%、0.1%、0.1%。11 月份生鲜市场供给充足、汽柴油价格回落、旅游进入淡季影响 CPI 下降 0.5%。

12 月份大范围降温雨雪天气增加了生鲜产品生产及储运成本，CPI 上涨 0.3%。

从同比看，各月 CPI 呈现整体回落的运行态势。甘肃 CPI 各月同比最高涨幅在 1 月份，同比上涨 2.2%，降幅最低在 11 月份，同比下降 0.5%，波峰波谷差值 2.7 个百分点。主要是上年受疫情影响，2022 年变动产生的新涨价因素上拉作用较强，CPI 同比涨幅快速扩大。2023 年以来，随着上涨产生的高翘尾影响消除，CPI 同比涨幅逐月收窄后平稳运行。2023 年各月较上年分别上涨 2.2%、1.3%、0.9%、0.7%、0.8%、0.4%，下降 0.1%，上涨 0.2%、0.2%、0.1%，下降 0.5%、0.1%。

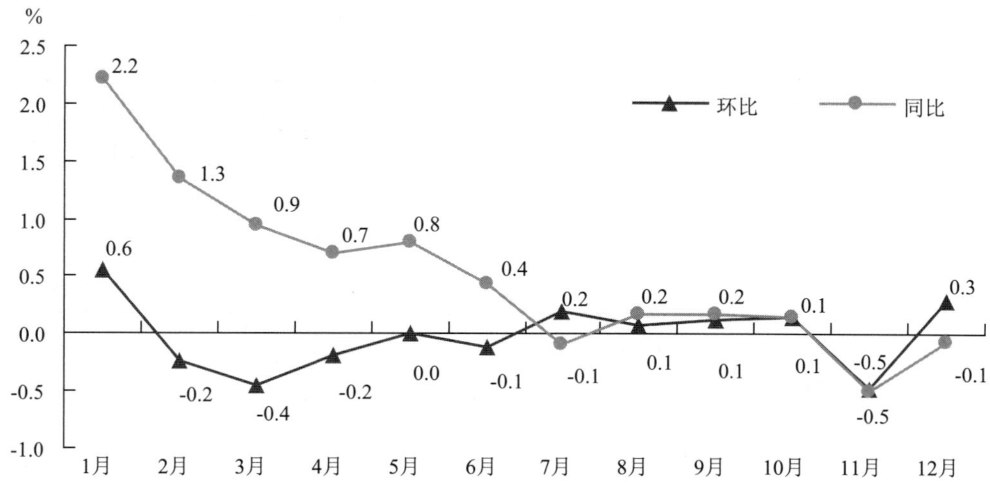

图 2　2023 年甘肃居民消费价格涨跌幅

（四）八大类商品及服务价格呈“五涨二降一平”态势

从分类看，八大类商品和服务价格呈“五涨二降一平”态势。其中，医疗保健价格上涨 3.5%，其他用品及服务价格上涨 3.2%，教育文化娱乐价格上涨 1.6%，食品烟酒价格上涨 0.3%，衣着价格上涨 0.2%；交通通信价格下降 0.8%，居住价格下降 0.4%；生活用品及服务价格与上年持平。

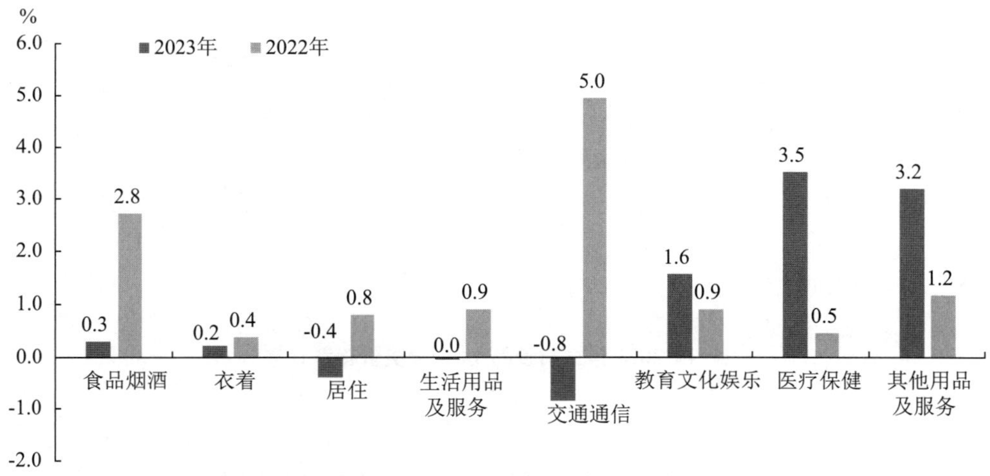

图 3　2023 年与 2022 年甘肃八大类商品及服务价格涨跌幅对比图

（五）基本类涨价面约六成

2023 年，甘肃居民消费价格 268 个基本分类价格“156 涨 79 降 33 平”，上涨面为 58.2%，下降面为 29.5%。涨幅超过 3.0%的基本分类有 43 个，占 16.0%，其中飞机票涨幅最大（25.7%）；降幅超过 3.0%的基本分类有 13 个，占 4.9%，其中猪肉降幅最大（-14.7%）。

二、甘肃与全国及西北五省的比较

2023 年 12 月份，全国居民消费价格环比上涨 0.1%，甘肃低于全国 0.2 个百分点；全国居民消费价格同比下降 0.3%，甘肃高于全国 0.2 个百分点；2023 年，全国居民消费价格较上年同期上涨 0.2%，甘肃高于全国 0.3 个百分点，涨幅居全国 31 个省（区、市）第 4 位。西北五省中，甘肃、青海（上涨 0.5%）位列第 1，宁夏（上涨 0.4%）位列第 2，陕西（上涨 0.1%）位列第 3，新疆（持平）位列第 4。

表 1　2023 年全国及西北五省居民消费价格指数

单位：%

指标	全国	陕西	甘肃	青海	宁夏	新疆
环比	100.1	100.1	100.3	100.1	100.2	100.7
同比	99.7	99.7	99.9	100.1	99.7	98.7
累计	100.2	100.1	100.5	100.5	100.4	100.0
累计排位	——	第 18 位	第 4 位	第 5 位	第 8 位	第 24 位

三、居民消费价格变动的主要特点

（一）物流畅通供应充足，食品价格明显回落

2023 年，食品烟酒价格较上年同期上涨 0.3%，影响 CPI 上涨约 0.09 个百分点；其中，食品价格较上年同期上涨 0.1%，影响 CPI 上涨约 0.01 个百分点。所监测的 14 类主要食品价格“9 涨 5 降”。

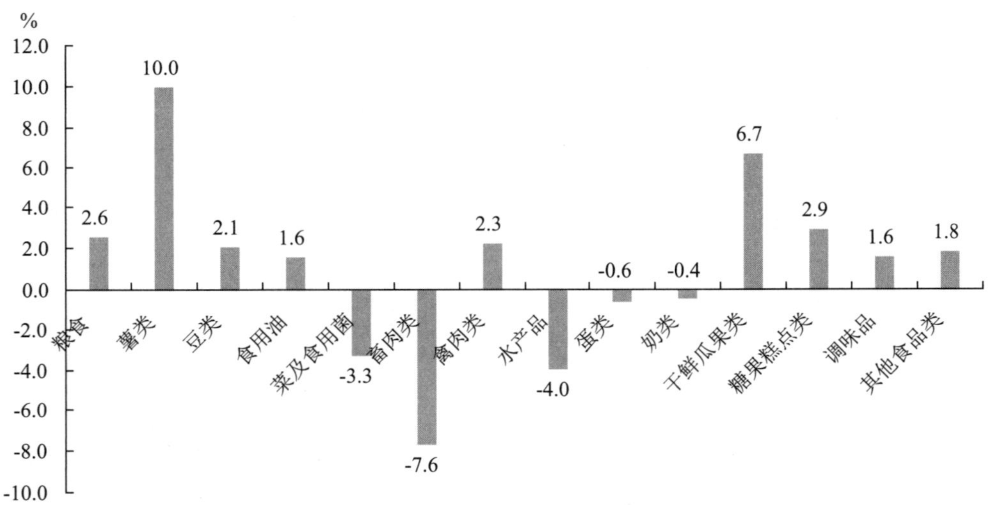

图 4　2023 年甘肃食品 14 个分类价格涨跌幅

1.鲜果价格上涨明显。2023 年，甘肃鲜果价格上涨 7.7%，影响 CPI 上涨约 0.19 个百分点。从环比看，1 月受降温降雪天气及春节因素影响，鲜果价格上涨 6.0%。2—3 月节日因素消退、市场需求回落，鲜果价格分别下降 1.6%、2.2%。4 月鲜果供给“青黄不接”，价格上涨 1.1%。5 月时令鲜果陆续上市、选择性增加，不易储存热带水果价格下降带动鲜果价格下降 0.3%。6 月受部分地区前期平均温度较往年偏低影响，水果成熟速度偏慢，当季时令水果上市时间推迟，鲜果价格上涨 3.3%。随着气温升高，时令水果多样性和上市量进一步加大，市场供给充足，7—9 月鲜果价格分别下降 2.6%、7.6%、2.1%。10 月份在夏季时令水果陆续退市和节日消费拉动影响下，鲜果价格止跌回升上涨 5.9%。11—12 月市场供给充足，消费需求回落，鲜果价格分别下降 2.0%、1.2%。从同比看，上半年部分水果产地遭遇恶劣天气导致水果减产、市场供应偏紧，种子、农药、肥料、劳动力等生产成本增加，直接影响水果批发价格上涨，市场终端价格高于往年。同时，

受疫情防控政策优化、物流运输渠道畅通、居民消费需求释放等多因素影响，鲜果各月同比价格高开低走，同比涨幅逐月收窄，1月份最高上涨19.1%，12月份最低下降4.0%。

2.畜肉价格稳中有降。2023年，甘肃畜肉类价格下降7.6%，影响CPI下降约0.26个百分点。其中：猪肉价格下降14.7%，影响CPI下降约0.19个百分点；牛肉价格下降4.4%，影响CPI下降约0.03个百分点；羊肉价格下降3.6%，影响CPI下降约0.03个百分点。2022年4—11月份猪肉价格连续上涨，导致2023年年初猪肉价格高位运行，随着前期养殖户压栏惜售的积压栏猪和二次育肥猪集中出栏，市场猪肉供应增大。2023年，1—7月份猪肉价格连续回落；8—9月份，经济复苏势头明显，养殖户们挺价意愿增强，引发二次育肥的市场现象，减少标猪的供应量，市场猪肉供应减少，价格小幅上涨。10—12月份，全国大部分地区平均气温都比常年偏高，偏高的气温利于农产品生产储运，生猪产能充足，价格持续回落。同时，受此关联影响牛羊肉价格下降。

（二）消费意愿逐步增强，服务价格保持涨势

2023年，随着疫情防控措施优化调整，经济稳步回暖、活力不断增强，服务消费环境持续改善，商超市场、餐饮堂食、电影院、旅游景点等线下消费市场有序恢复、日趋火热，居民吃住行游购娱等消费需求明显释放，相关服务价格水涨船高、涨幅扩大。甘肃服务价格较上年同期上涨1.3%，影响CPI上涨约0.50个百分点，服务72个分类“43涨20平9降”。2023年以来，甘肃省开展“聆听交响丝路 走进如意甘肃”主题推广活动、“跟着东方甄选看甘肃”网络宣传、签订“引客入甘”合作协议等，推动文旅产业加快复苏。甘肃各地丰富文化旅游产品，组织文化、旅游、演艺、体育、商贸等综合性活动，促进文旅深度融合，提升文旅消费服务。文旅市场升温带动住宿、交通、文娱等消费快速增长。旅游价格上涨6.2%，其中旅行社收费价格上涨7.5%，其他旅游价格上涨1.1%；在外住宿价格上涨5.6%，其中宾馆住宿价格上涨6.2%，其他住宿价格上涨1.8%；交通费价格上涨4.9%，其中飞机票价格上涨25.7%，其他交通费价格上涨1.5%；电影及演出票价格上涨4.8%，宠物服务价格上涨3.6%，健身活动价格上涨2.7%。

为进一步完善医疗保障相关政策，优化医疗服务价格结构，合理体现医务人员技术劳务价值，2022年10月甘肃省医疗保障局印发《甘肃省基本医疗保险医疗服务价格项目目录（2022版）》通知，要求各市州结合当地情况，科学合理分步、分批对属地内各级医疗机构的服务价格进行动态调价，于两年内逐步调整到位。2023年，甘肃省12个市州对医疗服务价格进行调整，医疗服务价格较上年上涨4.1%，影响CPI上涨约0.28个百分点。其中：综合医疗类价格上涨5.0%，诊断类价格上涨3.4%，治疗类价格上涨4.3%，康复类价格上涨3.4%，中医医疗服务类价格上涨4.0%，其他医疗保健服务价格上涨5.5%。

（三）能源价格高位回落，工业消费品价格稳中有降

2023年，甘肃能源价格较上年同期下降2.3%，影响CPI下降约0.15个百分点。受国际原油价格震荡影响，交通工具用燃料价格下降5.5%，影响CPI下降约0.18个百分点。从基本分类来看，汽油价格下降5.6%，影响CPI下降约0.16个百分点；柴油价格下降6.0%，影响CPI下降约0.02个百分点。2023年国内成品油零售价格累计开启25轮调价窗口，呈现“10涨12跌3搁浅”格局。自10月份以来，国内成品油零售限价“六连降”，国际油价整体呈现震荡下行态势。

2023年，甘肃工业消费品价格较上年同期下降0.2%，影响CPI下降约0.07个百分点。交通工具价格下降1.2%，影响CPI下降约0.04个百分点；其中燃油小汽车价格下降2.6%。家用器具价格下降1.0%，影响CPI下降约0.01个百分点；其中大型家用器具价格下降1.0%，小家电价格下降1.3%；住房装潢材料价格下降1.8%，影响CPI下降约0.03个百分点。

四、后期价格走势研判及需要关注的问题

（一）后期价格走势研判

展望2024年，全球经济减速导致的外部通胀输入减弱，外需短期回暖相对温和，能源需求复苏不稳，或将维持震荡运行态势，海外加息周期结束或将带来全球流动性改善。国内经济延续回升向好态势，居民

收入改善支撑消费潜力释放，文旅市场稳步复苏，相关文娱消费需求预计持续增长，猪肉产能相对充足、价格维持偏低运行，饲料成本走高叠加春节临近，猪肉价格下跌态势或得以缓解。同时在宏观政策同向发力和提质、扩量、增效背景下，叠加基期效应逐步常态化、社会有效需求回暖、价格传导机制更畅通等因素，2024 年甘肃 CPI 将呈现低位回升、温和上涨的态势。

（二）需要关注的问题

1.关注 CPI 低位运行态势。CPI 是用来反映城乡居民所消费商品及服务价格水平变动情况的宏观经济指标，能够反映通货膨胀（紧缩）的程度，CPI 过高、过低时应引起重视。2023 年作为疫情后经济恢复的第一年，由于供给整体快于需求恢复，CPI 低位运行，社会关注度提高，后期需要分析研判价格走势，科学精准制定政策措施，保持 CPI 平稳运行。

2.关注冬春季生鲜产品保供稳价。鲜菜、鲜果价格易因气候因素产生较大波动，需要做好低温雨雪冰冻灾害防范应对工作，及时发现极端气候、突发情况等因素引起的价格大幅变动倾向，切实保障“两节”期间重要民生商品的保供稳价，守稳护牢百姓“米袋子”“菜篮子”。

3.关注猪肉价格走势。当前猪肉价格走势依旧疲软，短期可能会在低位徘徊，预计春节消费旺季需求提升对猪肉价格有提振作用。猪肉价格旺季不旺的背后，存在阶段性产能过剩的问题，需重点关注供给端变化，建议采取相应措施防止猪价大起大落。

4.关注全球能源价格波动。能源是生产和运输过程中的重要成本因素，能源价格上涨会导致生产成本的增加，进而推动物价上涨，关注地缘政治等因素影响造成的输入性通胀风险。当前，市场对经济增长前景信心不足将继续给国际油价带来压力，同时近期红海海域接连发生游轮等船只遭袭事件、中东地缘政治局势紧张将抑制国际油价下行空间，国际油价依然震荡运行。

五、对策建议

2023 年，甘肃陆续出台各类恢复和扩大消费的措施，各地不断丰富文旅产品供给，消费市场加速回暖，下阶段需要继续着力扩大内需，进一步发挥消费拉动经济增长的基础性作用，不断巩固和增强经济回升向好的态势。

（一）增收入、扩消费

稳定的收入是消费的决定性力量。突出就业优先导向，继续落实稳就业各项举措，多渠道拓展就业空间，强化职业技能培训，优化就业服务，确保重点群体就业稳定，不断巩固就业稳定形势。健全完善工资增长机制和社会保障体系，增加城乡居民收入，扩大中等收入群体规模。抓实企业帮扶解困，持续优化营商环境，不断增强发展后劲。激发居民消费活力，提振市场消费信心，通过终端需求带动有效供给，把实施扩大内需战略同深化供给侧结构性改革有机结合起来。落实好促消费各项政策，巩固扩大消费回升态势。

（二）保供给、稳价格

统筹抓好生猪、蔬菜、禽蛋等重要民生商品生产、流通、供应各个环节，紧盯节假日消费、异常天气市场需求和供给变化，抓好产销衔接，确保民生商品运输通畅，货源充足，稳定供应。关注价格出现持续下跌或上涨的猪肉、蔬菜等重要民生商品，完善农业相关保险业务和保险体系，防止出现“价高伤民、价低伤农”的情况。及时根据市场变化做好粮油肉蛋奶等生活必需品物资储备，合理收储、投放，提升保供稳价能力。

（三）强监管、兜底线

依法加强市场监管，净化营商环境，严厉打击捏造散布涨价信息、哄抬价格、囤积居奇、串通涨价等违法行为，规范市场价格秩序，全力保障市场安全供应。通过营造安全放心诚信的消费环境，优化居民消费体验，夯实消费高质量发展基础。继续做好民生基本生活保障工作，密切关注低收入群体，当物价上涨达到联动机制启动条件时，及时预警、及时启动，着力保障低收入群体基本生活。

（四）重监测、引预期

注重价格监测，密切关注市场行情，跟踪物价总水平和重要商品价格变化，敏锐捕捉价格变动中的苗头性、倾向性、潜在性问题。正确引导市场预期，防范可能引发市场价格异常波动的问题，及时发布重要商品供求、价格等信息，做好市场调控提示预警，合理引导市场预期，保持价格总体稳定。

2023 年主要生产资料价格回落　甘肃 PPI 运行中枢下移

2023 年，甘肃工业生产较快增长，重点行业支撑有力，工业经济运行呈现企稳向好发展态势。受去年基数偏高以及石油、有色等主要生产资料价格回落影响，工业生产者出厂和购进价格分别下降 4.1%和 7.5%。价格运行中枢下移，一定程度上反映出投资和消费需求恢复不及预期，供需基本面存在一定缺口。下一阶段，需着眼于提升发展质量、扩大市场需求，做好提振市场主体信心、改善经营效益等工作，进一步推动工业高质量发展。

一、全年工业生产者价格运行情况

（一）价格同比呈“V 型”走势

2023 年，甘肃工业生产者出厂价格由去年上涨 10.9%转为下降 4.1%，各月同比呈现“V 型”走势，全年保持在下行区间运行。1—6 月份，出厂价格一路下行，进入二季度，降幅进一步扩大，6 月份降幅 9.6%，达到全年最大，下半年开始，出厂价格企稳回升，降幅逐月收窄，四季度降幅再次扩大。生产资料出厂价格由去年上涨 11.7%转为下降 4.8%，其中，采掘下降 7.6%，降幅最为明显，原材料和加工分别下降 3.8%和 5.8%。生活资料出厂价格上涨 2.8%，涨幅比去年扩大 0.8 个百分点，其中，食品上涨 3.1%，衣着和一般日用品分别下降 4.2%和 2.2%，耐用消费品持平。

2023 年，甘肃工业生产者购进价格由去年上涨 13.5%转为下降 7.5%，各月同比走势基本与出厂一致，但下降幅度大于出厂。1—6 月份，购进价格直线下滑，6 月份降幅 13.0%，达到全年最大，第三季度降幅开始逐月收窄，11 月份降幅略微下探后，12 月份降幅再次收窄。

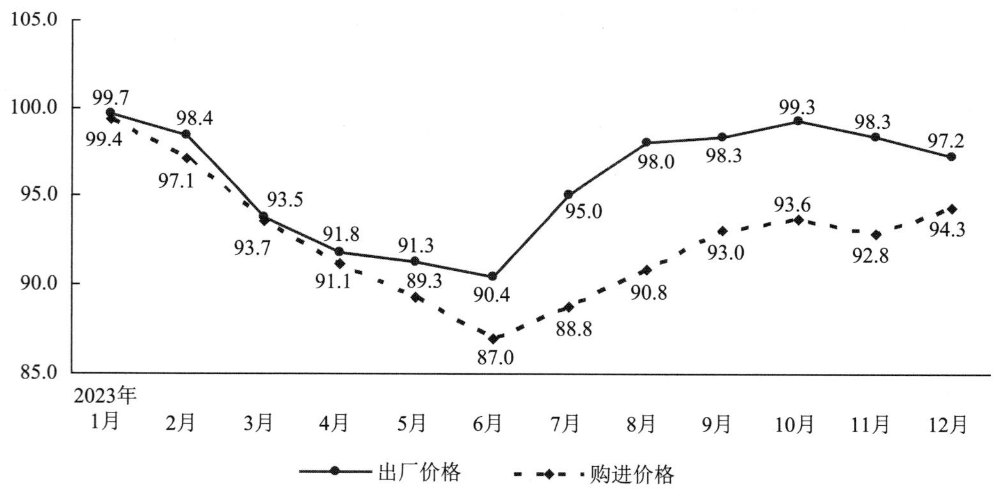

图 1　2023 年甘肃工业生产者出厂和购进价格同比指数

（二）价格环比“有涨有降”

2023 年，甘肃工业生产者出厂价格环比在正负区间震荡运行，上半年除 2 月份涨幅达到 2.0%外，其余月份均在负区间运行，下半年开始基本保持上涨态势，仅 12 月份下降 1.9%。甘肃工业生产者购进价格环比以降居多，除 8—10 月份保持上涨外，其余各月均在下行区间运行。

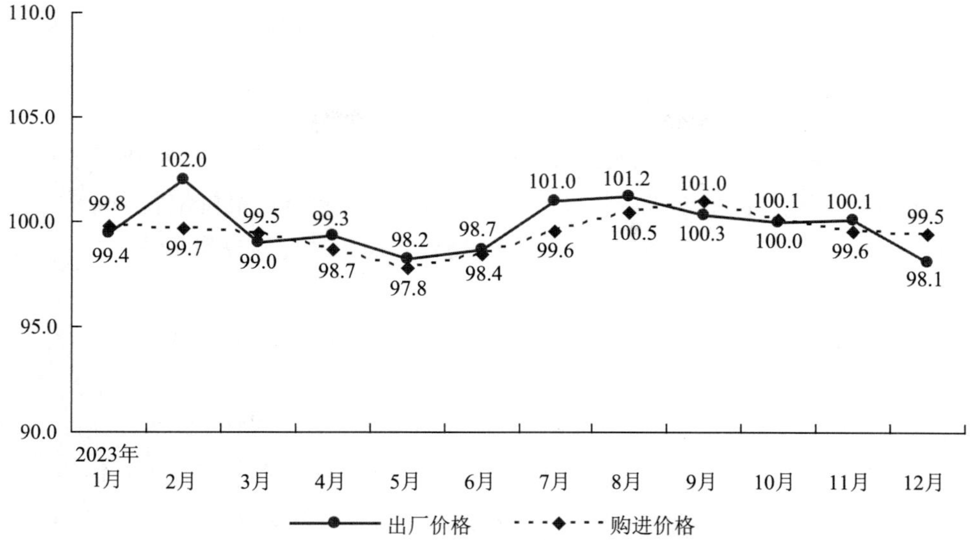

图 2　2023 年甘肃工业生产者出厂和购进价格环比指数

（三）甘肃工业生产者价格整体水平偏低

2023 年，全国工业生产者出厂价格下降 3.0%，甘肃低于全国 1.1 个百分点，降幅居全国 31 个省（区、市）第 24 位，居西北五省（区）第 2 位；全国工业生产者购进价格同比下降 3.6%，甘肃低于全国 3.9 个百分点，降幅居全国 30 个省（区、市）（不包括西藏）第 30 位，居西北五省（区）第 5 位。

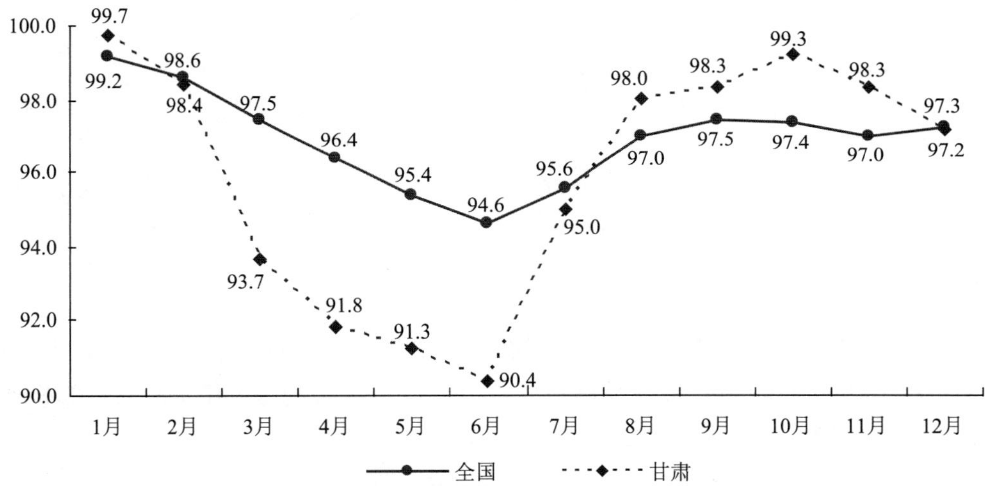

图 3　2023 年全国和甘肃工业生产者出厂价格同比指数

二、全年工业生产者价格运行特点

（一）重要生产资料价格回落

2023 年，甘肃重要生产资料出厂价格回落，多数工业品下降较为明显。受国际原油价格震荡下行影响，原油下降 13.4%；烟煤、铁矿采选和钢筋分别下降 1.4%、6.6%和 9.0%；精炼铜、原铝和镍等有色金属分别下降 2.7%、6.8%和 8.5%。生产资料价格回落影响工业生产者出厂价格总水平下降 4.4 个百分点。

（二）三大工业门类价格“1 涨 2 降”

2023 年，甘肃三大工业门类出厂价格“1 涨 2 降”，与去年相比增加 2 个下降门类。甘肃采矿业由去年上涨 26.0%转为下降 7.6%，其中，受国际原油下行以及铁矿石需求回落影响，石油和天然气开采业、黑色金属矿采选业分别下降 13.4%和 4.5%，降幅较大。制造业由去年上涨 10.2%转为下降 5.3%，其中，黑色金属冶炼和压延加工业、纺织业分别下降 10.6%和 7.7%，主要源于下游市场需求不振。电力、热力、燃气及水生产和供应业上涨 3.3%，涨幅比去年回落 1.3 个百分点，其中，电力、热力生产和供应业上涨 3.4%，水电气价格保持上行。

（三）上下游产品价格差收窄

2023 年，甘肃初级产品、中间产品以及最终产品出厂价格分别由去年上涨 25.9%、9.6%、11.9%转为下降 7.6%、4.1%和 1.5%，初级产品价格下降幅度明显。初级产品与最终产品降幅差为 6.1 个百分点，较去年相比缩小 7.9 个百分点，上下游产品价格差距收窄，波动更趋均衡，传导较为顺畅。

（四）“三黑一色”价格下降 6.8%

2023 年，甘肃“三黑一色”出厂价格由去年上涨 15.0%转为下降 6.8%，全年除 1 月份上涨 1.5%外，其余各月同比均为下降，影响工业生产者出厂价格总水平下降 3.9 个百分点。其中，石油相关行业由去年上涨 34.7%转为下降 8.5%，回落最为明显，影响工业生产者出厂价格总水平下降 1.8 个百分点。钢铁相关行业下降 10.3%，降幅比去年扩大 2.7 个百分点，影响工业生产者出厂价格总水平下降 0.7 个百分点。煤炭、有色相关行业分别由去年上涨 14.6%和 8.9%转为下降 2.6%和 5.1%，共同影响工业生产者出厂价格总水平下降 1.4 个百分点。

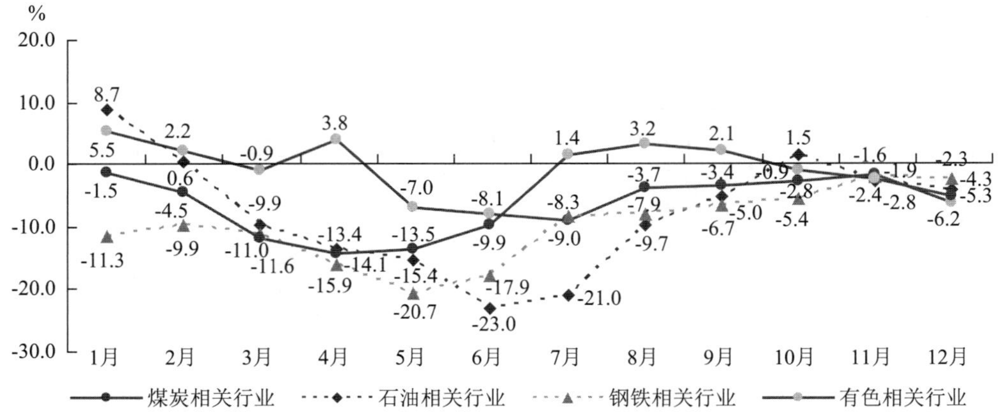

图 4　2023 年甘肃“三黑一色”出厂价格同比涨跌

（五）化工原料类购进价格降幅最大

2023 年，甘肃九大类原材料购进价格“1 升 8 降”，与去年相比增加 7 个下降类别。化工原料类降幅最大，由去年上涨 13.5%转为下降 27.0%，燃料动力类、农副产品类分别由去年上涨 23.4%和 5.8%转为下降 10.1%和 0.8%，黑色金属材料类下降 7.2%，降幅比去年扩大 5.8 个百分点。

三、工业行业出厂价格以降为主

2023 年，甘肃调查的工业行业大类中，工业生产者出厂价格“9 升 21 降 2 平”，下降行业比去年增加 14 个，下降面扩大，中游加工行业基本呈下降走势。其中，石油和天然气开采业下降 13.4%，降幅最大；医药制造业上涨 9.1%，涨幅最大。

（一）医药制造业

2023 年，甘肃医药制造业出厂价格上涨 9.1%，涨幅比去年扩大 6.4 个百分点，带动工业生产者出厂价格总水平上涨 0.2 个百分点。其中，中药饮片加工、中成药生产分别上涨 29.5%和 1.7%。2023 年以来，定西、张掖等地中药材价格异常火爆，多数中药材价格一路攀升，叠加伤风感冒频发，下游部分药品需求增多，导致中药相关产品价格水涨船高。

（二）石油和天然气开采业

2023 年，甘肃石油和天然气开采业出厂价格由去年上涨 46.5%转为下降 13.4%，影响工业生产者出厂价格总水平下降 0.7 个百分点。国际方面，石油输出国组织减产力度没有如预期般收紧，且市场对未来能源需求担忧情绪加剧，原油期货价格重挫。受国际原油价格下降影响，国内成品油维持偏弱局面，全年汽油和柴油零售限价经历 12 次下调，每吨均累计下降 50 元。

表　2022—2023 年甘肃工业行业出厂价格涨跌（%）

行业名称	2022 年涨跌	2023 年涨跌	行业名称	2022 年涨跌	2023 年涨跌
煤炭开采和洗选业	10.1	-1.4	医药制造业	2.7	9.1
石油和天然气开采业	46.5	-13.4	橡胶和塑料制品业	-1.3	-7.7
黑色金属矿采选业	-13.0	-4.5	非金属矿物制品业	12.5	-10.1
有色金属矿采选业	7.7	3.3	黑色金属冶炼和压延加工业	-7.4	-10.6
非金属矿采选业	-0.6	1.6	有色金属冶炼和压延加工业	8.9	-5.3
开采专业及辅助性活动	3.2	0.4	金属制品业	5.6	-3.3
农副食品加工业	4.8	1.5	通用设备制造业	1.4	-2.4
食品制造业	3.2	2.2	专用设备制造业	0.0	-2.5
酒、饮料和精制茶制造业	-0.6	1.5	汽车制造业	2.3	-0.5
烟草制品业	-0.2	-0.1	电气机械和器材制造业	2.0	-0.2
纺织业	3.9	-7.7	计算机、通信和其他电子设备制造业	3.2	-0.5
纺织服装、服饰业	-3.7	-4.2	废弃资源综合利用业	10.8	-8.5
造纸和纸制品业	1.5	-7.5	金属制品、机械和设备修理业	0.3	0.0
印刷和记录媒介复制业	0.2	-0.1	电力、热力生产和供应业	4.7	3.4
石油、煤炭及其他燃料加工业	31.6	-6.9	燃气生产和供应业	4.9	1.9
化学原料和化学制品制造业	11.0	-8.2	水的生产和供应业	0.0	0.0

四、影响工业生产者价格变动的主要因素

2023 年，在甘肃工业生产者出厂价格 4.1%的降幅中，上年价格变动的翘尾影响为-2.9 个百分点，新涨价影响为-1.2 个百分点，出厂价格下降主要受到翘尾因素影响。

从拉升因素看，电力市场化改革后，新能源电价整体呈现上涨态势，特别是太阳能发电上涨 18.9%，价格大幅攀升，导致电力、热力生产和供应业上涨 3.4%，带动工业生产者出厂价格总水平上涨 0.5 个百分点。

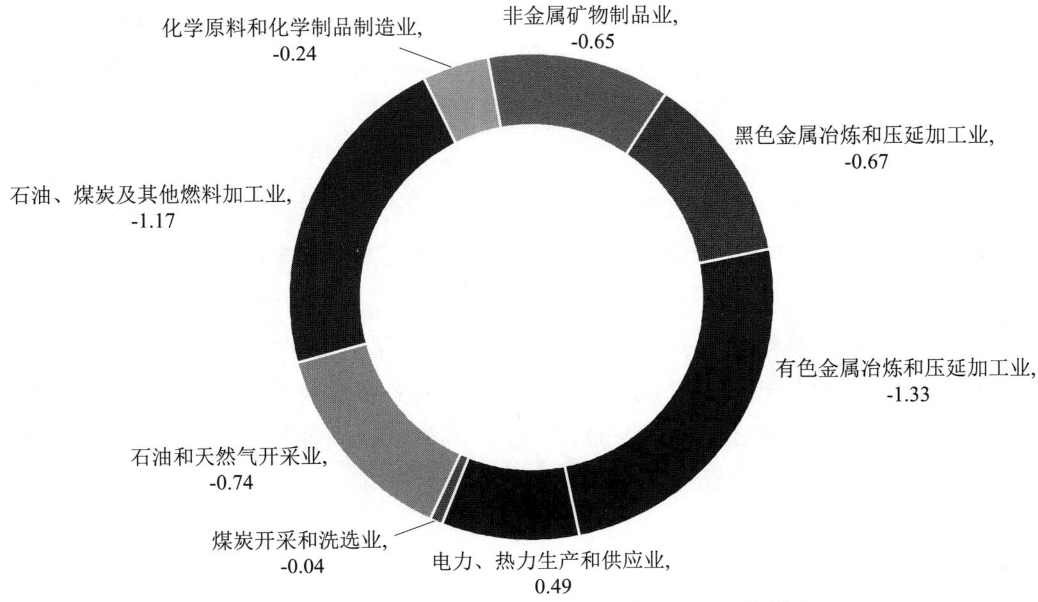

图 5　2023 年甘肃重点行业出厂价格变动对 PPI 的影响

从下降因素看，有色金属方面，美联储货币政策依旧对大宗商品价格走势有较大影响，有色金属冶炼和压延加工业下降 5.3%，其中，精炼铜、镍钴冶炼分别下降 2.7%和 12.4%。镍钴生产端矿石成本下降，支撑作用减弱，叠加新能源汽车等终端销售放缓，手机市场出货量降低，拖累镍钴需求。黑色金属方面，钢铁市场由经济强预期向经济恢复不及预期转变，供需矛盾较为突出，市场竞争加剧，钢材价格降幅较大，黑色金属冶炼和压延加工业下降 10.6%，其中，钢筋、中板分别下降 9.0%和 10.6%。受到下游终端需求不足以及成本端原油价格回落影响，石油加工产品价格下调，石油煤炭及其他燃料加工业下降 6.9%，其中，汽油和柴油分别下降 6.9%和 7.1%。上述行业共同影响工业生产者出厂价格总水平下降 3.2 个百分点。

五、2024 年工业生产者价格走势预判及需关注的问题

预计 2024 年甘肃工业生产者价格指数运行中枢将有所抬升。当前，全球经济增长动能偏弱，国内经济稳步恢复，预计后续还有更多利好出台，部分大宗商品需求回升将对价格起到提振作用，新涨价因素或有所上升。随着后续负翘尾因素逐渐消退以及 2023 年低基数效应影响，工业生产者价格指数降幅会大概率收窄，逐步企稳回升，或将进入上行区间运行。需重点关注以下几点：

（一）市场需求有待提振

工业生产者价格持续在下行通道运行，总体需求乏力，市场竞争激烈，企业面对需求下降、订单不足等经营压力，营业收入减少的同时利润受到挤压，可用资金受限，部分企业放缓生产投资步伐，并加快去库存，一些应收账款占比较高的企业因缺乏采购和运营资金而陷入困境，对工业经济增长造成一定影响。

（二）区位劣势有待改善

与港口、沿海经济联系不够密切，产业带动作用不强，工业品出口不够活跃、规模较小，缺乏竞争力。集疏运体系不够健全，便捷化程度不高，企业表示物流成本高、时效低，也与周边省份在争夺消费市场、吸引专业人才、承接产业转移等方面存在差距。

（三）要素保障有待加强

基建设施规划不够完善，生产要素较为分散，产业聚集度不高，资源有效配置不足，重大项目要素保障不够充分。企业认为搬迁入园成本较高，工业园区功能单一，基础配套设施有待完善，相关用能价格较高，承载能力需进一步提升。

六、对策建议

（一）营造良好营商环境

落实好建设全国统一大市场、提振民营经济信心、基础设施建设完善等多项政策举措，多层次支持民营企业发展壮大，持续推动民营经济转型升级，增强民营经济活力，助力企业降低用工用能成本、缓解资金压力、激发内生动力。

（二）努力扩大有效需求

激发民间投资活力，持续扩大有效投资，强化投资牵引带动需求作用，推进工业经济高质量发展。推动更高水平开放合作，加强企业与“一带一路”沿线国家和地区合作往来，助推龙头企业和优势产业“走出去”，拓展产品出口空间。

（三）破解企业发展现实难题

强化问题导向，建立健全应收账款处理和监督机制，提升企业资金周转效率，降低拖欠账款比例，缓解企业资金压力。加强技术研发和配套建设，通过创新产品供应、完善基础设施等手段，提高产品品质，创建品牌特色，有效配置资源，拓宽销售渠道，进一步提升竞争力。

家庭人均可支配收入对生育意愿的影响研究

——基于甘肃省“三育”问题调研的实证研究

一、引言

近年来，我国老龄化、少子化、不婚化三大趋势加速到来。2022 年我国人口开始负增长，总和生育率跌破 1.1。为应对低生育水平和人口老龄化，我国的计划生育政策经历了从“独生子女”到“单独二胎”，再到“全面二孩”和“三胎”的系列转变。经济发展与人口发展互相影响。本文通过对甘肃地区采取随机抽样的方式，选取 1103 户住户调查样本开展问卷调查，初步探讨家庭人均可支配收入与生育意愿的关系。

二、文献综述

生育意愿与经济收入的关系较早的受到学术界的关注，学者们围绕经济收入对生育意愿的影响，依据不同的研究方法，得出的结论也有所区别。周晓蒙基于 2015 年中国综合社会调查（CGSS）数据研究城镇家庭的经济状况与教育水平对家庭生育意愿的影响，结果发现家庭经济地位的提高将引起其意愿生育数量增多、不愿生育的概率减小。熊永莲和谢建国使用 2001—2013 年中国 31 个省（区、市）的面板数据进行研究，结果显示，收入水平的提高显著地降低了中国生育水平。也有一些研究表示，经济收入和生育意愿的相关关系并非呈线性关系。何明帅和于淼基于中国综合社会调查数据，研究了家庭人均收入与个体生育意愿的相关性关系，研究发现，生育意愿与家庭人均收入水平呈显著的“U”型曲线关系，即随着家庭人均收入水平的提高，生育意愿呈现先下降后上升的趋势。王记文结合中国综合社会调查 2010、2012、2013 和 2015 年数据，对 31 个省份生育意愿的影响因素进行分析，发现收入与生育意愿之间的关系呈倒“U”型分布。马启文基于川、皖、鲁地区的土地确权过程中得到的 1624 份数据，对农村地区妇女收入是否影响生育意愿进行了研究，研究表明对于务工妇女而言，妇女收入与生育意愿呈倒“U”型关系。

上述的研究分析都对经济收入与生育意愿作出了深入的研究，也为本文研究的开展提供了坚实的基础。

三、生育政策与甘肃基本情况

（一）各地生育支持政策

国务院在《关于促进 3 岁以下婴幼儿照护服务发展的指导意见》中提出鼓励试行育儿假。多地修改了《人口计划与生育条例》，增设在子女满三岁前，夫妻每人每年可以享受 5—15 天育儿假。

北京市朝阳区发布公告，启动面向“未成年子女数量较多”轮候家庭组织选房，多孩家庭可以直接配租公租房，地方政府已经从福利住房分配方面，侧重多子女家庭。

福建省人民政府颁布实施《福建省妇女发展纲要（2021—2030 年）》，围绕完善生育政策予以多项配套支持措施，加大对女性职业发展支持，采取更为具体的措施防止对女性就业隐形歧视，切实减轻家庭生育养育教育负担，释放生育意愿。

甘肃省临泽县发布《临泽县优化生育政策促进人口长期均衡发展的实施意见（试行）》。《意见》指出，对生育一孩、二孩、三孩的常住产妇一次性分别给予 2000 元、3000 元、5000 元的生育津贴。三孩每年发放 10000 元育儿补贴，直至孩子三岁。

四川省发布了一则《四川省生育登记服务办法》，其中有一条取消非婚生育登记的限制，该政策着眼于对未婚生育群体及其子女的生存保障，让这部分人群在生育登记后享有平等的生育服务，如妇幼保健服务等，本身体现出政策的包容性和对生育友好的价值追求。

（二）甘肃基本情况

第七次全国人口普查数据显示，2020 年甘肃省总人口 2501.98 万人，与“六普”相比，过去 10 年甘肃省总人口不升反降，减少 55.55 万人。

1.老龄化加剧，正从人口红利期转入人口负担期。“七普”数据显示，2020 年甘肃 65 岁及以上人口 314.75 万人，占全省常住人口的 12.58%，比 2010 年增加 104.06 万人，增长 149.39%，占全省常住人口比重上涨 4.35%。按照联合国的最新标准 65 岁及以上老人占总人口的 7%，即该地区视为进入老龄化社会。2005 年 65 岁及以上人口占比达到 7.23%，超过 7%，即意味着甘肃省 2005 年起进入老龄化社会。

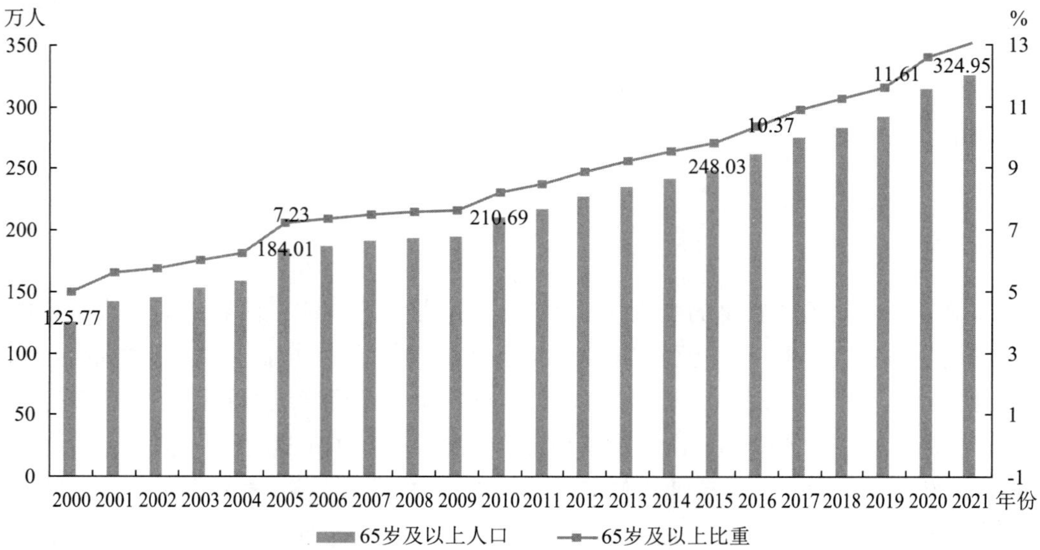

图 1　2000—2021 年甘肃省 65 岁及以上人口和占比

2.劳动年龄人口减少，经济潜在增长率下降。劳动力规模持续萎缩，劳动人口占比大幅下降。2010—2020 年 15—64 岁人口规模从 1882.6 万人减少至 1701.85 万人，占比从 73.61%下降至 68.02%。从人口红利期转入人口负担期，面临“未富先老”局面。

3.少子化加剧，新出生人口持续创新低。甘肃省积极响应国家政策，分别在 2014 年实施“单独二孩”政策以及 2018 年实施“全面二孩”政策。统计数据显示，在“单独二孩”政策实施后的 2014—2017 年，甘肃省平均人口出生率为 12.32‰，比该项政策实施前小幅增加。而全面放开二孩政策后的 2018—2021 年，甘肃省人口出生率出现了显著的下降趋势（见表 1）。生育堆积效应已消退，人口自然增长率严重下跌，从 2010 年的 6.03‰下跌至 2021 年的 1.42‰，持续创新低。

与人口出生率持续下降相反，甘肃省全体人均居民可支配收入一直处于持续上涨的态势（见表 1）。2010 年全省城镇居民人均可支配收入仅为 13820 元，2021 年达到 36187 元，较 2010 年增加 22367 元，增长 2.62 倍。与此同时，2010 年全省农村居民人均可支配收入 3747 元，2021 年达到 11433 元，增加 7686 元，增长 3.05 倍。甘肃社会经济处于不断发展状态，但甘肃地区的生育意愿却没有出现同步上涨的态势，相比于经济水平，生育意愿表现出一定程度的滞后性。

表 1　2010—2021 年甘肃省人口出生率和居民人均可支配收入

年份	出生率（‰）	自然增长率（‰）	城镇居民人均可支配收入（元）	农村居民人均可支配收入（元）
2010	12.05	6.03	13820	3747
2011	12.08	6.05	15707	6278
2012	12.11	6.06	17979	4931
2013	12.16	6.08	19873	5589
2014	12.21	6.10	21804	6277
2015	12.36	6.21	23767	6936
2016	12.18	6.00	25694	7457
2017	12.54	6.02	27763	8076
2018	11.07	4.42	29957	8804
2019	10.60	3.85	32323	9629
2020	10.55	2.64	33822	10344
2021	9.68	1.42	36187	11433

四、数据来源与变量定义

（一）数据来源

一部分数据我们通过发放问卷的方式，在甘肃住户调查样本中随机进行调研，收回问卷 1103 份。为确保分析实证的可靠性，将不符合常理及重要数据缺失的样本剔除，最终得到 772 个有效样本。另一部分收入数据来源于 2022 年甘肃住户调查数据。

其中，城镇受访者所占比例为 38.95%，农村户籍占 61.05%；男性和女性样本的比例分别为 63.73%和 36.27%；年龄在 20—29 岁、30—39 岁、40—49 岁、50—59 岁、60 岁及以上的样本比例分别为 5.36%、28.48%、44.95%、15.72%和 5.49%；文化程度为小学及以下、初中、高中（含中专、职高）、大专、本科、硕士及以上的样本比例分别为 19.54%、42.15%、16.09%、9.20%、12.13%和 0.89%。

（二）研究变量

研究的被解释变量为生育意愿，即受访者在没有受政策影响情况下，理想拥有子女数量。研究的自变量为家庭人均可支配收入。

为了保证回归结果的准确性，除自变量外引入了控制变量。首先，以 20—29 岁为标准，加入 30—39 岁、40—49 岁、50—59 岁和 60 岁以上这五个年龄组，控制年龄对个体生育意愿的影响；其次，引入变量受教育水平，分别为小学以下、初中、高中、大专、本科和硕士及以上等因素，控制个体生育意愿的受教育异质性；最后，加入城乡属性，目前城乡情况仍存在生产、生活方式不对称的差异，本文将城乡属性作为重要变量，以控制该因素对生育意愿的影响（变量说明见表 2）。

表 2　变量说明

变量类型	变量	缩写	变量说明
被解释变量	生育意愿	dec	被访者理想子女数量
解释变量	可支配收入	income	家庭人均可支配收入
	年龄	age	1 表示 20—29 岁；2 表示 30-39 岁；3 表示 40 及岁以上
	城乡属性	ur	1 表示城镇；2 表示农村
	教育水平	edu	1 表示小学及以下；2 表示初中；3 表示高中（含中专、职高）；4 表示大专；5 表示本科；6 表示硕士及以上

表 3 给出了各个变量的描述性统计。可以看出，可支配收入的均值随着理想子女数量的上升而不断下降，即生育意愿高的家庭人均可支配收入要低于生育意愿低的家庭人均可支配收入。理想子女数量为 2 个的受访者最多，可支配收入均值居中；理想子女数量为 0 个的受访者数量第二少但可支配收入均值最高；理想子女数量为 5 个的受访者数量最少且可支配收入均值最低。

初步判断，高收入人群生育意愿偏低，中等收入人群生育意愿适中且占比较大，低收入人群生育意愿偏高。

表 3 描述性统计分析

dec	stats	income	age	ur	edu
理想子女数量为 0	N	23	23	23	23
	mean	9.88	3.13	1.43	2.52
	sd	0.85	0.69	0.51	1.41
	min	7.84	2	1	1
	max	11.23	5	2	5
理想子女数量为 1	N	127	127	127	127
	mean	9.76	2.85	1.56	2.71
	sd	0.91	0.94	0.5	1.28
	min	6.76	1	1	1
	max	11.78	5	2	6
理想子女数量为 2	N	544	544	544	544
	mean	9.59	2.84	1.60	2.58
	sd	0.89	0.93	0.49	1.3
	min	4.67	1	1	1
	max	12.16	5	2	6
理想子女数量为 3	N	65	65	65	65
	mean	9.2	3.06	1.75	2.12
	sd	0.74	0.95	0.43	1.05
	min	7.65	1	1	1
	max	11.32	5	2	6
理想子女数量为 3 个以上	N	13	13	13	13
	mean	8.98	3.07	1.69	2.31
	sd	0.96	0.95	0.48	1.49
	min	7.19	2	1	1
	max	10.37	5	2	6

注：N 代表数量，mean 代表均值，sd 代表标准差，min 代表最小值，max 代表最大值。

表 4 给出了变量间相关性检验的结果，可以看出各解释变量与生育意愿都具有一定相关性。人均可支配收入对数平方在 0.01 的水平的相关性显著，且影响为负，初步考虑收入水平居中的家庭生育意愿更高。

表 4　相关性分析

		dec	age	ur	edu	ln（income）	[ln（income）]2
dec	皮尔逊相关性	1					
	显著性（双尾）						
age	皮尔逊相关性	0.021	1				
	显著性（双尾）	0.557					
ur	皮尔逊相关性	.107**	.110**	1			
	显著性（双尾）	0.003	0.002				
edu	皮尔逊相关性	-.086*	-.283**	-.548**	1		
	显著性（双尾）	0.016	0	0			
ln（income）	皮尔逊相关性	-.170**	-0.069	-.597**	.525**	1	
	显著性（双尾）	0	0.054	0	0		
[ln（income）]^2	皮尔逊相关性	-.172**	-0.07	-.607**	.539**	.996**	1
	显著性（双尾）	0	0.053	0	0	0	

注：** 在 0.01 级别（双尾），相关性显著。* 在 0.05 级别（双尾），相关性显著。

五、实证分析与结果讨论

（一）模型构建

为了研究人均可支配收入对于生育意愿的影响，构建方程如下：

$$Dec=\beta_1=[\ln(income)]^2+\beta_2\ln(income)+X_i\,\gamma+\varepsilon$$

其中 Dec 表示调查对象理想拥有的子女数量，ln(income)为家庭人均收入的对数，$[\ln(income)]^2$ 为家庭人均收入对数的平方，X_i 表示其他变量，包括调查对象的年龄、户籍、教育等。β_1、β_2、γ 为系数，ε 表示随机误差项。

（二）回归分析

在层级回归中，本文利用全体有效样本对调查对象的生育意愿进行参数估计。通过表 5 第（1）列计量结果可以看出，人均可支配收入对数的系数在 10%的水平上显著为正，人均可支配收入对数平方项系数在 10%的水平上显著为负，这表明人均可支配收入水平与生育意愿呈“倒 U 型”曲线关系，即随着人均可支配收入水平的上升，个人的生育意愿呈现先升后降的趋势。

表 5　全样本回归分析

	（1）	（2）	（3）	（4）
年龄	0.011	0.012	0.005	0.224
城乡属性	0.004**	0.253*	-0.18*	-0.185
教育水平	0.025*	0.018*	-0.662***	-0.57***
人均可支配收入对数	0.238*	0.476*	0.639*	0.63**
人均可支配收入对数平方	-0.419*	-0.509*	-1.17***	-1.002***
交互项		-0.205	0.154	0.162
交互项			0.861***	0.742***
交互项				-0.25*
R^2	0.3	0.31	0.39	0.4
ΔR^2	0.019	0.001	0.008	0.001
F	4.793	4.09	4.438	4.018

注：*、**、***分别表示在 10%、5%和 1%的水平上显著。

为了对结果进一步解释，6500 元、23273 元分别是 2022 年甘肃省防止返贫监测范围和 2022 年甘肃省人均可支配收入。以 6500 元和 23273 元为收入界限，将收入群体分为低收入群体、中收入群体和高收入群体，得到分析结果如表 6，可以看出低收入群体的系数为 0.008，说明随着低收入群体收入的增加生育意愿逐步增加；而中、高收入群体的系数为负值，对于中、高收入群体来说，人均可支配收入与生育意愿成反比，随着收入的增加生育意愿反而逐渐下降，进一步理解为随着收入的增加，对于生育意愿有一定的负影响。

表 6 基于人均可支配收入的组间分析

	低收入	中收入	高收入
人均可支配收入对数平方	0.008	-0.01	-0.007
常数	3.838	3.929	3.247
控制变量	√	√	√
F 值	3.048	1.5	0.025
R^2	0.091	0.015	1.477

生育意愿和人均可支配收入的关系在不同特征群体下可能也会存在显著差异。为了对此进一步检验，在表 5 的第（2）列至第（4）列分别加入了人均可支配收入对数平方项与文化水平、年龄和户籍的交互项。模型中人均可支配收入对数平方项的系数表示其对生育意愿的平均影响效果，交互项的系数则表示人均可支配收入对数平方项对个体生育意愿在平均效果以外的额外影响。

第（2）列中可以看到与文化水平的交互项系数不具有显著性，表示对不同文化水平的调查对象来说，人均可支配收入与生育意愿的关系没有显著差别。

第（3）列中与年龄的交互项系数在 1%的水平上显著为正，表明在同等人均可支配收入条件下，年龄越大对生育意愿的促进作用显著性越强。经济压力是当代年轻人不愿意结婚的主要原因之一。随着时代的发展，对于多数年轻人“成家立业”的传统观念逐渐转变为先“立业”后“成家”，他们认为不生子可以减少家庭的经济负担，更自由地追求自己的事业和生活。中年家庭目前经济基础较为稳固，受传统观念影响较大，能够负担也愿意负担生育子女的成本，所以生育意愿相对青年家庭较高。

第（4）列中与户籍的交互项系数在 10%的水平上显著为负，表示城镇户籍的人均可支配收入对生育意愿的促进作用要低于农村户籍的。城镇属性和收入水平更高的地区，意味着工作专业性更高且工作的时间、地点灵活度相对较低，生育小孩花费更高的直接成本和机会成本都降低了城镇居民的生育意愿。而农村居民相对受“多子多福”“养儿防老”等传统观念影响较大，受家中老人的影响也比较直接。

（三）结果讨论

通过表 5 的结果可以看到，在一定程度内，随着家庭人均可支配收入的增加，生育意愿是逐渐增强的，但超过一定程度，生育意愿会随着家庭人均可支配收入的增加而减少。生育意愿与家庭人均可支配收入呈倒“U”型关系。在人均可支配收入很少时，家庭经济压力大，或以解决基本生存为主要任务，无法提供给子女相对好的成长环境，生育意愿较低。随着收入的增加，家庭具有良好的物质水平，对于未来会有更好的期盼，也会更具有能力和条件去生育子女，这一阶段的生育意愿会逐步增强。然而，随着收入的进一步增加，由于社保体系的完善，社会养老功能逐渐强化，“养儿防老”观念逐渐被淡化，并且生育行为会花费大量的时间成本和经济成本，生育行为的边际效用逐渐递减，或许会低于生育成本，从而生育意愿会不断下降。

六、结论和建议

（一）主要结论

本文利用 2022 年甘肃省关于生育意愿的调研数据，分析了家庭人均可支配收入对生育意愿的影响。

结果显示，家庭人均可支配收入水平与生育意愿呈“倒 U 型”曲线关系，即随着家庭人均可支配收入的提高，生育意愿会随着收入的增加而增加，但可支配收入增加超过一定范围后，对生育意愿的影响产生一定负作用。

通常认为，生育意愿的变化是由多种因素共同作用导致的，如国家政策、传统观念、文化习惯等，这些因素在一定程度上削弱了经济收入对生育意愿的影响力。而生育意愿的改变并不是一蹴而就的，需要我们多管齐下，在大力发展社会经济、提高人民生活水平的同时，在社会文化、国家政策等各方面进行统筹兼顾。也只有这样，才能实现生育意愿向现代型的转变。

（二）对策建议

一是顶层设计和实践探索相结合，完善社会保障。按照已制定的政策措施，加强督导和跟踪落实，坚持顶层设计和实践探索相结合，抓好具体贯彻，抓紧任务落实，充分发挥公共政策调节作用，在住房、就业、养育、教育等方面为家庭提供全方位支持，帮助家庭解决婚育方面的实际困难，推动优化生育政策取得积极成效。完善相关社会保障，扩大生育保险覆盖面，探索灵活就业人员参加生育保险途径。落实生育群体在孕期、产期、哺乳期享有的法定权益，降低生育养育成本。继续优化完善政策措施，切实保障劳动者依法享受生育相关假期及福利待遇。

二是增加托育服务供给，降低家庭养育成本。探索住房优待政策，使因再生育而需改善住房的家庭，提高居住水平；抑制房价过快增长，把房价收入比控制在合理水平；大力发展租赁住房，确保“住有所居”。大力发展便利可及的普惠托育服务，推进公立托育机构建设，多渠道增加托育服务供给，如鼓励有能力的单位为职工设立托儿机构，解决当下双职工家庭无人看娃的问题。把托幼服务、学前教育纳入义务教育，降低家庭养育的时间、经济、机会成本，帮助树立积极健康婚育观，让人们愿婚、敢生、能养、善育。

三是实施妇幼健康保障工程，落实母婴安全制度。提高妇儿诊疗服务质量，实施母婴安全行动提升计划，全面落实母婴安全制度。推进妇幼保健机构能力建设，加强高质量产科建设，全面改善住院分娩条件。推动落实出生缺陷三级防治策略，健全出生缺陷防治网络，提升婚前保健、孕前保健、产前筛查和产前诊断服务水平。实施妇幼健康保障工程，加强妇幼保健机构标准化建设和规范化管理，推进基层医疗机构儿童保健门诊（儿童保健室）标准化建设，提高乡镇卫生院、社区卫生服务中心专业从事儿童保健和基本医疗服务的医生配备水平和服务能力。推进儿科医疗联合体建设，促进优质儿科医疗资源下沉和均衡布局。全力做好新生儿参加居民医保宣传服务管理工作。

四是将家庭理念贯穿教育全过程，培养积极婚育观。将家庭家教家风建设贯穿到思政课程、融入到日常生活，将忠诚、责任、亲情的家庭理念贯穿学校教育全过程，帮助孩子从小培养正确的婚育观。以多种形式开展家庭文明建设活动，培树宣传尊老爱幼、男女平等、夫妻和睦、互相扶持等家庭典型，充分发挥示范带动作用，大力弘扬爱国爱家、相亲相爱、向上向善、共建共享的社会主义家庭文明新风尚。

二

农业农村调查篇

Agriculture and Rural Survey

2-1 粮食作物生产情况
Basic Statistics of Grain Crops

指　标	Item	产量(万吨) Output(10000 tons)			播种面积(千公顷) Sown Areas(1000 hectares)		
		2023年	2022年	比上年增长(%) Growth Rate over Preceding Year (%)	2023年	2022年	比上年增长(%) Growth Rate over Preceding Year (%)
谷物	**Cereal**	**1014.3**	**1004.8**	**0.9**	**1985.7**	**1964.2**	**1.1**
夏收谷物	Summer Grain	322.4	320.3	0.6	803.7	802.7	0.1
秋收谷物	Autumn Grain	691.9	684.5	1.1	1182.0	1161.4	1.8
稻谷	Rice	1.4	1.5	-5.6	2.3	2.5	-8.3
早稻	Early-season Rice						
中稻和一季晚稻	Semliate Rice and Single-crop Late Rice	1.4	1.5	-5.6	2.3	2.5	-8.3
双季晚稻	Double-crop Late Rice						
小麦	Wheat	299.2	296.9	0.8	740.2	739.5	0.1
冬小麦	Winter Wheat	184.1	183.4	0.4	525.3	524.2	0.2
春小麦	Spring Wheat	115.1	113.4	1.4	214.8	215.3	-0.2
玉米	Corn	672.6	664.2	1.3	1099.2	1074.5	2.3
其他谷物	Other Grains	41.1	42.2	-2.7	144.1	147.7	-2.4
谷子	Millet	2.3	2.5	-10.1	8.7	9.5	-9.0
高粱	Sorghum	3.0	3.2	-5.8	6.5	6.8	-4.4
大麦	Barley	15.5	17.1	-9.1	39.0	42.0	-7.2
青稞	Highland Barley	7.6	8.3	-9.0	27.0	28.5	-5.4
燕麦	Oats	6.6	5.4	23.2	19.7	16.2	21.6
荞麦	Buckwheat	6.4	6.5	-1.0	37.3	37.0	0.9
其他	Others	7.2	7.6	-4.6	33.0	36.3	-9.0
豆类	**Beans**	**36.5**	**37.5**	**-2.7**	**156.6**	**159.5**	**-1.8**
夏收豆类	Summer Beans	21.2	22.0	-3.3	77.1	80.4	-4.1
大豆	Soybean	11.5	11.1	3.6	62.0	58.8	5.4
绿豆	Green Bean	0.1	0.1	-8.6	0.6	0.7	-15.9
红小豆	Red Bean	0.3	0.3	-4.4	1.7	1.9	-9.0
其他杂豆	Other Beans	24.6	25.9	-5.3	92.3	98.0	-5.9
薯类(鲜薯)	**Tubers**	**1110.5**	**1113.2**	**-0.2**	**568.6**	**576.1**	**-1.3**
马铃薯(鲜薯)	Potato	1110.5	1113.2	-0.2	568.6	576.1	-1.3

2-2 各市县主要粮食作物生产情况(2023)

Basic Statistics of Grain Producion by City and Country(2023)

地 区	Region	小麦 Wheat			玉米 Corn			薯类 Tubers		
		播种面积(万亩) Sown Area (10000 mu)	产量(万吨) Output (10000 tons)	亩产(公斤/亩) Yield per Unit (kg/mu)	播种面积(万亩) Sown Area (10000 mu)	产量(万吨) Output (10000 tons)	亩产(公斤/亩) Yield per Unit (kg/mu)	播种面积(万亩) Sown Area (10000 mu)	产量(万吨) Output (10000 tons)	亩产(公斤/亩) Yield per Unit (kg/mu)
甘肃省	**Gansu**	**1110.2**	**299.2**	**269.5**	**1648.7**	**672.6**	**407.9**	**852.9**	**222.1**	**260.4**
兰州市	**Lanzhou**	**39.6**	**8.6**	**217.8**	**47.1**	**16.8**	**356.4**	**26.8**	**5.7**	**212.7**
城关区	Chengguan	0.1	0.0	100.0	0.0	0.0	269.5			
七里河区	Qilihe	0.1	0.0	187.9	1.3	0.4	292.9			
西固区	Xigu	0.1	0.0	216.7	0.3	0.1	311.3			
安宁区	Anning				0.3	0.1	202.1			
红古区	Honggu	0.3	0.1	208.5	1.4	0.5	322.4			
永登县	Yongdeng	21.9	4.2	192.3	16.6	5.6	338.6	11.1	2.6	230.0
皋兰县	Gaolan	4.4	1.0	232.8	4.9	1.6	328.1	0.2	0.1	250.8
榆中县	Yuzhong	6.2	1.8	295.7	17.4	7.0	402.5	14.3	2.9	203.0
兰州新区	Lanzhou New Area	6.5	1.4	223.2	4.8	1.5	320.9	1.1	0.2	156.9
嘉峪关	**Jiayuguan**	**1.5**	**0.7**	**430.0**	**3.0**	**2.3**	**775.3**	**0.0**	**0.0**	**434.4**
金昌市	**Jinchang**	**37.2**	**16.8**	**452.0**	**45.5**	**25.8**	**566.5**	**11.3**	**5.8**	**515.5**
永昌县	Yongchang	33.7	15.2	452.1	27.6	15.5	562.1	11.0	5.7	513.9
金川区	Jinchuan	3.5	1.6	450.6	17.9	10.3	573.4	0.3	0.2	579.9
白银市	**Baiyin**	**73.2**	**16.9**	**230.4**	**183.7**	**56.2**	**305.6**	**101.8**	**21.0**	**206.8**
白银区	Baiyin	1.2	0.2	178.5	4.3	2.0	456.3	0.0	0.0	262.5
平川区	Pingchuan	4.0	1.2	298.9	12.3	3.0	244.2	3.5	0.6	172.7
靖远县	Jingyuan	11.7	3.6	309.8	46.0	13.5	292.8	8.8	2.6	300.1
会宁县	Huining	40.7	7.5	183.1	90.6	21.2	234.3	89.2	17.7	198.9
景泰县	Jingtai	15.6	4.4	280.8	30.5	16.5	540.5	0.2	0.0	190.0
天水市	**Tianshui**	**193.7**	**46.4**	**239.7**	**136.7**	**58.1**	**424.9**	**118.6**	**28.8**	**243.0**
秦州区	Qinzhou	32.3	8.3	255.4	22.4	11.2	499.6	15.0	3.3	223.3
麦积区	Maiji	29.7	7.6	255.1	25.0	10.8	432.5	5.9	1.8	304.9
清水县	Qingshui	25.9	6.0	230.8	21.6	8.1	376.9	15.0	3.9	259.8
秦安县	Qinan	31.0	7.2	230.4	20.3	8.1	400.9	25.0	7.0	281.4
甘谷县	Gangu	33.4	8.2	244.7	16.6	7.8	469.5	22.7	4.9	215.2
武山县	Wushan	21.0	5.0	236.1	15.8	6.3	395.5	21.8	4.1	187.0
张川县	Zhangchuan	20.4	4.4	213.9	15.0	5.8	384.1	13.2	3.8	286.8
武威市	**Wuwei**	**61.6**	**26.7**	**434.2**	**139.1**	**79.5**	**571.7**	**20.5**	**9.2**	**450.1**
凉州区	Liangzhou	33.2	14.9	450.1	78.0	50.4	645.5	7.0	3.2	460.3
民勤县	Minqin	9.5	4.7	497.6	28.6	15.1	527.1	2.1	1.2	568.4
古浪县	Gulang	15.5	6.3	403.5	32.4	14.1	433.7	7.7	3.1	402.5
天祝县	Tianzhu	3.4	0.8	242.3	0.0	0.0	307.0	3.6	1.7	463.0

2-2 续表 1 continued

地 区	Region	小麦 Wheat 播种面积(万亩) Sown Area (10000 mu)	小麦 Wheat 产量(万吨) Output (10000 tons)	小麦 Wheat 亩产(公斤/亩) Yield per Unit (kg/mu)	玉米 Corn 播种面积(万亩) Sown Area (10000 mu)	玉米 Corn 产量(万吨) Output (10000 tons)	玉米 Corn 亩产(公斤/亩) Yield per Unit (kg/mu)	薯类 Tubers 播种面积(万亩) Sown Area (10000 mu)	薯类 Tubers 产量(万吨) Output (10000 tons)	薯类 Tubers 亩产(公斤/亩) Yield per Unit (kg/mu)
张掖市	**Zhangye**	**60.5**	**28.1**	**464.3**	**177.0**	**93.3**	**527.0**	**27.4**	**14.1**	**515.8**
甘州区	Ganzhou	3.5	1.7	491.9	85.3	48.0	562.2	1.2	0.4	351.0
肃南县	Sunan	1.6	0.7	430.9	4.1	2.2	522.0	0.2	0.1	541.2
民乐县	Minle	28.0	12.3	440.0	22.6	13.4	593.1	13.5	7.2	536.7
临泽县	Linze	1.4	0.7	528.6	35.1	16.9	482.0	0.0	0.0	609.8
高台县	Gaotai	5.2	2.6	493.1	27.3	11.5	422.8	1.5	0.9	592.3
山丹县	Shandan	20.7	10.0	484.0	2.5	1.3	505.4	10.1	5.0	499.1
军马场	Junmachang	0.1	0.0	260.0				0.9	0.4	476.7
平凉市	**Pingliang**	**140.9**	**31.6**	**224.2**	**157.6**	**56.8**	**360.5**	**85.2**	**21.3**	**250.3**
崆峒区	Kongtong	22.4	4.9	220.9	35.1	13.4	381.8	2.2	0.5	242.4
泾川县	Jingchuan	20.5	4.6	224.4	20.5	7.9	383.0	0.2	0.1	267.1
灵台县	Lingtai	33.2	7.8	233.9	28.6	10.3	359.1	1.1	0.3	303.1
崇信县	Chongxin	10.3	2.3	225.1	7.9	2.8	358.4	2.5	0.5	210.9
华亭县	Huating	9.6	2.0	204.8	9.8	3.9	394.9	4.4	1.3	281.0
庄浪县	Zhuanglang	25.8	5.8	225.5	19.0	6.4	337.1	35.6	9.6	268.6
静宁县	Jingning	19.2	4.2	218.8	36.7	12.2	332.1	39.2	9.1	231.6
酒泉市	**Jiuquan**	**33.7**	**16.3**	**484.2**	**67.9**	**41.1**	**604.2**	**0.3**	**0.1**	**593.3**
肃州区	Suzhou	6.7	3.2	472.0	33.5	19.3	577.9	0.2	0.1	581.6
金塔县	Jinta	10.0	4.8	481.6	14.9	9.6	644.1			
玉门市	Yumen	9.4	4.6	493.1	6.8	4.4	641.4			
瓜州县	Guazhou	5.6	2.8	492.6	6.0	3.7	622.6			
敦煌市	Dunhuang	1.6	0.8	466.2	6.2	3.7	592.8			
肃北县	Subei	0.4	0.2	497.0	0.3	0.2	642.6	0.0	0.0	659.4
阿克塞县	Akesai				0.3	0.2	560.7			
庆阳市	**Qingyang**	**191.9**	**38.2**	**198.9**	**276.6**	**82.5**	**298.4**	**41.1**	**9.4**	**229.8**
西峰区	Xifeng	18.1	4.3	235.2	12.2	4.7	382.8	2.5	0.8	314.4
庆城县	Qingcheng	26.1	4.5	173.3	20.2	5.4	266.8	2.9	0.8	269.5
环　县	Huanxian	48.7	7.9	161.3	91.0	22.2	244.0	20.1	3.5	175.1
华池县	Huachi	3.3	0.6	180.0	39.2	9.1	231.5	7.5	2.1	274.2
合水县	Heshui	5.5	1.2	226.5	9.5	4.1	434.8	2.6	0.8	331.1
正宁县	Zhengning	1.6	0.4	242.8	9.1	4.5	494.9	0.5	0.2	369.7
宁　县	Ningxian	41.6	10.1	243.1	24.9	11.8	474.6	1.2	0.5	375.4
镇原县	Zhenyuan	47.0	9.2	195.6	70.6	20.8	294.1	3.8	0.8	211.1
定西市	**Dingxi**	**107.8**	**22.4**	**208.0**	**181.8**	**63.4**	**348.9**	**263.5**	**67.1**	**254.6**
安定区	Anding	10.0	1.9	189.5	41.9	13.3	316.8	88.9	24.8	279.1
通渭县	Tongwei	34.9	7.1	202.1	52.6	20.9	397.3	34.7	7.4	212.2
陇西县	Longxi	18.1	3.4	190.2	40.4	12.0	298.2	34.0	8.1	236.7

2-2 续表 2 continued

地 区	Region	小麦 Wheat 播种面积(万亩) Sown Area (10000 mu)	小麦 Wheat 产量(万吨) Output (10000 tons)	小麦 Wheat 亩产(公斤/亩) Yield per Unit (kg/mu)	玉米 Corn 播种面积(万亩) Sown Area (10000 mu)	玉米 Corn 产量(万吨) Output (10000 tons)	玉米 Corn 亩产(公斤/亩) Yield per Unit (kg/mu)	薯类 Tubers 播种面积(万亩) Sown Area (10000 mu)	薯类 Tubers 产量(万吨) Output (10000 tons)	薯类 Tubers 亩产(公斤/亩) Yield per Unit (kg/mu)
渭源县	Weiyuan	19.8	4.0	203.7	14.1	5.2	370.9	28.2	7.7	275.1
临洮县	Lintao	10.0	2.5	252.9	22.7	8.5	373.8	57.1	13.7	239.4
漳 县	Zhangxian	12.4	2.9	233.7	10.0	3.5	346.3	4.3	0.8	193.9
岷 县	Minxian	2.6	0.6	217.1	0.1	0.0	303.0	16.2	4.6	283.3
陇南市	**Longnan**	**123.7**	**33.6**	**271.9**	**95.3**	**32.4**	**340.1**	**92.2**	**20.1**	**217.4**
武都区	Wudu	7.9	2.7	342.0	12.4	4.2	337.9	26.3	6.1	232.9
成 县	Chengxian	15.6	4.9	314.9	10.8	4.6	426.6	1.0	0.3	300.3
文 县	Wenxian	4.0	1.0	260.0	8.3	2.2	259.8	7.1	0.8	112.4
宕昌县	Tanchang	5.6	1.5	261.0	4.3	2.1	479.2	7.6	2.5	333.0
康 县	Kangxian	7.1	1.9	263.7	6.6	1.4	208.3	4.6	0.5	103.0
西和县	Xihe	23.9	5.8	242.7	8.7	4.0	453.7	21.8	6.5	300.0
礼 县	Lixian	41.6	9.4	227.1	19.7	4.6	233.8	19.4	2.0	105.1
徽 县	Huixian	15.1	5.3	351.2	19.3	7.8	403.7	3.6	1.1	313.7
两当县	Liangdang	3.0	1.1	372.1	5.1	1.6	317.9	0.9	0.1	133.3
临夏州	**Linxia**	**29.3**	**9.1**	**311.2**	**109.0**	**51.7**	**473.8**	**42.6**	**12.2**	**285.9**
临夏市	Linxia	0.0	0.0	345.6	1.3	0.7	570.0	0.0	0.0	280.9
临夏县	Linxia	8.9	3.0	338.5	17.5	9.2	525.5	6.3	2.0	321.1
康乐县	Kangle	8.3	2.9	345.6	16.5	8.7	525.1	1.8	0.6	313.7
永靖县	Yongjing	2.2	0.5	217.2	14.3	6.5	453.0	6.4	1.5	234.3
广河县	Guanghe	0.1	0.0	348.3	17.2	10.5	609.0	2.3	0.7	301.8
和政县	Hezheng	5.4	1.5	280.4	7.3	3.6	490.9	2.7	0.9	334.7
东乡县	Dongxiang	0.7	0.1	199.2	20.8	6.4	308.4	20.0	5.6	282.2
积石山县	Jishishan	3.8	1.1	290.1	14.2	6.1	432.4	3.2	0.9	274.9
甘南州	**Gannan**	**10.8**	**2.2**	**200.4**	**6.7**	**1.6**	**241.7**	**10.3**	**1.9**	**181.3**
合作市	Hezuo							1.1	0.2	165.3
临潭县	Lintan	2.4	0.5	209.6	0.4	0.1	166.8	1.6	0.2	155.5
卓尼县	Zhuoni	0.5	0.1	195.0				0.7	0.1	183.9
舟曲县	Zhouqu	5.5	1.1	206.5	5.7	1.4	238.7	5.6	1.1	192.7
迭部县	Diebu	2.0	0.4	193.8	0.5	0.2	341.4	0.7	0.1	196.9
碌曲县	Luqu							0.2	0.0	176.3
夏河县	Xiahe	0.5	0.1	120.0				0.3	0.0	125.8
农垦公司	**Gansu State Farm**	**4.8**	**1.6**	**321.1**	**21.3**	**11.0**	**518.4**	**11.5**	**5.3**	**459.8**
监狱管理局	**Gansu Bureau of Prisons**				**0.4**	**0.1**	**312.1**			

2-3 主要年份粮食生产情况
Basic Statistics of Grain Producion in Main Years

年 份 Year	全年粮食 Grain Corps		夏收粮食 Summer Harvest		秋收粮食 Autumn Harvest	
	播种面积 (万亩) Sown Area (10000 mu)	总产量 (万吨) Total Output (10000tons)	播种面积 (万亩) Sown Area (10000 mu)	总产量 (万吨) Total Output (10000tons)	播种面积 (万亩) Sown Area (10000 mu)	总产量 (万吨) Total Output (10000tons)
2007	3921.6	807.6	1797.7	313.9	2123.8	493.7
2008	3920.6	870.4	1702.6	336.2	2218.0	534.2
2009	4008.7	896.2	1710.5	323.3	2298.2	572.8
2010	4083.5	948.8	1553.9	303.0	2529.7	645.8
2011	4103.5	1009.1	1524.5	293.1	2578.9	716.0
2012	4113.2	1096.0	1455.9	311.8	2657.3	784.2
2013	4126.3	1117.5	1389.6	273.6	2736.7	843.8
2014	4080.7	1145.4	1346.9	307.0	2733.7	838.3
2015	4073.6	1154.6	1371.7	323.9	2701.8	830.7
2016	4026.4	1117.5	1317.9	303.0	2708.5	814.4
2017	3970.7	1105.9	1305.6	299.1	2665.1	806.8
2018	3967.9	1151.4	1351.1	321.0	2616.8	830.5
2019	3871.7	1162.6	1322.0	327.5	2549.7	835.1
2020	3957.4	1202.2	1315.4	321.3	2642.0	880.9
2021	4015.1	1231.5	1300.8	329.9	2714.4	901.6
2022	4049.6	1265.0	1324.7	342.3	2724.9	922.7
2023	4066.4	1272.9	1321.1	343.6	2745.3	929.3

注：2007–2017年数据依据第三次全国农业普查结果进行了修正。
Note: The data for 2007-2017 were revised based on the results of the third National Agricultural census.

2-4 各季农产品生产者价格指数(2023)
Producers Price Indices for Farm Products by Quarter(2023)

(上年=100) (preceding year=100)

指　标	Item	1季度 First Quarter	2季度 Second Quarter	3季度 Third Quarter	4季度 Fourth Quarter
总指数	**General Index**	**106.1**	**104.0**	**101.8**	**103.1**
农业产品	**Crop Products**	**110.1**	**108.0**	**104.8**	**106.6**
谷物	Cereal	105.8	100.3	101.8	96.4
小麦	Wheat	105.2	102.9	101.4	94.0
玉米	Corn	105.9	99.3	102.5	97.2
谷子	Millet				
薯类	Tubers	135.5	108.7	107.0	111.3
马铃薯	Potato	135.5	108.7	107.0	111.3
油料	Oil-bearing Crops		100.0	107.0	97.7
油菜籽	Rapeseeds		100.0	100.0	100.0
葵花籽	Sunflower Seeds				
胡麻籽	Benne			114.3	95.2
豆类	Beans	109.4	93.7	102.1	99.2
大豆	Soybean	109.4	93.7	98.4	99.7
干蚕豆	Dried Broad Beans			104.7	98.0
棉花	Cotton				
糖料	Suger Crops				
甜菜	Beetroots				
饲料作物	Feed crops				
苜蓿	Alfalfa				
蔬菜及食用菌	Vegetable and Edible Mushroom	103.5	102.9	103.6	103.2
蔬菜	Vegetables	103.5	102.9	103.6	103.2
叶菜类蔬菜	Leafy Vegetables	109.0	110.0	104.3	74.6
芹菜	Celery				
香菜	Coriander	109.0	110.0	104.3	74.6
白菜类蔬菜	Chinese Cabbage Group		100.0	114.3	105.6
大白菜	Chinese Cabbage		100.0	114.3	105.6
甘蓝类蔬菜	Brassica Vegetables		103.5	101.6	102.9
结球甘蓝	Common Head Cabbage				83.8
菜花	Caulifiower		103.5	101.6	103.7

2-4 续表 1 continued

(上年=100) (preceding year=100)

指　标	Item	1季度 First Quarter	2季度 Second Quarter	3季度 Third Quarter	4季度 Fourth Quarter
根茎类蔬菜	Root and Tuber Vegetables	99.9	103.3		100.1
白萝卜	White Radish	99.3			
百合	Lily	100.0	103.8		100.1
瓜菜类蔬菜	Gourd Vegetables		100.4		
黄瓜	Cucumber				
西葫芦	Summer Squash		100.4		
南瓜	Pumpkin				
茄果类蔬菜	Solanaceous Fruit Vegetable		103.2	99.4	106.1
辣椒	Capsicum		103.2	96.6	106.1
西红柿	Tomato			102.8	
葱蒜类蔬菜	Allium Vegetables	104.0	110.9	103.1	114.5
洋葱	Onion				
蒜苔	Young Garlic Shoot				
韭菜	Leek	100.6	100.8	101.1	103.0
水果及坚果	Fruit and Nuts	112.4	105.8	113.6	110.7
水果(园林水果)	Fruit(Garden Fruit)	112.4	105.8	113.6	110.7
苹果	Apple	112.5	105.1	122.9	116.7
金冠苹果	Golden Delicious Apple				
梨	Pear				
瓜类水果	Melons		107.1	111.8	82.5
西瓜	Water Melon		107.1	119.2	82.5
其他水果	Other Fruits	111.1	108.9	94.5	
枣	Jujube				
食用坚果	Edible Nuts				
核桃	Walnut				
栗子	Chestnut				
板栗	Chinese Chestnut				
香料原料	Spice Raw Materials	102.1	101.0	88.8	87.0
调味香料	Aromatic flavouring	102.1	101.0	88.8	87.0
花椒	Chinese Prickil Ash	102.1	101.0	88.8	87.0

2-4 续表 2 continued

(上年=100) (preceding year=100)

指　标	Item	1季度 First Quarter	2季度 Second Quarter	3季度 Third Quarter	4季度 Fourth Quarter
中草药材	Chinese Medicinal Materials	115.6	141.7	99.0	123.0
当归	Angelica	177.9			
党参	Codonopsis	127.5	175.1	104.2	88.0
黄芪	Astrgalus		96.0		99.0
黄芩	Scutellaria Baicalensis	113.6			162.0
柴胡	Chinese Thorowax	93.7	179.7		
其他中草药材	Other Chinese Medicinal Materials	94.3		96.9	112.0
畜牧业产品	**Animal Husbandry Products**	**101.1**	**100.0**	**95.7**	**93.8**
活牲畜	Live Cattle	101.2	100.0	94.7	93.2
猪	Hog	103.5	102.4	90.0	90.7
仔猪	Piglet				
其他活猪	Other Pigs	103.5	102.4	90.0	90.7
牛	Cattle	99.9	96.8	97.7	97.2
黄牛	Scalper	98.3	91.8	95.3	88.5
其他活牛	Other Cattle	99.4	91.9	90.5	93.7
羊	Sheep and Goats	97.5	100.0	97.7	93.2
绵羊	Sheep	97.3	100.7	96.9	96.1
山羊	Goat	97.4	99.1	98.5	90.3
活家禽	Live Poultry	95.7	100.9	92.8	103.1
活鸡	Live Chicken	95.7	100.9	92.8	103.1
蛋鸡	Laying Hen				
其他蛋鸡	Other Layers				
其他活鸡	Other Chickens	94.5	101.9	92.4	103.8
畜禽产品	Livestock and Poultry Products	102.0	100.1	101.0	96.2
生奶	Raw Milk	98.6	98.7	98.4	98.8
生牛奶	Cow Milk	98.6	98.7	98.4	98.8
禽蛋	Poultry Eggs	103.8	100.8	102.3	94.9
鸡蛋	Egg	103.8	100.8	102.3	94.9
其他鲜鸡蛋	Other Fresh Eggs	103.8	100.8	102.3	94.9

2-5 农产品集贸市场价格(2023)

单位：元/公斤

指　标	Item	1月 January	2月 February	3月 March	4月 April
粮食类	**Grain**				
小麦(中等)	Wheat	3.0	3.0	2.9	2.9
玉米(中等)	Corn	3.0	3.0	3.0	2.9
大豆(中等)	Soybean	6.5	6.4	6.0	6.0
籼米(中等)	Long-Grained Nonglutinous Rice	5.9	5.9	5.9	5.9
粳米(中等)	Polished Round-Grained Rice	6.4	6.4	6.4	6.4
经济类	**Economic Crops**				
花生仁(中等)	Peanuts	14.3	14.3	14.3	14.3
油菜籽(普通)	Repeseeds	7.2	6.9	6.9	6.9
畜产品类	**Animal Products**				
活猪(中等)	Live Pig	16.8	15.1	14.8	13.6
仔猪(普通)	Piglets	40.4	35.4	34.2	32.4
猪肉(去骨统肉)	Pork	25.2	24.0	24.0	21.6
活牛(中等)	Live Cattle	35.5	34.8	35.0	36.0
牛肉(去骨统肉)	Beef	75.0	73.8	72.6	73.8
活羊(中等)	Live Sheep	33.0	32.4	31.8	32.0
羊肉(去骨统肉)	Mutton	73.2	71.6	70.0	70.0
活鸡(普通肉鸡)	Live Chicken	23.6	22.0	21.6	21.4
鸡蛋(普通鲜蛋)	Eggs	13.0	11.9	12.0	12.4
水产品类	**Aquatic Products**				
草鱼(1-2公斤)	Grass Carp	23.2	22.0	22.0	20.8
鲤鱼(1-2公斤)	Cyprinoid	20.0	19.6	20.0	19.0
鲢鱼(1-2公斤)	Silver Carp	22.0	21.5	21.5	20.8
带鱼(0.5-1公斤)	Hairtail	43.0	41.5	41.0	41.5
蔬菜类	**Vegetables**				
大白菜(中等)	Chinese Cabbage	2.6	2.3	2.1	2.1
黄瓜(中等)	Cucumber	9.7	8.6	7.6	5.8
西红柿(中等)	Tomato	7.3	6.8	8.0	7.6
菜椒(中等)	Green Pepper	9.1	10.0	11.5	8.0
四季豆(中等)	French Beans	12.5	12.2	12.3	9.8
水果类	**Fruit Group**				
红富士苹果(中等)	Fuji apple	11.0	11.0	10.2	10.4
香蕉(中等)	Banana	7.8	7.4	7.6	7.8
橙子(中等)	Orange	11.8	13.1	12.2	11.2

Rural Market Fairs Prices of Agricultural Products(2023)

(yuan/kg)

5月 May	6月 June	7月 July	8月 August	9月 September	10月 October	11月 November	12月 December
2.9	2.9	2.9	2.9	2.9	2.9	2.9	2.9
2.8	2.8	2.8	2.8	2.9	2.9	2.8	2.8
5.9	5.9	5.8	5.7	5.8	5.6	5.5	5.3
5.9	5.9	5.9	5.9	5.9	5.9	6.1	6.1
6.4	6.4	6.4	6.4	6.4	6.3	6.3	6.2
14.3	14.4	14.4	14.7	14.7	16.1	16.1	16.1
6.9	6.9	6.8	6.8	6.8	6.7	6.7	6.8
13.3	13.2	13.3	16.3	16.5	16.0	15.0	14.6
31.4	30.6	30.0	32.0	30.0	29.0	26.8	26.2
20.8	21.4	21.2	25.0	25.8	24.6	23.6	23.8
35.8	34.8	33.8	34.5	34.8	34.5	33.3	33.3
73.4	72.2	71.4	71.8	72.2	69.2	68.4	68.0
32.2	31.0	30.2	30.8	31.0	30.8	30.4	30.0
70.4	68.0	67.2	68.4	69.2	66.2	66.6	66.2
21.2	19.7	19.7	20.8	21.2	21.0	20.8	21.4
11.8	11.1	11.0	12.4	13.2	12.3	11.8	11.8
21.6	21.0	21.4	21.6	21.2	21.2	21.0	21.1
19.2	19.6	19.6	19.8	19.6	19.8	20.4	20.8
21.0	21.5	21.5	21.8	21.5	21.5	21.3	21.7
41.0	40.5	40.5	40.5	40.5	40.0	40.5	41.0
2.4	2.8	2.7	2.4	2.3	1.7	1.6	1.6
5.5	4.3	4.3	3.9	4.4	5.4	5.7	6.8
6.2	5.5	5.1	3.7	3.4	4.8	5.1	6.5
7.6	6.3	5.8	5.1	5.3	5.6	7.1	7.7
9.4	8.6	8.1	8.4	7.6	9.3	9.8	11.3
10.6	11.2	12.8	12.8	12.5	12.2	11.6	10.8
7.7	7.9	7.6	7.8	7.3	6.8	6.8	6.8
11.4	11.5	11.5	12.0	12.0	13.0	12.0	11.5

2-6 牲畜饲养情况及畜产品产量
Number of Livestock and Output of Livestock Products

指　标	Item	2010	2015	2020	2022	2023
大牲畜年末数(万头)	Large Animals (year-end) (10 000 heads)	538.08	493.06	536.17	594.54	606.97
牛	Cattle and Buffaloes	421.06	418.95	482.00	531.80	558.90
马	Horses	12.24	12.79	11.07	12.55	12.90
骡	Mules	28.27	17.07	9.55	8.28	6.59
驴	Donkeys	74.71	41.85	30.20	28.16	24.56
骆驼	Camels	1.80	2.40	3.35	3.89	3.99
大牲畜出栏数(万头)	Slaughtered Fattened Large Animals (10 000 heads)	167.62	175.20	239.72	258.07	272.02
牛	Cattle and Buffaloes	152.47	166.76	228.57	247.84	261.40
马	Horses	1.87	1.50	1.48	1.50	1.87
骡	Mules	2.79	1.21	1.19	1.08	0.98
驴	Donkeys	10.02	5.12	7.58	6.56	6.57
骆驼	Camels	0.47	0.60	0.90	1.08	1.20
猪年末数(万头)	Hogs (year-end)(10 000 heads)	536.19	528.71	622.00	699.50	696.00
肉猪出栏数(万头)	Slaughtered Fattened Hogs (10 000 heads)	603.85	613.30	664.30	895.68	958.60
羊年末数(万只)	Sheep And Goats (year-end)(10 000 heads)	1771.23	1994.70	2191.80	2595.60	2805.80
羊出栏数(万只)	Sheep Marketable Fattened Stock (10 000 heads)	991.90	1255.65	1737.10	2278.04	2558.20
肉类产量(万吨)	Output Of Meat (10 000 tons)	81.50	89.90	110.09	142.65	156.16
#猪牛羊肉	Output Of Pork, Beef And Mutton	75.15	82.43	101.67	131.60	143.36
猪肉	Pork	43.77	44.76	49.17	67.91	72.70
牛肉	Beef	15.57	17.48	24.90	27.18	29.76
羊肉	Mutton	15.82	20.19	27.60	36.52	40.90
禽肉	Poultry Meat	4.78	6.41	7.20	9.87	12.80
奶类(万吨)	Milk (10 000 tons)	34.70	38.22	58.44	92.67	102.80
#牛奶	Cow Milk	34.70	37.60	57.54	91.83	101.75
绵羊毛(吨)	Sheep Wool (ton)	27066.19	30707.16	33756.79	34419.27	40657.00
山羊毛(吨)	Goat Wool (ton)	2134.14	2562.69	1829.84	1506.75	2030.00
山羊绒(吨)	Cashmere (ton)	359.58	460.91	410.01	425.76	453.00
禽蛋(万吨)	Poultry Eggs (10 000 tons)	15.81	20.74	19.80	21.63	23.50

注：畜牧业数据根据第一、二、三次农业普查结果进行了相应衔接调整。
a) Data of animal husbandry and aquatic products were adjusted according to the First 、 Second and Third National Agricultural Census.

2-7 各地、县牲畜饲养情况(2023)
Number of Livestock by Region & County(2023)

地、县	Region & County	大牲畜存栏(万头) Large Animals Livestock (10 000 heads)	#牛 Cattle	羊存栏数(万只) Sheep and Goats Livestock (10 000 heads)	猪存栏数(万头) Sheep and Goats Livestock (10 000 heads)	大牲畜出栏(万头) Slaughtered Fattened Large Animals (10 000 heads)	#牛 Cattle	羊出栏数(万只) Slaughtered Fattened Sheep and Goats (10 000 heads)	猪出栏数(万头) Slaughtered Fattened Hogs (10 000 heads)
兰州市	**Lanzhou**	**6.14**	**5.74**	**81.67**	**49.48**	**1.45**	**1.31**	**53.65**	**58.85**
城关区	Chengguan	0.03	0.03	0.26	0.06	0.01	0.01	0.30	0.22
七里河区	Qilihe	0.28	0.26	2.00	1.17	0.14	0.14	1.13	2.06
西固区	Xigu	0.15	0.14	1.33	1.50	0.01	0.01	0.93	1.84
安宁区	Anning	0.05	0.05	0.98	0.79	0.01	0.01	0.80	0.46
红古区	Honggu	0.66	0.66	5.08	1.00	0.12	0.12	2.69	2.32
永登县	Yongdeng	1.81	1.71	42.55	13.76	0.50	0.43	21.56	17.07
皋兰县	Gaolan	0.27	0.26	6.27	4.05	0.05	0.02	6.48	3.68
榆中县	Yuzhong	1.78	1.52	15.06	10.95	0.55	0.51	11.94	13.51
兰州新区	Lanzhou New Area	1.12	1.11	8.15	16.20	0.07	0.07	7.82	17.68
嘉峪关市	**Jiayuguan**	**1.26**	**1.22**	**9.40**	**3.91**	**0.38**	**0.37**	**6.55**	**6.26**
金昌市	**Jinchang**	**7.43**	**6.83**	**88.05**	**15.09**	**1.90**	**1.83**	**61.03**	**6.16**
金川区	Jinchuan	2.80	2.45	19.82	2.95	0.66	0.62	11.90	3.29
永昌县	Yongchang	4.62	4.38	68.23	12.14	1.24	1.20	49.13	2.87
白银市	**Baiyin**	**23.12**	**17.34**	**251.00**	**83.05**	**11.65**	**9.84**	**300.54**	**121.30**
白银区	Baiyin	1.10	1.08	10.62	7.68	0.18	0.17	9.94	10.42
平川区	Pingchuan	2.20	0.71	16.31	12.82	0.45	0.14	14.86	12.75
靖远县	Jingyuan	1.59	0.65	47.19	21.18	0.30	0.20	71.68	33.49
会宁县	Huining	16.45	13.35	103.42	29.16	10.16	9.00	117.35	45.68
景泰县	Jingtai	1.78	1.55	73.47	12.21	0.56	0.33	86.72	18.96
天水市	**Tianshui**	**28.90**	**27.07**	**36.01**	**88.87**	**11.16**	**10.81**	**25.08**	**95.75**
秦州区	Qinzhou	1.57	1.44	3.33	11.68	0.35	0.31	2.18	8.87
麦积区	Maiji	1.20	1.18	2.51	14.42	0.41	0.41	1.60	18.56
清水县	Qingshui	6.03	5.17	4.40	7.97	2.84	2.78	3.47	13.36
秦安县	Qinan	0.54	0.54	1.89	8.15	0.14	0.14	1.44	6.67
甘谷县	Gangu	2.36	2.33	2.99	30.21	0.35	0.33	1.58	24.66
武山县	Wushan	3.87	3.35	8.40	14.74	1.33	1.25	7.57	21.43
张家川县	Zhangjiachuan	13.33	13.06	12.50	1.68	5.73	5.59	7.23	2.20
武威市	**Wuwei**	**80.96**	**79.85**	**666.55**	**89.19**	**33.06**	**32.66**	**543.36**	**193.61**
凉州区	Liangzhou	50.27	50.16	166.42	64.60	22.01	21.97	118.05	124.00
民勤县	Minqin	2.94	2.67	162.32	7.95	1.60	1.43	144.35	25.07
古浪县	Gulang	8.97	8.95	242.48	14.66	3.33	3.32	215.70	41.21
天祝县	Tianzhu	18.77	18.06	95.32	1.97	6.12	5.93	65.27	3.32

2-7 续表 1 continued

地、县	Region & County	大牲畜存栏（万头）Large Animals Livestock (10 000 heads)	#牛 Cattle	羊存栏数（万只）Sheep and Goats Livestock (10 000 heads)	猪存栏数（万头）Sheep and Goats Livestock (10 000 heads)	大牲畜出栏（万头）Slaughtered Fattened Large Animals (10 000 heads)	#牛 Cattle	羊出栏数（万只）Slaughtered Fattened Sheep and Goats (10 000 heads)	猪出栏数（万头）Slaughtered Fattened Hogs (10 000 heads)
张掖市	**Zhangye**	**79.47**	**73.98**	**404.14**	**52.54**	**35.29**	**34.16**	**405.99**	**98.41**
甘州区	Ganzhou	28.45	27.73	96.80	15.01	12.56	12.33	115.80	29.49
肃南县	Sunan	9.10	8.49	75.15	0.16	3.54	3.50	65.96	0.20
民乐县	Minle	8.26	8.14	52.09	15.27	1.94	1.88	49.04	28.36
临泽县	Linze	16.71	15.88	26.46	6.45	11.33	11.13	32.86	17.03
高台县	Gaotai	10.59	9.25	50.13	12.68	4.48	4.08	46.70	17.95
山丹县	Shandan	6.23	4.49	103.51	2.98	1.43	1.26	95.63	5.39
平凉市	**Pingliang**	**59.50**	**59.02**	**24.17**	**41.95**	**44.44**	**44.11**	**22.35**	**61.17**
崆峒区	Kongtong	11.96	11.95	6.81	5.10	13.27	13.27	6.30	8.81
泾川县	Jingchuan	3.96	3.96	3.52	7.22	2.59	2.59	2.63	10.10
灵台县	Lingtai	7.80	7.80	4.12	3.01	6.07	6.07	3.19	4.04
崇信县	Chongxin	6.48	6.48	3.32	3.19	6.00	6.00	3.25	6.06
庄浪县	Zhuanglang	6.55	6.53	2.21	3.05	5.61	5.60	4.04	5.98
静宁县	Jingning	11.34	10.99	2.02	11.87	4.64	4.40	1.62	13.45
华亭市	Huating	11.42	11.32	2.18	8.51	6.25	6.18	1.33	12.73
酒泉市	**Jiuquan**	**22.88**	**16.60**	**401.94**	**23.47**	**17.53**	**15.23**	**464.14**	**41.66**
肃州区	Suzhou	11.39	11.01	108.99	10.47	13.17	12.96	146.48	16.99
金塔县	Jinta	0.93	0.88	78.90	5.04	0.52	0.48	127.35	12.03
瓜州县	Guazhou	3.04	1.30	53.56	2.55	1.11	0.50	48.46	2.83
肃北县	Subei	3.30	1.63	26.95	0.18	1.36	0.78	18.92	0.30
阿克塞县	Akesai	0.94	0.23	15.40		0.24	0.04	15.90	
玉门市	Yumen	1.80	1.18	80.40	4.20	0.58	0.32	66.49	8.04
敦煌市	Dunhuang	1.47	0.39	37.73	1.03	0.54	0.15	40.55	1.47
庆阳市	**Qingyang**	**44.70**	**40.40**	**322.11**	**68.09**	**23.04**	**21.28**	**207.13**	**70.40**
西峰区	Xifeng	0.59	0.59	13.10	12.52	0.29	0.29	6.97	12.06
庆城县	Qingcheng	4.44	4.25	31.57	5.30	2.04	1.99	12.05	5.10
环　县	Huanxian	6.96	5.42	167.50	4.97	3.23	2.90	121.03	6.93
华池县	Huachi	2.23	1.92	23.27	3.36	0.93	0.84	7.41	3.58
合水县	Heshui	3.16	3.01	25.04	4.04	1.44	1.42	20.93	5.08
正宁县	Zhengning	2.01	2.01	1.90	8.56	0.83	0.83	1.31	6.67
宁　县	Ningxian	8.79	8.76	19.65	17.12	5.60	5.59	14.19	19.78
镇原县	Zhenyuan	16.51	14.44	40.09	12.22	8.67	7.43	23.25	11.20
定西市	**Dingxi**	**57.04**	**49.74**	**153.31**	**78.71**	**13.99**	**12.96**	**118.31**	**69.70**
安定区	Anding	10.26	8.82	42.51	14.31	2.56	2.47	37.20	9.14
通渭县	Tongwei	12.10	9.65	13.83	8.36	2.89	2.62	10.39	10.69

2-7 续表 2 continued

地、县	Region & County	大牲畜存栏(万头) Large Animals Livestock (10 000 heads)	#牛 Cattle	羊存栏数(万只) Sheep and Goats Livestock (10 000 heads)	猪存栏数(万头) Sheep and Goats Livestock (10 000 heads)	大牲畜出栏(万头) Slaughtered Fattened Large Animals (10 000 heads)	#牛 Cattle	羊出栏数(万只) Slaughtered Fattened Sheep and Goats (10 000 heads)	猪出栏数(万头) Slaughtered Fattened Hogs (10 000 heads)
陇西县	Longxi	9.06	7.37	21.71	16.79	1.78	1.63	14.18	13.71
渭源县	Weiyuan	5.48	5.38	19.25	8.93	1.53	1.51	13.58	5.20
临洮县	Lintao	7.80	7.71	27.77	20.96	2.87	2.80	30.14	20.78
漳　县	Zhangxian	3.20	2.55	10.71	2.45	0.77	0.50	4.00	2.85
岷　县	Minxian	9.14	8.25	17.52	6.90	1.58	1.42	8.82	7.34
陇南市	**Longnan**	**21.65**	**14.82**	**27.51**	**56.36**	**6.66**	**5.41**	**20.69**	**82.29**
武都区	Wudu	5.03	3.30	5.01	10.75	1.22	1.05	3.64	14.49
成　县	Chengxian	0.67	0.67	0.91	6.46	0.20	0.20	0.51	9.15
文　县	Wenxian	1.69	1.26	4.31	5.56	0.73	0.44	2.52	6.70
宕昌县	Tanchang	4.31	3.45	6.28	4.34	0.99	0.94	3.85	5.75
康　县	Kangxian	0.47	0.44	1.33	3.60	0.26	0.25	1.05	4.60
西和县	Xihe	1.09	0.89	2.59	5.86	0.30	0.26	2.54	11.48
礼　县	Lixian	6.71	3.12	4.24	4.22	2.03	1.33	5.55	9.97
徽　县	Huixian	0.95	0.95	2.01	13.18	0.49	0.49	0.74	17.07
两当县	Liangdang	0.72	0.72	0.83	2.39	0.46	0.46	0.29	3.08
临夏州	**Linxia**	**44.73**	**42.08**	**207.83**	**29.47**	**16.64**	**16.60**	**199.38**	**28.80**
临夏市	linxia	0.76	0.76	1.82	0.57	0.72	0.72	1.84	0.68
临夏县	linxia	9.78	9.77	27.26	9.09	2.24	2.24	16.92	9.43
康乐县	Kangle	8.08	7.99	16.73	1.66	3.69	3.66	10.01	1.96
永靖县	Yongjing	1.42	1.35	17.94	11.90	0.29	0.28	15.51	13.50
广河县	Guanghe	6.90	6.87	39.62		2.65	2.65	21.68	
和政县	Hezheng	4.35	4.32	11.69	0.88	2.34	2.34	7.15	0.94
东乡县	Dongxiang	8.17	5.81	67.84	0.08	2.34	2.34	112.27	0.19
积石山县	Jishishan	5.28	5.21	24.94	5.29	2.38	2.38	14.00	2.11
甘南州	**Gannan**	**129.20**	**124.22**	**132.12**	**15.83**	**54.83**	**54.83**	**129.97**	**25.13**
合作市	Hezuo	8.24	8.16	18.81	1.23	4.61	4.61	10.74	2.36
临潭县	Lintan	3.37	3.35	10.36	2.34	2.55	2.55	8.05	3.85
卓尼县	Zhuoni	13.99	13.80	15.98	1.90	7.81	7.81	14.07	3.13
舟曲县	Zhouqu	2.12	1.71	0.83	4.80	1.00	1.00	1.06	7.26
迭部县	Diebu	7.06	6.78	0.66	4.12	4.36	4.36	2.67	6.34
玛曲县	Maqu	56.09	53.17	24.81		17.73	17.73	21.21	
碌曲县	Luqu	22.94	22.44	21.17	0.27	7.55	7.55	18.49	0.51
夏河县	Xiahe	15.39	14.81	39.51	1.17	9.22	9.22	53.68	1.69

2-8 各地、县畜产品产量(2023)
Output of Livestock Products by Region & County(2023)

单位：吨 (ton)

地、县	Region & County	肉类 Output of Meat	# 猪肉 Pork	#牛肉 Beef	#羊肉 Mutton	奶类 Milk	绵羊毛 Sheep Wool	山羊毛 Goat Wool	禽蛋 Poultry Eggs
兰州市	**Lanzhou**	**57965**	**44632**	**1490**	**8578**	**87411**	**1097**	**107**	**17566**
城关区	Chengguan	250	169	7	55	537	4	0	3
七里河区	Qilihe	2066	1561	154	181	7371	31	1	779
西固区	Xigu	1910	1398	15	148	3974	19	0	496
安宁区	Anning	565	364	14	128	306	15	0	315
红古区	Honggu	2591	1762	141	431	18491	71	2	452
永登县	Yongdeng	17653	12936	479	3396	9124	575	34	4120
皋兰县	Gaolan	4217	2794	21	1035	5562	95	6	3385
榆中县	Yuzhong	13748	10237	583	1953	7730	166	20	6961
兰州新区	Lanzhou New Area	14965	13410	75	1250	34315	121	44	1054
嘉峪关市	**Jiayuguan**	**6407**	**4751**	**427**	**1047**	**34453**	**158**	**0**	**1207**
金昌市	**Jinchang**	**17148**	**4672**	**2085**	**9758**	**142381**	**1418**	**77**	**3359**
金川区	Jinchuan	5087	2179	712	1904	96828	392	14	1664
永昌县	Yongchang	12062	2493	1373	7854	45553	1026	63	1695
白银市	**Baiyin**	**159068**	**91991**	**11221**	**48050**	**46742**	**3425**	**293**	**21440**
白银区	Baiyin	10550	7905	190	1588	19015	150	12	3247
平川区	Pingchuan	12874	9668	162	2375	7113	187	38	2060
靖远县	Jingyuan	39331	25395	232	11460	5265	634	57	8500
会宁县	Huining	66663	34647	10262	18762	10783	1591	65	4473
景泰县	Jingtai	29650	14376	376	13864	4565	862	121	3160
天水市	**Tianshui**	**95650**	**72614**	**12327**	**4009**	**7686**	**401**	**65**	**19511**
秦州区	Qinzhou	8655	6727	353	348	436	48	7	2899
麦积区	Maiji	15936	14075	465	256	432	2	7	3989
清水县	Qingshui	14500	10133	3171	555	2300	61	6	2285
秦安县	Qinan	6213	5057	163	230	1664	27	2	2818
甘谷县	Gangu	20798	18701	373	253	854	33	7	3548
武山县	Wushan	19696	16254	1423	1211	1579	130	19	2928
张家川县	Zhangjiachuan	9853	1667	6378	1156	421	101	16	1044
武威市	**Wuwei**	**278831**	**146831**	**37227**	**86871**	**252394**	**11565**	**18**	**27064**
凉州区	Liangzhou	141410	94045	25051	18874	147467	2983	0	11658
民勤县	Minqin	45970	19015	1627	23078	1007	2572	17	7854
古浪县	Gulang	71167	31253	3785	34485	100214	3635	1	5791
天祝县	Tianzhu	20284	2518	6764	10434	3705	2376	0	1761

2-8 续表 1 continued

单位：吨 (ton)

地、县	Region & County	肉类 Output of Meat	# 猪肉 Pork	# 牛肉 Beef	# 羊肉 Mutton	奶类 Milk	绵羊毛 Sheep Wool	山羊毛 Goat Wool	禽蛋 Poultry Eggs
张掖市	**Zhangye**	**185768**	**74635**	**38944**	**64908**	**227708**	**8767**	**155**	**18149**
甘州区	Ganzhou	54895	20278	14664	16706	150617	2566	18	10718
肃南县	Sunan	14522	151	3841	10445	12541	2162	11	102
民乐县	Minle	36090	23535	2554	9048	20524	1004	17	3032
临泽县	Linze	29845	12476	11188	5274	29563	545	3	1556
高台县	Gaotai	27171	14080	4885	6918	11308	1076	17	1699
山丹县	Shandan	23233	4115	1812	16518	3157	1392	88	1042
平凉市	**Pingliang**	**105497**	**46387**	**50282**	**3572**	**26878**	**106**	**52**	**16747**
崆峒区	Kongtong	23791	6683	15132	1006	5274	62	9	3567
泾川县	Jingchuan	12408	7656	2953	420	4513	0	14	3059
灵台县	Lingtai	10712	3065	6925	509	4748	8	11	626
崇信县	Chongxin	12122	4593	6840	519	1758	25	8	527
庄浪县	Zhuanglang	12034	4538	6380	646	1106	7	5	1522
静宁县	Jingning	16767	10200	5011	258	5534		3	5635
华亭市	Huating	17664	9652	7040	213	3945	4	3	1811
酒泉市	**Jiuquan**	**136335**	**31595**	**17364**	**74206**	**28000**	**7421**	**210**	**14222**
肃州区	Suzhou	59140	12888	14771	23571	15024	2628	34	10128
金塔县	Jinta	31881	9124	542	20497	1243	1528	12	1874
瓜州县	Guazhou	11424	2144	573	7763	1329	934	34	581
肃北县	Subei	4931	228	892	3046	1672	216	72	43
阿克塞县	Akesai	2829		45	2542	1492	213	6	9
玉门市	Yumen	17989	6094	370	10660	4334	1217	43	950
敦煌市	Dunhuang	8140	1117	171	6125	2906	684	7	637
庆阳市	**Qingyang**	**178573**	**53389**	**24254**	**33115**	**22585**	**530**	**718**	**4892**
西峰区	Xifeng	10949	9146	332	1114	632	188	18	368
庆城县	Qingcheng	8539	3871	2269	1927	261		63	272
环　县	Huanxian	28475	5257	3304	19350	12968		347	653
华池县	Huachi	5189	2712	955	1184	1780	1	57	159
合水县	Heshui	9014	3849	1620	3346	2243	25	91	359
正宁县	Zhengning	6400	5055	942	209	457	14	6	145
宁　县	Ningxian	24231	15003	6368	2268	2652	152	49	1922
镇原县	Zhenyuan	85776	8496	8466	3718	1594	150	88	1014
定西市	**Dingxi**	**93479**	**52863**	**14772**	**18915**	**32236**	**823**	**120**	**20585**
安定区	Anding	17396	6935	2821	5948	3741	293	16	4494
通渭县	Tongwei	13509	8106	2983	1661	8585	116	10	2559

2-8 续表 2 continued

单位：吨 (ton)

地、县	Region & County	肉类 Output of Meat				奶类 Milk	绵羊毛 Sheep Wool	山羊毛 Goat Wool	禽蛋 Poultry Eggs
			# 猪肉 Pork	# 牛肉 Beef	# 羊肉 Mutton				
陇西县	Longxi	15301	10396	1857	2267	2429	1	10	2038
渭源县	Weiyuan	9190	3940	1720	2171	2475	228	12	6414
临洮县	Lintao	25208	15762	3198	4818	13603	165	9	3611
漳　县	Zhangxian	3911	2159	573	640	725		36	852
岷　县	Minxian	8964	5566	1621	1410	676	20	27	618
陇南市	**Longnan**	**82844**	**62406**	**6172**	**3308**	**834**	**5**	**92**	**20191**
武都区	Wudu	16678	10987	1200	582	660	4	17	2256
成　县	Chengxian	8297	6941	230	81	71		4	2991
文　县	Wenxian	6485	5079	496	402			22	1134
宕昌县	Tanchang	7233	4364	1067	616	41		19	3012
康　县	Kangxian	4197	3485	288	168	10		6	1595
西和县	Xihe	9715	8705	296	406	32		2	2045
礼　县	Lixian	11038	7560	1518	887	7		9	2569
徽　县	Huixian	14829	12950	556	119	11	1	10	2765
两当县	Liangdang	4371	2335	521	47	2		4	1822
临夏州	**Linxia**	**76354**	**21913**	**18923**	**31877**	**38777**	**3546**	**120**	**6974**
临夏市	linxia	1696	514	819	294	1446	34	0	89
临夏县	linxia	13810	7174	2549	2706	24846	597	21	2827
康乐县	Kangle	7754	1488	4175	1600	360	407	6	1098
永靖县	Yongjing	13624	10271	323	2480	2157	315	24	935
广河县	Guanghe	6823		3018	3466	3256	693	5	647
和政县	Hezheng	4669	716	2662	1143	3021	234	5	183
东乡县	Dongxiang	21146	142	2669	17950	309	963	29	855
积石山县	Jishishan	6831	1608	2708	2238	3382	303	31	341
甘南州	**Gannan**	**103502**	**19059**	**62505**	**20780**	**80982**	**1396**	**3**	**1801**
合作市	Hezuo	8760	1788	5254	1717	4426	186	1	1
临潭县	Lintan	7192	2920	2910	1287	6450	163		162
卓尼县	Zhuoni	13592	2377	8900	2250	6320	175		322
舟曲县	Zhouqu	7770	5506	1135	169	405	6	2	1139
迭部县	Diebu	10260	4805	4970	428	5580	10		177
玛曲县	Maqu	23604		20212	3392	29750	248		
碌曲县	Luqu	11947	385	8607	2956	20131	212	0	
夏河县	Xiahe	20377	1278	10517	8582	7920	395		

主要指标解释

粮食产量 指日历年度内生产的全部粮食数量。按收获季节包括夏收粮食、早稻和秋收粮食，按作物品种包括谷物、豆类和薯类。其产量计算方法：谷物按脱粒后的原粮计算，豆类按去豆荚后的干豆计算；薯类（包括甘薯和马铃薯，不包括芋头和木薯）1964 年以前按每 4 公斤鲜薯折 1 公斤粮食计算，从 1964 年开始改为按 5 公斤鲜薯折 1 公斤粮食计算；城市郊区作为蔬菜的薯类（如马铃薯等）按鲜品计算，并且不作粮食统计。1989 年以前全国粮食产量数据主要靠全面报表取得，1989 年开始使用抽样调查数据。

油料产量 指全部油料作物的生产量。包括花生、油菜籽、芝麻、向日葵籽、胡麻籽（亚麻籽）和其他油料。不包括大豆、木本油料和野生油料。花生以带壳干花生计算。

农产品生产者价格指数 是反映一定时期内，农产品生产者出售农产品价格水平变动趋势及幅度的相对数。该指数可以客观反映全国农产品生产价格水平和结构变动情况，满足农业与国民经济核算需要。其中某代表品生产价格指数是通过对全部有出售该产品行为的调查单位的个体指数进行几何平均求得的，类价格指数是通过对其所属的类（或代表品）的价格指数进行加权平均求得的。季度累计价格指数的计算方法与分季指数的计算方法相同。

猪、牛、羊、禽肉产量 指当年出栏并已屠宰、除去头蹄下水后带骨肉（即胴体重）的重量。1996 年以前为全面统计并逐级上报数据。1996 年第一次农业普查以后，根据普查结果，对畜牧业主要年报数据进行了修正。1999 年，国家统计局在部分地区开展了猪、牛、羊、禽等主要畜禽品种的抽样调查，并用抽样数据作为国家定案数据使用。未开展抽样调查的地区，仍使用各级统计部门逐级上报数据。2008 年，建立了主要畜禽监测调查制度，猪、牛、羊、禽等主要畜禽数据均以抽样调查数为法定数据。

期初（末）畜禽存栏头（只）数 指报告期初（末）饲养的大牲畜、猪、羊、家禽等畜禽的数量。数据上报方式及数据调整情况同猪、牛、羊、禽肉产量。

Explanatory Notes on Main Statistical Indicators

Grain Output refers to the total output of grains produced within a calendar year. It includes summer crops, early rice and autumn crops by harvest seasons; and covers cereals, beans and tubers by type of crops. Output of cereals cover husked grain only. Output of beans refers to dry beans without pods. The output of tubers (sweet potatoes and potatoes, not including taros and cassava) are converted with the ratio of 4:1, i.e. 4 kilograms of fresh tubers were equivalent to 1 kilogram of grain before 1964. Since 1964 the ratio has been changed to 5:1. Tubers consumed as vegetables (such as potatoes) in cities and suburbs are calculated as fresh vegetables and their output is not included in the output of grain. Data on grain production before 1989 were obtained through the comprehensive statistical reporting system. Since 1989, data from sample surveys are used.

Output of Oil-bearing Crops refers to the total production of oil-bearing crops of various kinds, including peanuts (dry, in shell), rapeseeds, sesame, sunflower seeds, flax seeds, and other oil-bearing crops. Soybeans, oil-bearing woody plants, and wild oil-bearing crops are not included.

Producer Prices Indices for Farm Products are relative figures reflecting the trend and degree of changes in producers' prices received by farmers when they sell farm products during a given period. These indices depict the change in the level and structure of producer prices for farm products of the country and meet the needs of agricultural statistics and national accounts statistics. The producer price index for a given product is calculated as the geometrical mean of individual indices for all surveyed units which sell such products, and the indices for a product category is obtained as the weighted mean of price indices for all products in the category. Method for calculating accumulative quarterly indices is the same as for calculating the distinctive quarterly indices.

Output of Pork, Beef, Mutton and Poultry refers to the meat of slaughtered hogs, cattle, sheep and goats with head, feet, and offal taken away. Before 1996, data were obtained through bottom-up comprehensive reporting system. The first agricultural census of China in 1996 revealed some discrepancy between the production of animal products from the annual reports and that from the census. Efforts were made to adjust the output value of animal husbandry to make the figures from the annual reports consistent with the census data. Since 1999, the NBS conducted sample surveys in selected regions for the major animal husbandry products, such as hogs, cattle, sheep and goats and fowls, and the data from sample surveys are used as finalized national data. Production of other regions which are not covered by the sample survey is still reported by statistical agencies level by level. A monitoring and survey program was set up in 2008 on main livestock, and data on the main livestock such as hog, cattle, sheep and poultry from the sample survey became the official data.

Number of Livestock or Poultry in Stock at Beginning/End of Period refers to the total number of large animals, pigs, sheep, fowls, etc. raised at the beginning/end of the reference period. Data reporting system and data adjustment are the same as that in the output of pork, beef, mutton and poultry.

三 脱贫县农村住户监测篇

Rural Household Monitoring in Poverty-stricken Counties

3-1 脱贫县农村居民人均收支情况

Per Capita Income and Consumption Expenditure of Rural Households in Poverty Relief Counties

单位：元 (yuan)

指　标	Item	2023年	2022年	比上年增长 Growth Rate over Preceding Year	
				绝对数 Value	%
可支配收入	**Disposable Income**	**12107**	**11190**	**917**	**8.2**
工资性收入	Income from Wages and Salaries	4052	3733	319	8.5
经营净收入	Net Business Income	4123	3917	206	5.3
财产净收入	Net Income from Property	96	75	21	28.6
转移净收入	Net Income from Transfer	3835	3465	371	10.7
消费支出	**Consumption Expenditure**	**11201**	**10033**	**1169**	**11.6**
食品烟酒	Food, Tobacco and Liquor	3768	3268	500	15.3
衣着	Clothing and Footwear	707	606	101	16.6
居住	Housing	2202	2005	197	9.8
生活用品及服务	Household Equipments, Furnings and Servises	664	595	69	11.6
交通通信	Transport and Communications	1347	1247	100	8.0
教育文化娱乐	Education, Culture and Recreation	1143	1065	78	7.3
医疗保健	Health Care and Medical Services	1188	1077	110	10.3
其他用品和服务	Miscellaneous Goods and Services	183	169	14	8.5

3-2 脱贫县农村居民人均收入及增长情况
Per Capita Disposable Income and Growth Rate of Rural Households in Poverty Relief Counties

单位：元 (yuan)

年 份 Year	绝对额 Value	比上年增长(%) Growth Rate over Preceding Year(%)
2012	3752	17.9
2013	4487	19.6
2014	5106	13.8
2015	5782	13.2
2016	6323	9.3
2017	6968	10.2
2018	7687	10.3
2019	8592	11.8
2020	9385	9.2
2021	10458	11.4
2022	11190	7.0
2023	12107	8.2

3-3 脱贫县农村居民人均消费及增长情况
Per Capita Consumption Expenditure and Growth Rate of Rural Households in Poverty Relief Counties

单位：元 (yuan)

年 份 Year	绝对额 Value	比上年增长(%) Growth Rate over Preceding Year(%)
2012	3709	16.5
2013	4313	16.3
2014	4912	13.9
2015	5452	11.0
2016	5857	7.4
2017	6365	8.7
2018	7241	13.8
2019	8185	13.0
2020	8701	6.3
2021	9925	14.1
2022	10033	1.1
2023	11201	11.6

四 城乡居民家庭收支篇

Urban and Rural Household Income and Expenditure

4-1 全国历年居民人均可支配收入增长情况
Growth in Per Capita Disposable Income over the Years

年份 Year	全国居民人均可支配收入 Nationwide Per Capita Disposable Income of Households		城镇居民人均可支配收入 Per Capita Disposable Income of Urban Households		农村居民人均可支配收入 Per Capita Disposable Income of Rural Households	
	绝对数(元) Value(yuan)	与上年同期名义增长 Groeth Rates of Per Capita Income(%)	绝对数(元) Value(yuan)	与上年同期名义增长 Groeth Rates of Per Capita Income(%)	绝对数(元) Value(yuan)	与上年同期名义增长 Groeth Rates of Per Capita Income(%)
1978	171.2		343.4		133.6	
1979	206.6	20.7	405.0	17.9	160.2	19.9
1980	246.8	19.5	477.6	17.9	191.3	19.5
1981	279.3	13.1	500.4	4.8	223.4	16.8
1982	326.1	16.8	535.3	7.0	270.1	20.9
1983	364.9	11.9	564.6	5.5	309.8	14.7
1984	423.6	16.1	652.1	15.5	355.3	14.7
1985	478.6	13.0	739.1	13.3	397.6	11.9
1986	540.8	13.0	900.9	21.9	423.8	6.6
1987	599.2	10.8	1002.1	11.2	462.6	9.2
1988	708.9	18.3	1180.2	17.8	544.9	17.8
1989	804.0	13.4	1373.9	16.4	601.5	10.4
1990	903.9	12.4	1510.2	9.9	686.3	14.1
1991	975.8	8.0	1700.6	12.6	708.6	3.2
1992	1125.2	15.3	2026.6	19.2	784.0	10.6
1993	1385.1	23.1	2577.4	27.2	921.6	17.6
1994	1869.6	35.0	3496.2	35.6	1221.0	32.5
1995	2363.3	26.4	4283.0	22.5	1577.7	29.2
1996	2813.9	19.1	4838.9	13.0	1926.1	22.1
1997	3069.8	9.1	5160.3	6.6	2090.1	8.5
1998	3254.1	6.0	5418.2	5.0	2171.2	3.9
1999	3484.6	7.1	5838.9	7.8	2229.1	2.7
2000	3721.3	6.8	6255.7	7.1	2282.1	2.4
2001	4070.4	9.4	6824.0	9.1	2406.9	5.5
2002	4531.6	11.3	7652.4	12.1	2528.9	5.1
2003	5006.7	10.5	8405.5	9.8	2690.3	6.4
2004	5660.9	13.1	9334.8	11.1	3026.6	12.5
2005	6384.7	12.8	10382.3	11.2	3370.2	11.4
2006	7228.8	13.2	11619.7	11.9	3731.0	10.7
2007	8583.5	18.7	13602.5	17.1	4327.0	16.0
2008	9956.5	16.0	15549.4	14.3	4998.8	15.5
2009	10977.5	10.3	16900.5	8.7	5435.1	8.7
2010	12519.5	14.0	18779.1	11.1	6272.4	15.4
2011	14550.7	16.2	21426.9	14.1	7393.9	17.9
2012	16509.5	13.5	24126.7	12.6	8389.3	13.5
2013	18310.8	10.9	26467.0	9.7	9429.6	12.4
2014	20167.1	10.1	28843.9	9.0	10488.9	11.2
2015	21966.2	8.9	31194.8	8.2	11421.7	8.9
2016	23821	8.4	33616.2	7.8	12363.4	8.2
2017	25973.8	9.0	36396.2	8.3	13432.4	8.6
2018	28228	8.7	39250.8	7.8	14617.0	8.8
2019	30732.8	8.9	42358.8	7.9	16020.7	9.6
2020	32188.8	4.7	43833.8	3.5	17131.5	6.9
2021	35128.1	9.1	47411.9	8.2	18930.9	10.5
2022	36883.3	5.0	49282.9	3.9	20132.8	6.3
2023	39218.0	6.3	51820.7	5.1	21690.9	7.7

4-2 全省历年居民人均可支配收入增长情况
Growth in Gansu Per Capita Disposable Income over the Years

年份 Year	全省居民人均可支配收入 Nationwide Per Capita Disposable Income of Households		城镇居民人均可支配收入 Per Capita Disposable Income of Urban Households		农村居民人均可支配收入 Per Capita Disposable Income of Rural Households	
	绝对数(元) Value(yuan)	与上年同期名义增长 Groeth Rates of Per Capita Income(%)	绝对数(元) Value(yuan)	与上年同期名义增长 Groeth Rates of Per Capita Income(%)	绝对数(元) Value(yuan)	与上年同期名义增长 Groeth Rates of Per Capita Income(%)
1978			407.5		100.9	
1979			418.1	2.6	111.6	10.6
1980			403.4	-3.5	153.4	37.5
1981			447.7	11.0	158.6	3.4
1982			473.5	5.8	174.2	9.8
1983			490.6	3.6	213.1	22.3
1984			571.9	16.6	221.1	3.8
1985			640.8	12.0	257.0	16.3
1986			776.8	21.2	282.9	10.1
1987			870.5	12.1	302.8	7.0
1988			978.9	12.5	345.1	14.0
1989			1132.7	15.7	375.8	8.9
1990			1197.0	5.7	431.0	14.7
1991			1369.0	14.4	446.4	3.6
1992			1707.8	24.7	489.5	9.7
1993			2002.5	17.3	550.8	12.5
1994			2658.1	32.7	723.7	31.4
1995			3152.5	18.6	880.3	21.6
1996			3353.9	6.4	1100.6	25.0
1997			3592.4	7.1	1210.0	9.9
1998			4024.2	12.0	1403.3	16.0
1999			4507.9	12.0	1432.7	2.1
2000			4969.9	10.2	1458.0	1.8
2001			5461.1	9.9	1549.9	6.3
2002			6264.0	14.7	1644.9	6.1
2003			6803.0	8.6	1742.2	5.9
2004			7565.5	11.2	1942.4	11.5
2005	3961.7		8323.4	10.0	2090.5	7.6
2006	4428.3	11.8	9214.7	10.7	2268.9	8.5
2007	5036.9	13.7	10380.2	12.6	2493.4	9.9
2008	5782.2	14.8	11413.2	10.0	2938.0	17.8
2009	6453.7	11.6	12456.7	9.1	3237.0	10.2
2010	7358.0	14.0	13820.5	10.9	3747.2	15.8
2011	8463.1	15.0	15706.8	13.6	4277.6	14.2
2012	9767.7	15.4	17978.9	14.5	4931.1	15.3
2013	10954.0	12.1	19873.0	10.5	5589.0	13.3
2014	12185.0	11.2	21804.0	9.7	6277.0	12.3
2015	13467.0	10.5	23767.0	9.0	6936.0	10.5
2016	14670.0	8.9	25694.0	8.1	7457.0	7.5
2017	16011.0	9.1	27763.0	8.1	8076.0	8.3
2018	17488.4	9.2	29957.0	7.9	8804.0	9.0
2019	19139.0	9.4	32323.4	7.9	9628.9	9.4
2020	20335.1	6.2	33821.8	4.6	10344.3	7.4
2021	22066.0	8.5	36187.3	7.0	11432.8	10.5
2022	23273.1	5.5	37572.3	3.8	12165.1	6.4
2023	25010.7	7.5	39832.8	6.0	13131.2	7.9

4-3 城镇居民家庭基本情况
Basic Conditions of Urban Households

指　标	Item	单位	Unit	2023	2022
期末户均调查人口	**Surveyed Population per Household at the End of Period**	人	**person**	**3.5**	**3.4**
期末常住成员情况	**Status of permanent Resident at the End of Period**	--	--		
户均常住成员	Average Number of Permanent Residents Per Household	人	person	3.3	3.2
现住房情况	**Current Housing Condition**				
人均住房建筑面积	Per Capita Housing Construction Area	平方米/人	sq.m/person	36.0	32.9
按居住空间样式分的户数比重	Proportion of Household by Type of Residence				
单栋楼房	Detached House	%	%	8.5	9.9
单栋平房	Detached Bungalow	%	%	8.5	10.1
单元房	Apartment	%	%	78.4	78.5
筒子楼或连片平房	Tube-shaped Apartment or Terraced House	%	%	4.6	1.4
其他	Others	%	%	0.0	0.1
按主要建筑材料分的户数比重	Proportion of Household by Main Structure Material				
钢筋混凝土	Reinforced Concrete	%	%	71.3	56.6
砖混材料	Brick and Concrete	%	%	25.4	38.4
砖瓦砖木	Brick and Wood	%	%	3.3	5.0
竹草土坯	Bamboo Grass Adobe	%	%	0.1	0.0
其他	Others	%	%		0.0
按房屋来源分的户数比重	Proportion of Household by Source of Housing			100.0	
租赁住房	Rental Housing	%	%	5.9	6.7
自建住房	Self-built Housing	%	%	20.7	16.2
购买商品房	Commercial Residential Building	%	%	57.6	54.6
购买房改住房	Reformed Housing	%	%	5.2	10.3
购买保障性住房	Security Housing	%	%	4.2	7.6
拆迁安置房	Removal Settlement Housing	%	%	4.2	2.3
继承或获赠住房	Inheritance or Gift Housing	%	%	0.8	0.6
其他	Others	%	%	1.5	1.8
生活设施状况	**Condition of Living Facilities**				
饮用水状况	Drinking Water Condition				
主要饮用水来源	Main Source of Drinking Water				
经过净化处理的自来水	Tap Water After Purification Treatment	%	%	98.4	97.3
受保护的井水和泉水	Protected Wells and Springs	%	%	1.3	2.1
不受保护的井水和泉水	Unprotected Wells and Springs	%	%		0.2
江河湖泊水	Rivers and Lakes	%	%		0.1
其他饮用水来源	Other Sources of Drinking Water	%	%	0.3	0.4
住宅内厕所类型	Residence Toilet Type			100.0	
水冲式卫生厕所	Water Flushing Sanitary Toilet	%	%	93.0	94.2
水冲式非卫生厕所	Water Flushing Insanitary Toilet	%	%		0.0
卫生旱厕	Sanitary Pit Latrine	%	%	5.9	3.8
普通旱厕	General Pit Latrine	%	%	1.1	2.0
无厕所	No Toilet	%	%		0.0
主要炊用能源	Main Cooking Energy				
柴草	Firewood	%	%	0.9	1.9
煤炭	Coal	%	%	2.4	4.4
罐装液化石油气	Canned Liquefied Petroleum Gas	%	%	13.3	13.5
管道液化石油气	Pipeline Liquefied Petroleum Gas	%	%	0.0	1.3
管道煤气	Pipeline Coal Gas	%	%	2.2	1.5
管道天然气	Pipeline Natural Gas	%	%	63.4	54.9
电	Electricity	%	%	17.4	22.3
燃料用油	Fuel Oils	%	%	0.1	0.0
沼气	Biogas	%	%	0.3	0.0
其他	Others	%	%		0.1
无炊用行为	No Heating Behavior	%	%		0.0

4-4 农村居民家庭基本情况
Basic Conditions of Rural Households

指　标	Item	单位	Unit	2023	2022
期末户均调查人口	**Surveyed Population per Household at the End of Period**	人	**person**	**4.2**	**4.3**
期末常住成员情况	**Status of permanent Resident at the End of Period**				
户均常住成员	Average Number of Permanent Residents Per Household	人	person	3.5	3.5
现住房情况	**Current Housing Condition**				
人均住房建筑面积	Per Capita Housing Construction Area	平方米/人	sq.m/person	33.5	32.5
按居住空间样式分的户数比重	Proportion of Household by Type of Residence				
单栋楼房	Detached House	%	%	6.4	8.5
单栋平房	Detached Bungalow	%	%	87.8	84.2
单元房	Apartment	%	%	3.6	2.4
筒子楼或连片平房	Tube-shaped Apartment or Terraced House	%	%	1.6	4.4
其他	Others	%	%	0.6	0.4
按主要建筑材料分的户数比重	Proportion of Household by Main Structure Material				
钢筋混凝土	Reinforced Concrete	%	%	12.3	10.0
砖混材料	Brick and Concrete	%	%	54.8	38.3
砖瓦砖木	Brick and Wood	%	%	31.7	50.6
竹草土坯	Bamboo Grass Adobe	%	%	0.4	
其他	Others	%	%	0.9	
按房屋来源分的户数比重	Proportion of Household by Source of Housing				
租赁住房	Rental Housing	%	%	0.1	0.4
自建住房	Self-built Housing	%	%	95.1	96.1
购买商品房	Commercial Residential Building	%	%	2.6	2.1
购买房改住房	Reformed Housing	%	%	0.0	0.1
购买保障性住房	Security Housing	%	%	0.7	0.1
拆迁安置房	Removal Settlement Housing	%	%	0.7	1.1
继承或获赠住房	Inheritance or Gift Housing	%	%	0.2	0.1
其他	Others	%	%	0.5	0.0
生活设施状况	**Condition of Living Facilities**				
饮用水状况	Drinking Water Condition				
主要饮用水来源	Main Source of Drinking Water				
经过净化处理的自来水	Tap Water After Purification Treatment	%	%	90.3	84.6
受保护的井水和泉水	Protected Wells and Springs	%	%	9.5	12.4
不受保护的井水和泉水	Unprotected Wells and Springs	%	%		2.1
江河湖泊水	Rivers and Lakes	%	%		0.1
其他饮用水来源	Other Sources of Drinking Water	%	%	0.2	0.7
住宅内厕所状况	Residence Toilet Type				
水冲式卫生厕所	Water Flushing Sanitary Toilet	%	%	17.6	35.6
水冲式非卫生厕所	Water Flushing Insanitary Toilet	%	%		
卫生旱厕	Sanitary Pit Latrine	%	%	66.5	38.5
普通旱厕	General Pit Latrine	%	%	15.9	25.9
无厕所	No Toilet	%	%		
主要炊用能源	Main Cooking Energy				
柴草	Firewood	%	%	23.6	33.0
煤炭	Coal	%	%	24.6	33.0
罐装液化石油气	Canned Liquefied Petroleum Gas	%	%	7.6	6.0
管道液化石油气	Pipeline Liquefied Petroleum Gas	%	%		0.1
管道煤气	Pipeline Coal Gas	%	%		0.1
管道天然气	Pipeline Natural Gas	%	%	1.9	0.3
电	Electricity	%	%	42.3	27.5
燃料用油	Fuel Oils	%	%		
沼气	Biogas	%	%		0.0
其他	Others	%	%		
无炊用行为	No Heating Behavior	%	%		0.1

4-5 城镇居民收支情况
Per Capia Income and Consumption Expenditure of Urban Households

指　标	Item	绝对数(元/人) Value (yuan)		与上年同期名义增长 Groeth Rates of Per Capita Income(%)	
		2023	2022	2023	2022
可支配收入	Disposable Income	39832.8	37572.4	6.0	3.8
工资性收入	Income from Wages and Salaries	27141.2	25222.7	7.6	3.1
经营净收入	Net Business Income	2810.0	2738.6	2.6	1.4
财产净收入	Net Income from Properties	3001.3	2950.4	1.7	4.2
转移净收入	Net Income from Transfer	6880.2	6660.7	3.3	7.6
生活消费支出	Consumption Expenditure	27044.4	25207.0	7.3	-2.1
食品烟酒	Food, Tobacco and Liquor	7793.5	7530.3	3.5	-0.2
衣着	Clothing and Footwear	1870.7	1759.4	6.3	-9.3
居住	Housing	6038.7	6006.0	0.5	4.8
生活用品及服务	Household Equipments, Furnishings and Services	1583.4	1523.9	3.9	-7.6
交通通信	Transport and Communications	3739.5	3334.8	12.1	1.2
教育文化娱乐	Education, Culture and Recreation	2937.4	2470.5	18.9	-8.2
医疗保健	Health Care and Medical Services	2407.1	2005.1	20.0	-12.5
其他用品和服务	Miscellaneous Goods and Services	674.0	577.1	16.8	-6.2

4-6 农村居民收支情况
Per Capia Income and Consumption Expenditure of Rural Households

指　标	Item	绝对数(元/人) Value (yuan)		与上年同期名义增长 Groeth Rates of Per Capita Income(%)	
		2023	2022	2023	2022
可支配收入	**Disposable Income**	**13131.2**	**12165.2**	**7.9**	**6.4**
工资性收入	Income from Wages and Salaries	3893.0	3498.1	11.3	4.8
经营净收入	Net Business Income	5641.6	5435.4	3.8	6.1
财产净收入	Net Income from Properties	179.7	160.9	11.7	7.5
转移净收入	Net Income from Transfer	3416.9	3070.8	11.3	8.8
生活消费支出	**Consumption Expenditure**	**12575.4**	**11494.2**	**9.4**	**2.6**
食品烟酒	Food, Tobacco and Liquor	3998.5	3681.6	8.6	6.2
衣着	Clothing and Footwear	702.2	654.5	7.3	-2.9
居住	Housing	2482.2	2296.9	8.1	5.3
生活用品及服务	Household Equipments, Furnishings and Services	635.5	593.2	7.1	-6.0
交通通信	Transport and Communications	1693.8	1535.6	10.3	9.5
教育文化娱乐	Education, Culture and Recreation	1376.4	1235.9	11.4	-4.4
医疗保健	Health Care and Medical Services	1481.3	1307.8	13.3	-4.0
其他用品和服务	Miscellaneous Goods and Services	205.3	188.6	8.8	-4.2

4-7 按五等份分组的城镇居民家庭人均收入与支出情况(2023)

单位：元/人

指　　标	Item	全省平均 Provincial Average
可支配收入	**Disposable Income**	**39832.8**
工资性收入	**Income from Wages and Salaries**	**27141.2**
工资	Wages	25740.1
实物福利	Benefit in Kind	74.3
其他	Other	1326.8
经营净收入	**Net Business Income**	**2810.0**
第一产业经营净收入	Net Business Income of Primary Industry	353.0
第二产业经营净收入	Net Business Income of Secondary Industry	243.2
第三产业经营净收入	Net Business Income of Tertiary Industry	2213.8
财产净收入	**Net Income from Properties**	**3001.3**
利息净收入	Net Interest Income	50.4
红利收入	Dividend Income	244.0
储蓄性保险净收益	Net Income of Endowment Insurance	3.0
转让承包土地经营权租金净收入	Net Rental Income of Land Conveyance and Contract	41.8
出租房屋财产性收入	Property Income of House Renting	989.9
出租机械专利版权等资产的收入	Rental Income of Equipment, Patent and Copyright	1.1
其他财产净收入	Other Net Property Income	4.4
房屋虚拟租金	Potential Rent of House	1666.9
转移净收入	**Net Income from Transfer**	**6880.2**
转移性收入	Income from Transfer	8924.1
转移性支出	Transfer Expenditure	2043.9
总支出	**Total Expenditures**	**35876.0**
消费支出	**Consumption Expenditure**	**27044.4**
食品烟酒	Food, Tobacco and Liquor	7793.5
衣着	Clothing and Footwear	1870.7
居住	Housing	6038.7
生活用品及服务	Household Equipments, Furnishings and Services	1583.4
交通通信	Transport and Communications	3739.5
教育文化娱乐	Education, Culture and Recreation	2937.4
医疗保健	Health Care and Medical Services	2407.1
其他用品和服务	Miscellaneous Goods and Services	674.0

Per Capita Income and Expenditure of Urban Households by Income Quintile(2023)

(yuan/person)

低收入户(20%) Low Income (20%)	中低收入户(20%) Lower-middle Income (20%)	中等收入户(20%) Middle Income (20%)	中高收入户(20%) Upper-middle Income (20%)	高收入户(20%) High Income (20%)
12530.6	**24142.5**	**35675.2**	**52450.1**	**95528.1**
7900.6	**16114.1**	**22773.2**	**35441.8**	**68851.7**
7847.8	15736.0	21830.1	33685.0	63726.5
13.9	44.4	53.2	109.1	198.5
38.9	333.7	889.9	1647.8	4926.7
1062.0	**2340.6**	**2372.2**	**1374.1**	**8217.4**
119.7	594.7	228.4	60.9	827.8
74.5	238.2	224.8	-234.2	1036.8
867.8	1507.7	1919.1	1547.4	6352.8
1101.1	**2145.6**	**4491.9**	**3323.4**	**4808.8**
-87.6	-50.0	42.0	85.9	376.1
29.9	230.1	210.6	242.4	630.8
0.8	0.1	1.8	6.4	8.1
39.9	66.3	40.3	17.9	36.5
374.4	626.4	2347.0	906.2	761.2
2.8		1.2		0.9
-1.8	-4.8	-1.8	38.7	-1.7
742.6	1277.5	1850.8	2025.9	2997.0
2466.8	**3542.3**	**6037.8**	**12310.8**	**13650.2**
3032.1	4600.8	7576.5	14751.6	19576.9
565.2	1058.5	1538.7	2440.8	5926.7
20037.0	**23398.5**	**35755.1**	**43026.4**	**70265.9**
16067.8	**18649.8**	**27206.8**	**33507.6**	**48582.8**
4958.6	5761.5	7826.7	9873.0	12733.2
997.8	1322.7	1870.2	2277.0	3542.8
4178.0	4280.6	6040.3	7042.3	10306.8
795.6	907.4	1753.2	1796.5	3297.1
1550.4	2087.6	4156.5	5227.8	7289.3
1919.5	2226.4	2683.2	3091.3	5663.2
1419.6	1716.3	2286.7	3334.1	4059.1
248.2	347.4	590.1	865.7	1691.4

4-7 续表

单位：元/人

指　　标	Item	全省平均 Provincial Average
生产经营费用支出	**Expenditure for Household Business**	**1132.9**
第一产业经营费用支出	The Primary Industry	237.4
第二产业经营费用支出	The Secondary Industry	88.1
第三产业经营费用支出	The Tertiary Industry	807.4
财产性支出	**Property Expenditure**	**153.8**
生活贷款利息支出	Interest Expenses on Living Loans	150.6
其他财产性支出	Other Property Expenditure	3.1
转移性支出	**Transfer Expenditure**	**2043.9**
个人所得税	Personal Income Tax	143.0
社会保障支出	Social Security Expenditure	1671.3
外来从业人员寄给家人的支出	Transfer Expenditure from Employee Worked Outside of Gansu to Family	2.2
赡养支出	Financial Supports to Parents	153.8
其他转移性支出	Other Transfer Expenditure	73.6
部分商业保险支出	**Commercial Insurance Expenditure**	**240.8**
意外伤害保险	Accident Injury Insurance	25.6
商业医疗保险(含大病保险)	Commercialized Health Care Insurance	124.4
其他非储蓄性商业保险	Other Non Savings Commercial Insurance	16.6
其他储蓄性商业保险	Other Savings Commercial Insurance	74.2
购置资产及非经常性转移支出	**Acquisition of Assets and Non-recurrent Transfer Expenses**	**2961.5**
购置资产支出	Acquisition of Assets	608.1
非经常性转移支出	Non-recurrent Transfer Expenditures	2353.4
借贷性支出	**Borrowing Expenditure**	**2298.8**
存入储蓄款	Savings Deposit	35.8
借出款	Lending Funds	14.3
归还借款	Returned Loan	271.3
购买有价证券	Purchase of Securities	32.7
其他投资支出	Other Investment Expenditure	9.3
归还住房贷款	Returned Accommodation Loan	1229.9
归还汽车贷款	Returned Automobile Loan	217.7
归还教育贷款	Returned Education Loan	5.8
归还其他贷款	Returned Other Loan	479.5
其他借贷支出	Others	2.5

Continued

(yuan/person)

低收入户(20%) Low Income (20%)	中低收入户(20%) Lower-middle Income (20%)	中等收入户(20%) Middle Income (20%)	中高收入户(20%) Upper-middle Income (20%)	高收入户(20%) High Income (20%)
849.2	**672.5**	**970.0**	**688.3**	**2911.7**
569.6	291.3	97.0	33.7	60.4
13.2	43.1	175.3	78.8	161.8
266.3	338.1	697.7	575.7	2689.5
121.0	**104.3**	**118.5**	**102.5**	**375.2**
119.1	96.0	116.7	101.5	373.5
1.8	8.3	1.8	1.1	1.7
565.2	**1058.5**	**1538.7**	**2440.8**	**5926.7**
20.6	46.7	79.9	94.9	599.5
490.6	922.8	1256.3	2026.7	4690.6
5.3	1.2	2.2		1.4
34.4	56.9	121.9	236.3	426.8
14.3	30.9	78.4	82.8	208.3
60.4	**156.5**	**221.1**	**293.4**	**603.5**
6.5	28.4	14.5	38.1	51.3
38.7	62.4	107.7	190.3	294.2
2.2	5.5	39.6	16.3	24.5
12.9	60.1	59.3	48.7	233.4
1626.4	**1394.7**	**3697.3**	**3613.8**	**5580.7**
453.2	87.7	1232.5	212.8	1201.8
1173.2	1307.1	2464.9	3401.0	4378.9
747.0	**1362.2**	**2002.6**	**2379.8**	**6285.2**
19.6	33.7	13.1	15.6	114.2
10.0	9.0	4.7	39.5	14.2
125.7	146.6	414.5	413.6	332.3
	0.8	21.0	1.8	175.9
0.1	5.0	37.9	1.7	
518.9	850.0	1178.3	1351.9	2785.0
48.0	177.5	204.9	330.7	426.8
	20.1		1.4	6.4
24.7	115.6	124.7	218.3	2430.1
0.0	3.9	3.3	5.3	0.4

4-8 按五等份分组的农村居民家庭人均收入与支出情况(2023)

单位：元/人

指 标	Item	全省平均 Provincial Average
可支配收入	**Disposable Income**	**13131.2**
工资性收入	**Income from Wages and Salaries**	**3893.0**
工资	Wages	3830.0
实物福利	Benefit in Kind	16.6
其他	Other	46.3
经营净收入	**Net Business Income**	**5641.6**
第一产业经营净收入	Net Business Income of Primary Industry	4553.6
第二产业经营净收入	Net Business Income of Secondary Industry	88.2
第三产业经营净收入	Net Business Income of Tertiary Industry	999.9
财产净收入	**Net Income from Properties**	**179.7**
利息净收入	Net Interest Income	-1.4
红利收入	Dividend Income	22.8
储蓄性保险净收益	Net Income of Endowment Insurance	1.6
转让承包土地经营权租金净收入	Net Rental Income of Land Conveyance and Contract	93.9
出租房屋财产性收入	Property Income of House Renting	54.7
出租机械专利版权等资产的收入	Rental Income of Equipment, Patent and Copyright	10.6
其他财产净收入	Other Net Property Income	-2.4
房屋虚拟租金	Potential Rent of House	
转移净收入	**Net Income from Transfer**	**3416.9**
转移性收入	Income from Transfer	3975.6
转移性支出	Transfer Expenditure	558.7
总支出	**Total Expenditures**	**19519.2**
消费支出	**Consumption Expenditure**	**12575.4**
食品烟酒	Food, Tobacco and Liquor	3998.5
衣着	Clothing and Footwear	702.2
居住	Housing	2482.2
生活用品及服务	Household Equipments, Furnishings and Services	635.5
交通通信	Transport and Communications	1693.8
教育文化娱乐	Education, Culture and Recreation	1376.4
医疗保健	Health Care and Medical Services	1481.3
其他用品和服务	Miscellaneous Goods and Services	205.3

Per Capita Income and Expenditure of Rural Households by Income Quintile(2023)

(yuan/person)

低收入户(20%) Low Income (20%)	中低收入户(20%) Lower-middle Income (20%)	中等收入户(20%) Middle Income (20%)	中高收入户(20%) Upper-middle Income (20%)	高收入户(20%) High Income (20%)
4101.8	**7714.4**	**10716.6**	**15600.2**	**33634.3**
1582.6	**2656.9**	**3855.2**	**5339.4**	**7269.4**
1576.4	2644.0	3816.7	5261.7	7042.7
4.8	8.8	19.1	16.5	41.4
1.5	4.2	19.3	61.2	185.4
254.7	**1733.5**	**2987.0**	**5881.3**	**21761.2**
301.1	1647.9	2463.4	4368.7	17444.3
12.4	-41.6	57.1	137.3	360.6
-58.8	127.2	466.5	1375.3	3956.4
-9.9	**95.0**	**72.6**	**177.2**	**702.4**
-29.8	-0.3	-9.2	-10.5	57.0
10.4	9.8	19.6	33.3	50.8
	1.5			7.5
11.4	42.9	64.3	110.0	299.9
	21.0	0.5	42.3	261.0
0.1	20.6		7.5	28.0
-1.9	-0.6	-2.6	-5.4	-1.7
2274.4	**3229.0**	**3801.8**	**4202.3**	**3901.2**
2774.7	3691.0	4314.1	4818.7	4671.0
500.3	462.0	512.3	616.3	769.8
15103.0	**15114.4**	**17927.8**	**20729.5**	**32533.8**
10746.8	**10701.0**	**12214.4**	**13705.2**	**16944.3**
3352.8	3453.8	3826.5	4361.7	5473.3
592.4	645.0	699.9	741.7	894.6
1973.8	2127.8	2502.2	2771.4	3338.9
559.6	523.5	600.9	682.0	890.1
1415.1	1326.8	1604.3	1922.7	2453.3
1491.0	1232.1	1434.4	1379.1	1343.3
1218.7	1225.3	1355.8	1596.4	2237.0
143.5	166.6	190.5	250.2	313.8

4-8 续表

单位：元/人

指 标	Item	全省平均 Provincial Average
生产经营费用支出	**Expenditure for Household Business**	**3011.5**
第一产业经营费用支出	The Primary Industry	2576.7
第二产业经营费用支出	The Secondary Industry	21.1
第三产业经营费用支出	The Tertiary Industry	413.7
财产性支出	**Property Expenditure**	**39.7**
生活贷款利息支出	Interest Expenses on Living Loans	35.1
其他财产性支出	Other Property Expenditure	4.6
转移性支出	**Transfer Expenditure**	**558.7**
个人所得税	Personal Income Tax	1.2
社会保障支出	Social Security Expenditure	518.7
外来从业人员寄给家人的支出	Transfer Expenditure from Employee Worked Outside of Gansu to Family	3.4
赡养支出	Financial Supports to Parents	17.9
其他转移性支出	Other Transfer Expenditure	17.6
部分商业保险支出	**Commercial Insurance Expenditure**	**63.6**
意外伤害保险	Accident Injury Insurance	8.2
商业医疗保险(含大病保险)	Commercialized Health Care Insurance	41.2
其他非储蓄性商业保险	Other Non Savings Commercial Insurance	3.7
其他储蓄性商业保险	Other Savings Commercial Insurance	10.5
购置资产及非经常性转移支出	**Acquisition of Assets and Non-recurrent Transfer Expenses**	**2342.7**
购置资产支出	Acquisition of Assets	810.3
非经常性转移支出	Non-recurrent Transfer Expenditures	1532.5
借贷性支出	**Borrowing Expenditure**	**927.6**
存入储蓄款	Savings Deposit	14.2
借出款	Lending Funds	16.4
归还借款	Returned Loan	411.0
购买有价证券	Purchase of Securities	
其他投资支出	Other Investment Expenditure	6.9
归还住房贷款	Returned Accommodation Loan	182.1
归还汽车贷款	Returned Automobile Loan	72.5
归还教育贷款	Returned Education Loan	23.4
归还其他贷款	Returned Other Loan	191.2
其他借贷支出	Others	10.0

Continued

(yuan/person)

低收入户(20%) Low Income (20%)	中低收入户(20%) Lower-middle Income (20%)	中等收入户(20%) Middle Income (20%)	中高收入户(20%) Upper-middle Income (20%)	高收入户(20%) High Income (20%)
2061.3	**1553.1**	**2020.8**	**2528.8**	**8194.5**
1905.6	1441.6	1757.7	2268.9	6498.3
10.5	25.0	6.4	16.8	53.8
145.2	86.6	256.7	243.1	1642.4
37.1	**19.0**	**29.8**	**53.9**	**68.6**
35.1	18.4	26.2	48.0	55.1
1.9	0.6	3.6	5.8	13.5
500.3	**462.0**	**512.3**	**616.3**	**769.8**
0.3	0.2	0.2	3.7	2.5
467.7	431.4	492.0	564.5	694.4
0.6	7.1	0.9	0.2	8.7
18.8	5.6	8.3	26.4	36.4
12.9	17.8	10.9	21.5	27.8
15.7	**32.1**	**48.3**	**56.1**	**202.5**
2.7	6.5	7.6	4.6	22.9
6.9	24.1	25.9	39.1	135.1
4.2	1.5	3.0	2.6	8.3
1.9		11.8	9.9	36.2
1260.1	**1676.2**	**2272.1**	**2850.0**	**4308.5**
359.7	820.6	952.0	584.3	1504.3
900.4	855.7	1320.1	2265.7	2804.2
481.8	**670.9**	**830.1**	**919.1**	**2045.6**
3.2	3.0	7.8	0.2	69.3
4.4	8.5	12.8	20.7	44.2
286.4	280.1	392.2	273.7	949.3
0.5		26.7	0.1	8.1
28.1	81.3	66.1	406.5	430.8
47.0	17.5	125.1	89.2	99.8
11.7	41.6	45.9	8.7	2.6
100.5	232.7	131.6	119.1	416.8
	6.2	21.8	0.9	24.7

4-9 各市县城镇居民人均可支配收入情况(2023)
Basic Statistics of Disposable Income for Urban Households by City and County(2023)

单位：元/人 (yuan/person)

地 区	Region	可支配收入 Disposable Income	工资性收入 Income from Wages and Salaries	经营净收入 Net Business Income	财产净收入 Net Income from Properties	转移净收入 Net Income from Transfer
兰州市	**Lanzhou**	**48039.3**	**27817.9**	**1745.9**	**5528.9**	**12946.5**
城关区	Chengguan	54475.0	27676.2	632.0	9614.7	16552.1
七里河	Qilihe	46471.4	30740.7	1565.7	2850.4	11314.7
西固区	Xigu	53374.0	26502.6	162.5	4535.9	22173.1
安宁区	Anning	49071.0	33353.1	279.5	3918.2	11520.2
红古区	Honggu	41020.0	29964.5	3320.3	771.7	6963.5
永登县	Yongdeng	31960.0	16095.3	7243.5	1089.7	7531.4
皋兰县	Gaolan	30400.0	21399.6	3832.4	789.4	4378.6
榆中县	Yuzhong	32317.2	20279.5	6679.1	1973.7	3385.0
兰州新区	Lanzhou New Area	41920.0	30135.4	3470.6	5303.4	3010.7
嘉峪关	**Jiayuguan**	**52761.0**	**42860.9**	**1813.8**	**1274.8**	**6811.5**
金昌市	**Jinchang**	**50082.0**	**39140.7**	**4039.8**	**2362.0**	**4539.4**
金川区	Jinchuan	55656.0	46093.5	2621.0	2155.6	4785.9
永昌县	Yongchang	38639.9	24868.4	6952.3	2785.9	4033.4
白银市	**Baiyin**	**39455.0**	**27370.0**	**3861.2**	**1793.4**	**6430.4**
白银区	Baiyin	48113.3	30893.6	4465.0	2166.8	10587.9
平川区	Pingchuan	46351.1	32486.1	5826.4	1410.8	6627.8
靖远县	Jingyuan	33694.4	24350.4	3245.4	2094.6	4004.0
会宁县	Huining	24793.9	20584.8	2458.3	1329.9	421.0
景泰县	Jingtai	35005.7	24605.2	2446.3	1578.1	6376.1
天水市	**Tianshui**	**35453.0**	**22477.2**	**3627.4**	**3247.1**	**6101.4**
秦州区	Qinzhou	38858.5	24511.9	2766.6	5717.6	5862.4
麦积区	Maiji	35912.7	21734.9	1334.0	4501.9	8341.7
清水县	Qingshui	33441.2	25779.4	1663.8	1036.8	4961.3
秦安县	Qinan	34861.3	20023.5	3874.4	3012.8	7950.6
甘谷县	Gangu	34688.2	18230.3	6189.7	1972.9	8295.3
武山县	Wushan	32978.5	26560.3	3683.5	451.1	2283.5
张家川县	Zhangjiachuan	32705.8	20702.4	8151.7	2831.6	1020.1
武威市	**Wuwei**	**37535.0**	**29223.2**	**2275.6**	**1635.5**	**4400.7**
凉州区	Liangzhou	40012.7	31803.5	1983.3	1762.7	4463.2
民勤县	Minqin	32274.5	23664.9	4362.9	1961.3	2285.4
古浪县	Gulang	30272.1	24124.5	2338.3	1017.9	2791.4
天祝县	Tianzhu	33133.0	22341.0	2277.7	1124.4	7390.0

4-9 续表 1 Continued

单位：元/人 (yuan/person)

地 区	Region	可支配收入 Disposable Income	工资性收入 Income from Wages and Salaries	经营净收入 Net Business Income	财产净收入 Net Income from Properties	转移净收入 Net Income from Transfer
张掖市	**Zhangye**	**34373.0**	**24639.0**	**4543.1**	**1140.2**	**4050.6**
甘州区	Ganzhou	35041.2	26281.0	3118.5	1073.9	4567.9
肃南县	Sunan	37110.8	30942.7	3637.8	1164.7	1365.5
民乐县	Minle	31683.4	19862.3	9056.4	1350.6	1414.0
临泽县	Linze	33542.8	21948.3	6039.1	1450.5	4104.8
高台县	Gaotai	33380.5	22113.1	6064.4	1386.6	3816.3
山丹县	Shandan	34344.4	23731.8	5523.5	880.4	4208.7
平凉市	**Pingliang**	**36959.0**	**25378.1**	**2211.3**	**2082.7**	**7286.8**
崆峒区	Kongtong	37195.0	18964.4	310.5	2946.6	14973.5
泾川县	Jingchuan	33534.0	23814.5	4478.0	1386.6	3854.8
灵台县	Lingtai	30672.0	24392.9	5067.8	801.5	409.8
崇信县	Chongxin	43857.0	39084.5	2994.6	1342.5	435.4
庄浪县	Zhuanglang	36740.0	33501.6	518.8	2127.2	592.5
静宁县	Jingning	34015.0	24600.5	6483.0	1210.1	1721.4
华亭市	Huating	43981.0	36326.8	960.0	1949.7	4744.5
酒泉市	**Jiuquan**	**47352.0**	**32465.1**	**8376.4**	**2331.2**	**4179.3**
肃州区	Suzhou	50936.6	35845.9	8272.5	2850.2	3967.9
金塔县	Jinta	44673.1	33799.0	5821.5	838.3	4214.3
瓜州县	Guazhou	42113.7	27355.4	11692.1	1029.7	2036.6
肃北县	Subei	49202.2	40022.7	5149.0	953.9	3076.6
阿克塞	Akesai	50925.2	43020.5	4372.4	1056.3	2476.1
玉门市	Yumen	43871.4	27675.4	11196.3	2260.2	2739.5
敦煌市	Dunhuang	44605.1	27919.9	6296.7	2935.8	7452.7
庆阳市	**Qingyang**	**39878.0**	**29281.2**	**4733.1**	**2663.7**	**3200.1**
西峰区	Xifeng	42359.0	31385.5	2565.7	4890.1	3517.7
庆城县	Qingcheng	39773.1	30569.2	5295.9	1382.1	2525.9
环 县	Huanxian	39470.5	22310.2	9969.8	1470.1	5720.5
华池县	Huachi	40796.6	35061.3	3614.4	489.5	1631.5
合水县	Heshui	38101.8	28000.3	5830.7	893.4	3377.4
正宁县	Zhengning	37776.3	31999.0	3238.8	1863.0	675.6
宁 县	Ningxian	39684.2	29231.4	6264.4	1175.3	3013.0
镇原县	Zhenyuan	38337.8	27151.7	2888.9	4797.1	3500.1
定西市	**Dingxi**	**33035.3**	**25131.1**	**2478.1**	**1666.6**	**3759.5**
安定区	Anding	34878.2	23646.4	2152.2	1867.6	7212.1
通渭县	Tongwei	31132.4	28916.3	635.9	1456.5	123.8

4-9 续表 2 Continued

单位：元/人 (yuan/person)

地 区	Region	可支配收入 Disposable Income	工资性收入 Income from Wages and Salaries	经营净收入 Net Business Income	财产净收入 Net Income from Properties	转移净收入 Net Income from Transfer
陇西县	Longxi	32059.3	25693.0	2793.0	2057.5	1515.8
渭源县	Weiyuan	31988.1	29337.5	714.5	883.2	1053.0
临洮县	Lintao	33053.3	24509.2	2578.1	1299.4	4666.5
漳　县	Zhangxian	31949.8	22875.1	3407.0	1467.2	4200.6
岷　县	Minxian	32317.7	25317.4	4473.7	1852.3	674.3
陇南市	**Longnan**	**31813.0**	**23212.7**	**3181.3**	**2066.8**	**3352.2**
武都区	Wudu	33803.1	25733.4	2816.2	3066.8	2186.7
成　县	Chengxian	31057.1	22624.9	2231.0	977.1	5224.1
文　县	Wenxian	29752.3	20333.7	4304.4	1920.6	3193.6
宕昌县	Tanchang	30309.6	24230.3	1700.7	1872.7	2505.9
康　县	Kangxian	30454.8	26027.4	2034.8	1073.9	1318.7
西和县	Xihe	30798.2	18443.6	4113.8	1476.1	6764.7
礼　县	Lixian	29375.0	24650.1	1170.6	1303.5	2250.8
徽　县	Huixian	30756.3	20787.0	5319.4	1555.2	3094.6
两当县	Liangdang	32299.5	22264.5	5710.3	1805.2	2519.5
临夏州	**Linxia**	**27216.4**	**17076.2**	**3666.2**	**1296.7**	**5177.3**
临夏市	Linxia	28102.1	15829.3	4563.9	1778.2	5930.7
临夏县	Linxia	26972.1	17622.3	6431.3	428.8	2489.7
康乐县	Kangle	27017.1	23573.6	692.0	1861.5	890.0
永靖县	Yongjing	26973.7	17565.1	2159.3	965.4	6284.0
广河县	Guanghe	26053.7	11278.0	5510.4	1064.1	8201.3
和政县	Hezheng	26448.6	15657.5	5293.3	469.9	5027.9
东乡县	Dongxiang	25620.9	21056.9	1783.8	312.5	2467.6
积石山县	Jishishan	26205.4	19859.7	1818.6	331.6	4195.5
甘南州	**Gannan**	**32745.0**	**25867.3**	**4373.0**	**940.7**	**1564.0**
合作市	Hezuo	32876.0	27393.2	3281.7	1406.4	794.6
临潭县	Lintan	32259.0	23934.0	7417.9	457.0	450.1
卓尼县	Zhuoni	32717.0	28497.5	1591.8	517.3	2110.4
舟曲县	Zhouqu	32261.0	28975.2	1274.3	1086.4	925.0
迭部县	Diebu	32200.7	24065.9	1388.9	1667.4	5078.5
玛曲县	Maqu	33881.0	33084.3	232.2	544.8	19.7
碌曲县	Luqu	33577.0	19860.8	11551.0	847.6	1317.5
夏河县	Xiahe	32958.0	21296.8	5420.9	1124.6	5115.7

4-10 各市县城镇居民人均生活消费支出情况(2023)
Per Capita Living Expenditure for Urban Households by City and County(2023)

单位：元/人 (yuan/person)

地区	Region	生活消费支出 Consumption Expenditure	食品烟酒 Food, Tobacco and Liquor	衣着 Clothing and Footwear	居住 Housing	生活用品及服务 Household Equipments, Furnishings and Services	交通通信 Transport and Communications	教育文化娱乐 Education, Culture and Recreation	医疗保健 Health Care and Medical Services	其他用品和服务 Miscellaneous Goods and Services
兰州市	**Lanzhou**	**30980.9**	**9490.1**	**1972.9**	**7860.1**	**2095.2**	**3301.1**	**3449.1**	**2129.3**	**683.1**
城关区	Chengguan	33762.7	10265.1	2048.4	9891.7	2234.7	2822.0	3423.7	2173.0	904.1
七里河	Qilihe	33950.3	10039.5	2131.9	7108.2	2108.2	5088.1	4618.9	2283.2	572.4
西固区	Xigu	32665.7	10322.5	1933.8	8233.0	2320.7	2969.8	3569.5	2721.4	595.0
安宁区	Anning	31655.0	10126.7	2084.8	8529.3	1757.3	3546.2	3378.2	1663.8	568.6
红古区	Honggu	33412.3	8907.1	1972.5	7224.7	5843.9	2409.1	4559.2	2091.0	404.9
永登县	Yongdeng	20872.8	6950.1	1861.2	3161.3	1373.7	3236.6	2349.3	1324.5	616.1
皋兰县	Gaolan	18564.4	5526.6	1298.8	3194.6	980.1	2008.9	2725.1	2365.4	464.9
榆中县	Yuzhong	20031.2	6447.3	1574.0	3968.5	1340.8	2188.9	2255.8	1887.2	368.7
兰州新区	Lanzhou New Area	22305.5	7077.2	1545.7	5380.6	1088.9	2929.8	1388.4	2220.6	674.2
嘉峪关	**Jiayuguan**	**35384.5**	**11052.0**	**2898.5**	**5265.5**	**2337.9**	**6592.5**	**3605.5**	**2548.3**	**1084.2**
金昌市	**Jinchang**	**33465.7**	**9591.7**	**3216.0**	**5155.8**	**2132.7**	**4606.2**	**4491.5**	**2583.1**	**1688.7**
金川区	Jinchuan	37483.9	10922.4	3542.3	5356.2	2507.0	5459.8	5091.5	2315.1	2289.6
永昌县	Yongchang	25217.4	6860.2	2546.2	4744.5	1364.5	2854.1	3259.6	3133.4	455.1
白银市	**Baiyin**	**23924.1**	**7177.7**	**2475.8**	**4961.4**	**1871.5**	**2525.2**	**2694.3**	**1834.2**	**384.0**
白银区	Baiyin	30758.3	9101.8	3325.6	6522.1	2898.5	3470.7	3086.3	1906.7	446.7
平川区	Pingchuan	24707.4	7666.4	2268.3	4973.6	1690.4	2308.3	2645.9	2655.0	499.4
靖远县	Jingyuan	18964.5	5453.6	2501.5	4068.5	1083.9	1453.6	2956.7	1260.4	186.5
会宁县	Huining	17721.8	5630.4	1393.0	3402.5	1284.7	1998.7	1983.4	1746.7	282.4
景泰县	Jingtai	18610.3	5406.2	1941.5	3905.8	975.2	2157.0	2418.9	1361.9	443.7
天水市	**Tianshui**	**18706.7**	**5249.3**	**1456.0**	**4654.0**	**1442.5**	**1855.1**	**1973.1**	**1631.8**	**444.9**
秦州区	Qinzhou	28362.3	7226.4	2215.2	8382.1	2003.6	2811.4	2418.6	2514.4	790.5
麦积区	Maiji	17890.5	4688.7	1146.3	3336.3	1386.5	2167.5	2290.1	2433.8	441.2
清水县	Qingshui	16051.6	4696.7	1389.7	3400.9	1571.6	1605.1	1883.8	1185.8	318.0
秦安县	Qinan	18582.6	5765.3	1325.3	5457.3	1356.1	1635.2	1506.8	1145.4	391.3
甘谷县	Gangu	15250.3	4960.9	1294.8	3471.6	1241.1	1155.7	2066.9	676.4	382.8
武山县	Wushan	11897.5	3628.5	1067.2	2223.3	1047.4	1338.3	1308.3	1164.1	120.4
张川县	Zhangjiachuan	13626.2	3928.4	1188.7	3789.6	944.4	1156.5	1357.3	975.0	286.1
武威市	**Wuwei**	**29753.9**	**8895.6**	**3128.5**	**5470.7**	**1544.7**	**3422.7**	**4382.9**	**2537.4**	**371.4**
凉州区	Liangzhou	31850.9	9485.2	3359.6	6031.3	1418.2	3712.5	4880.8	2687.9	275.5
民勤县	Minqin	27548.8	7997.4	3067.7	4102.2	1237.3	4293.6	4697.6	1753.1	399.9
古浪县	Gulang	21042.2	6171.3	2514.8	3845.3	2411.6	1771.4	1925.1	1481.2	921.6
天祝县	Tianzhu	26531.0	8496.1	2281.7	4613.4	1795.7	2380.7	3260.5	3266.5	436.3

4-10 续表 1 Continued

单位：元/人 (yuan/person)

地 区	Region	生活消费支出 Consumption Expenditure	食品烟酒 Food, Tobacco and Liquor	衣着 Clothing and Footwear	居住 Housing	生活用品及服务 Household Equipments, Furnishings and Services	交通通信 Transport and Communi-cations	教育文化娱乐 Education, Culture and Recreation	医疗保健 Health Care and Medical Services	其他用品和服务 Miscell-aneous Goods and Services
张掖市	**Zhangye**	**27182.0**	**7690.9**	**2183.7**	**4141.0**	**1427.3**	**4288.2**	**3084.7**	**3226.1**	**1140.0**
甘州区	Ganzhou	27889.5	7409.6	1892.0	4215.8	1380.7	4962.4	2955.2	3621.0	1452.9
肃南县	Sunan	36654.0	10717.5	3118.5	4960.6	2811.3	5755.1	5008.4	3209.5	1073.1
民乐县	Minle	27696.4	7657.5	3510.3	5682.5	1589.5	3378.7	3679.9	1746.1	451.7
临泽县	Linze	25402.4	7987.1	1979.4	3488.1	1242.9	4155.8	2674.5	3379.4	495.3
高台县	Gaotai	26647.9	8194.8	2490.8	3808.9	1766.4	2788.3	3218.4	3424.7	955.7
山丹县	Shandan	23918.2	8002.5	2271.3	3213.3	1189.5	2983.2	3132.8	2303.7	822.0
平凉市	**Pingliang**	**22617.4**	**6759.6**	**1818.9**	**5052.1**	**1634.0**	**2541.9**	**2289.6**	**1954.9**	**566.5**
崆峒区	Kongtong	24559.3	7821.8	1720.9	5848.7	1873.4	2497.5	2122.3	2034.2	640.4
泾川县	Jingchuan	18027.2	5008.9	1784.0	3906.4	1575.8	1804.0	1570.0	1941.7	436.4
灵台县	Lingtai	19280.6	5601.5	1295.1	3019.3	1165.2	3509.3	1607.7	2378.5	704.0
崇信县	Chongxin	24836.3	6632.7	1958.8	4281.7	1733.1	3980.8	2200.8	3389.3	659.0
庄浪县	Zhuanglang	21749.8	6013.5	1896.3	5151.5	1428.7	2527.8	3243.3	1078.3	410.4
静宁县	Jingning	21336.9	5720.3	1839.7	4447.2	1472.0	2567.9	3048.0	1748.3	493.5
华亭市	Huating	24556.2	7709.9	2295.6	5685.8	1513.6	2439.9	2356.8	1972.5	582.0
酒泉市	**Jiuquan**	**32776.7**	**9224.6**	**2475.9**	**5446.8**	**2162.0**	**5626.9**	**3756.5**	**3095.1**	**988.7**
肃州区	Suzhou	36251.2	9911.2	2290.3	6742.4	2353.5	7196.8	3712.2	2763.1	1281.8
金塔县	Jinta	30575.4	8386.8	2536.7	4264.5	2084.4	5446.3	4004.5	2978.5	873.8
瓜州县	Guazhou	26438.3	8292.2	2569.8	2998.9	1849.8	3268.2	3835.4	3150.3	473.6
肃北县	Subei	41327.6	11904.3	4426.1	5654.9	3474.5	5459.4	6310.0	2679.0	1419.3
阿克塞	Akesai	35101.8	10542.5	3751.3	5373.9	3345.4	4928.2	3894.2	2406.4	859.9
玉门市	Yumen	26809.3	7841.4	2360.3	4334.6	1743.8	4378.1	2951.7	2341.2	858.1
敦煌市	Dunhuang	32012.1	9009.9	2713.7	5056.9	1979.3	4052.4	3962.9	4530.5	706.6
庆阳市	**Qingyang**	**25426.3**	**7213.9**	**2645.0**	**5463.0**	**1712.2**	**3269.9**	**2392.2**	**2048.5**	**681.7**
西峰区	Xifeng	27653.9	7484.1	2785.4	7859.2	1704.4	3246.6	2328.9	1774.0	471.3
庆城县	Qingcheng	31821.2	8773.4	3298.6	6238.1	2128.1	4946.2	2172.5	3048.3	1216.0
环 县	Huanxian	25605.4	7660.5	2547.6	4660.5	2323.4	3201.1	2179.4	2061.1	971.7
华池县	Huachi	23744.8	7032.7	3049.4	3441.9	2409.0	3141.7	2434.5	1770.7	464.8
合水县	Heshui	21867.2	6279.6	2167.8	4440.0	1264.2	2475.0	2450.1	2078.0	712.6
正宁县	Zhengning	26192.1	7829.1	2924.1	5145.8	1219.5	3327.0	3217.5	2076.8	452.4
宁 县	Ningxian	20226.0	6048.6	2559.9	3396.5	1037.0	2359.4	2575.3	1760.1	489.1
镇原县	Zhenyuan	22583.2	6222.9	1894.4	5023.4	1665.6	3035.7	2177.1	1895.9	668.2
定西市	**Dingxi**	**22405.3**	**6662.7**	**1900.2**	**4706.1**	**1518.7**	**2967.2**	**2522.2**	**1710.2**	**417.9**
安定区	Anding	21579.6	6448.8	1580.9	4959.3	1720.1	1912.1	2783.9	1683.3	491.3
通渭县	Tongwei	22471.4	6402.6	1679.2	4811.7	1304.5	3151.9	2709.4	1922.4	489.7

4-10 续表 2 Continued

单位：元/人 (yuan/person)

地区	Region	生活消费支出 Consumption Expenditure	食品烟酒 Food, Tobacco and Liquor	衣着 Clothing and Footwear	居住 Housing	生活用品及服务 Household Equipments, Furnishings and Services	交通通信 Transport and Communi-cations	教育文化娱乐 Education, Culture and Recreation	医疗保健 Health Care and Medical Services	其他用品和服务 Miscell-aneous Goods and Services
陇西县	Longxi	22635.9	6533.2	1638.0	5375.3	1350.6	4040.2	1987.4	1368.3	342.9
渭源县	Weiyuan	23245.6	7044.5	2805.0	4645.5	1484.7	2194.8	2595.1	1922.6	553.3
临洮县	Lintao	23296.0	7047.4	2004.3	4131.8	1366.9	3606.1	2859.9	1929.9	349.7
漳　县	Zhangxian	19809.4	6027.2	2328.8	3319.2	1571.3	2450.3	1848.4	1932.7	331.6
岷　县	Minxian	23277.4	7007.2	2417.0	4591.4	1722.6	3220.7	2322.5	1593.4	402.7
陇南市	**Longnan**	**23830.6**	**7675.5**	**2007.4**	**4524.0**	**1794.2**	**2657.7**	**2710.9**	**1802.9**	**657.9**
武都区	Wudu	28928.8	9152.5	2278.9	6279.3	2208.5	2609.5	3815.6	1769.6	814.9
成　县	Chengxian	23000.7	7064.5	1829.4	3332.4	1954.3	3441.9	2175.8	2540.4	662.0
文　县	Wenxian	17828.3	6023.4	1574.1	3295.1	1191.3	1841.3	2049.3	1148.7	705.1
宕昌县	Tanchang	17683.4	5411.2	1788.6	4370.4	1403.6	1586.9	1612.8	1210.4	299.4
康　县	Kangxian	22903.4	7195.3	2218.2	4148.1	1533.4	2796.4	2396.6	2040.9	574.4
西和县	Xihe	18401.3	6873.9	1733.1	2979.1	1216.8	1796.0	1677.5	1693.5	431.4
礼　县	Lixian	20255.8	6872.9	1996.0	3817.8	1947.3	1566.6	1883.4	1666.7	505.1
徽　县	Huixian	23200.0	7603.8	2000.7	3522.2	1716.1	3461.9	2476.9	1931.6	486.7
两当县	Liangdang	25630.6	7039.9	2129.5	3443.0	1697.2	6499.4	2113.8	2070.9	636.8
临夏州	**Linxia**	**21044.4**	**5920.4**	**2080.8**	**4272.1**	**1723.8**	**2163.4**	**2398.9**	**1975.6**	**509.4**
临夏市	Linxia	25016.6	6711.9	2512.7	5323.2	1726.7	2456.0	3294.5	2382.4	609.2
临夏县	Linxia	14439.5	4757.9	1752.2	3238.1	1613.5	1266.7	798.8	750.5	262.0
康乐县	Kangle	21439.8	6696.0	2049.5	4376.7	2489.4	2424.5	1357.6	1696.9	349.2
永靖县	Yongjing	16535.9	5447.9	1352.0	3450.2	1102.7	1599.0	1620.9	1613.5	349.7
广河县	Guanghe	14421.1	3911.9	1617.1	2990.1	1522.3	2271.0	487.7	1270.6	350.6
和政县	Hezheng	22643.0	6495.9	2381.4	4104.7	4186.4	2727.2	1232.1	1380.3	135.0
东乡县	Dongxiang	17948.2	4919.6	1741.7	2762.5	1650.0	1449.0	2718.0	2117.6	589.9
积石山县	Jishishan	19974.8	5376.8	1898.7	3176.7	1992.1	2808.1	2282.3	1618.2	822.0
甘南州	**Gannan**	**26474.1**	**9271.3**	**2983.4**	**5093.4**	**1993.9**	**3146.2**	**1833.1**	**1505.7**	**647.0**
合作市	Hezuo	34062.1	11415.6	4489.7	7592.8	2398.1	3609.1	2380.5	1499.3	676.9
临潭县	Lintan	18549.3	6536.2	1794.4	3639.1	1561.5	2299.8	1311.5	1032.4	374.5
卓尼县	Zhuoni	29840.8	11890.9	3410.4	4480.3	1722.9	2965.9	1798.2	2569.6	1002.8
舟曲县	Zhouqu	23602.8	8009.0	2540.1	4159.9	2322.4	3245.3	1600.2	1091.9	634.0
迭部县	Diebu	28877.8	9931.2	3147.7	5046.9	2331.5	2477.9	2978.1	1792.7	1171.9
玛曲县	Maqu	26649.0	8424.2	3517.5	4480.4	2998.4	2795.4	2223.8	1146.3	1063.0
碌曲县	Luqu	32789.3	12034.4	3148.2	4158.0	1943.0	5804.8	2591.6	2411.4	697.9
夏河县	Xiahe	19905.0	6929.3	1693.0	5122.1	1302.7	2301.9	938.1	1255.2	362.7

4-11 各市县农村居民人均可支配收入情况(2023)
Basic Statistics of Disposable Income for Rural Households by City and County(2023)

单位：元/人 (yuan/person)

地　区	Region	可支配收入 Disposable Income	工资性收入 Income from Wages and Salaries	经营净收入 Net Business Income	财产净收入 Net Income from Properties	转移净收入 Net Income from Transfer
兰州市	**Lanzhou**	**18604.2**	**9669.5**	**5865.3**	**389.2**	**2680.1**
城关区	Chengguan	36147.0	17763.2	537.5	10671.2	7175.1
七里河	Qilihe	27678.5	13318.2	11454.5	218.5	2687.2
西固区	Xigu	27496.0	17217.3	4725.1	549.0	5004.5
安宁区	Anning					
红古区	Honggu	28940.0	11574.4	12150.2	297.1	4918.3
永登县	Yongdeng	16238.0	6057.1	6166.3	34.9	3979.7
皋兰县	Gaolan	16223.0	8878.6	6217.9	72.2	1054.3
榆中县	Yuzhong	16021.1	7616.9	6186.6	84.2	2133.4
兰州新区	Lanzhou New Area	16823.0	14568.4	345.8	362.2	1546.5
嘉峪关	**Jiayuguan**	**28518.0**	**14483.6**	**12446.9**	**1372.5**	**215.0**
金昌市	**Jinchang**	**21258.0**	**7197.4**	**10696.1**	**1754.8**	**1609.8**
金川区	Jinchuan	26468.0	9435.5	12327.0	3943.1	762.4
永昌县	Yongchang	19794.1	6568.5	10237.8	1139.9	1847.9
白银市	**Baiyin**	**13752.0**	**5417.8**	**6719.4**	**128.5**	**1486.2**
白银区	Baiyin	21740.4	4989.9	16336.8	216.2	197.6
平川区	Pingchuan	14768.9	6456.3	6297.6	78.6	1936.4
靖远县	Jingyuan	14480.6	4925.4	8414.5	156.8	983.8
会宁县	Huining	11364.7	5441.4	4124.4	124.5	1674.3
景泰县	Jingtai	16342.5	6099.6	7882.5	69.7	2290.7
天水市	**Tianshui**	**11520.0**	**3556.4**	**3409.2**	**189.9**	**4364.5**
秦州区	Qinzhou	13306.5	4633.6	4085.9	577.8	4009.1
麦积区	Maiji	11578.3	4397.3	3571.3	494.4	3115.3
清水县	Qingshui	10488.8	3404.0	1431.9	42.6	5610.3
秦安县	Qinan	11740.1	3030.5	4909.4	68.3	3732.0
甘谷县	Gangu	11519.9	3335.4	4163.4	122.5	3898.6
武山县	Wushan	12027.8	3809.2	2869.7	94.7	5254.2
张川县	Zhangjiachuan	10390.2	2691.2	2503.9	17.9	5177.2
武威市	**Wuwei**	**17266.0**	**4927.5**	**10058.5**	**235.1**	**2044.9**
凉州区	Liangzhou	21055.0	6142.1	11768.6	350.8	2793.5
民勤县	Minqin	19785.8	3621.9	14266.8	106.1	1791.0
古浪县	Gulang	10495.5	3884.2	5597.7	155.0	858.6
天祝县	Tianzhu	11419.4	3811.3	5621.0	80.1	1907.0

4-11 续表 1 Continued

单位：元/人 (yuan/person)

地 区	Region	可支配收入 Disposable Income	工资性收入 Income from Wages and Salaries	经营净收入 Net Business Income	财产净收入 Net Income from Properties	转移净收入 Net Income from Transfer
张掖市	**Zhangye**	**20400.0**	**7515.5**	**10490.2**	**509.1**	**1885.2**
甘州区	Ganzhou	21574.2	8690.2	10163.7	424.6	2295.8
肃南县	Sunan	25276.5	1820.2	17978.4	177.2	5300.8
民乐县	Minle	17552.7	6057.4	8876.7	970.4	1648.2
临泽县	Linze	21885.6	4903.6	15662.1	92.1	1227.8
高台县	Gaotai	20608.2	9486.1	9723.6	336.6	1061.9
山丹县	Shandan	19609.3	8336.1	9588.2	390.8	1294.3
平凉市	**Pingliang**	**12503.0**	**4041.9**	**4494.6**	**101.5**	**3865.0**
崆峒区	Kongtong	15599.0	6188.8	5271.9	41.4	4096.9
泾川县	Jingchuan	14594.0	3598.9	5663.0	38.7	5293.3
灵台县	Lingtai	12474.0	6167.6	3574.5	132.1	2599.8
崇信县	Chongxin	12184.0	6945.6	1998.9	250.0	2989.5
庄浪县	Zhuanglang	10309.0	2292.4	3812.5	200.9	4003.3
静宁县	Jingning	11468.0	2170.8	5518.3	2.1	3776.8
华亭市	Huating	13285.0	7721.6	2587.6	181.9	2793.9
酒泉市	**Jiuquan**	**25405.0**	**7129.1**	**15916.7**	**202.7**	**2156.5**
肃州区	Suzhou	25119.2	6723.4	16442.7	242.5	1710.6
金塔县	Jinta	25787.8	9646.1	14254.6	205.2	1681.9
瓜州县	Guazhou	24810.8	4503.7	17221.1	31.6	3054.4
肃北县	Subei	36555.1	3841.0	12902.0	194.5	19617.5
阿克塞	Akesai	39406.6	7960.6	20639.1	314.1	10492.7
玉门市	Yumen	25450.3	6822.0	16941.1	74.4	1612.7
敦煌市	Dunhuang	25575.5	11642.3	12716.8	481.0	735.4
庆阳市	**Qingyang**	**13246.0**	**4564.0**	**5152.2**	**248.9**	**3280.9**
西峰区	Xifeng	14857.5	7161.4	5061.5	1045.0	1589.6
庆城县	Qingcheng	12842.9	5512.6	4785.2	220.5	2324.6
环 县	Huanxian	12868.4	4029.1	5423.6	309.3	3106.3
华池县	Huachi	12819.4	5996.2	4894.1	79.2	1849.9
合水县	Heshui	13101.9	4716.8	5979.7	56.7	2348.7
正宁县	Zhengning	14219.1	3877.5	6956.2	285.1	3100.3
宁 县	Ningxian	13188.9	3228.8	4878.3	72.1	5009.7
镇原县	Zhenyuan	12912.0	4337.1	4645.6	124.3	3805.0
定西市	**Dingxi**	**11228.4**	**3088.4**	**5325.6**	**226.2**	**2588.1**
安定区	Anding	11731.3	3113.6	5126.8	218.5	3272.4
通渭县	Tongwei	10123.1	2089.5	4265.0	107.4	3661.2

4-11 续表 2 Continued

单位：元/人 (yuan/person)

地 区	Region	可支配收入 Disposable Income	工资性收入 Income from Wages and Salaries	经营净收入 Net Business Income	财产净收入 Net Income from Properties	转移净收入 Net Income from Transfer
陇西县	Longxi	12465.5	5420.6	4516.5	168.9	2359.4
渭源县	Weiyuan	11183.0	1772.6	6230.3	524.3	2655.8
临洮县	Lintao	11808.2	2831.4	6738.8	67.3	2170.8
漳 县	Zhangxian	10575.4	2948.5	4168.5	132.4	3326.0
岷 县	Minxian	10609.9	3409.6	5332.5	356.8	1511.0
陇南市	**Longnan**	**10854.0**	**4325.1**	**3362.7**	**99.8**	**3066.4**
武都区	Wudu	11451.0	4623.3	4080.1	55.4	2692.2
成 县	Chengxian	12980.9	7611.5	3238.8	73.9	2056.7
文 县	Wenxian	10014.8	3650.1	3656.0	89.4	2619.4
宕昌县	Tanchang	10077.6	5063.5	3517.3	221.8	1275.0
康 县	Kangxian	10103.9	3557.0	2685.9	105.1	3755.8
西和县	Xihe	10189.2	2890.0	2387.2	19.5	4892.4
礼 县	Lixian	10204.5	2910.7	2792.6	129.9	4371.2
徽 县	Huixian	13028.8	7120.9	3833.6	98.6	1975.7
两当县	Liangdang	9968.1	2662.0	5126.6	196.1	1983.5
临夏州	**Linxia**	**10446.1**	**3332.6**	**4200.8**	**156.6**	**2756.0**
临夏市	Linxia	20370.9	10694.5	6113.7	1030.1	2532.6
临夏县	Linxia	11032.7	4331.7	4369.4	196.7	2134.8
康乐县	Kangle	10701.2	1680.1	5410.2	164.9	3446.1
永靖县	Yongjing	10389.6	3517.2	4377.7	90.7	2404.1
广河县	Guanghe	11454.9	3432.3	4418.9	70.6	3533.0
和政县	Hezheng	9911.8	3447.0	3607.1	162.5	2695.2
东乡县	Dongxiang	8388.1	2081.4	3855.7	40.1	2410.8
积石山县	Jishishan	8928.6	2569.1	3023.3	94.6	3241.5
甘南州	**Gannan**	**11765.0**	**5263.6**	**4899.6**	**114.9**	**1486.9**
合作市	Hezuo	11900.3	7580.8	3582.0	8.1	729.3
临潭县	Lintan	11311.6	6206.5	3133.8	18.4	1952.9
卓尼县	Zhuoni	11580.3	3146.1	7938.9	35.8	459.5
舟曲县	Zhouqu	11383.5	7262.6	2667.7	39.4	1413.9
迭部县	Diebu	11263.0	5303.9	4491.4	114.1	1353.5
玛曲县	Maqu	14095.0	129.6	10413.8	36.6	3515.0
碌曲县	Luqu	13885.3	1789.9	8764.2	822.6	2508.5
夏河县	Xiahe	11777.2	3245.7	6203.0	473.0	1855.5

4-12 各市县农村居民人均生活消费支出情况(2023)
Per Capita Living Expenditure for Rural Households by City and County(2023)

单位：元/人 (yuan/person)

地 区	Region	生活消费支出 Consumption Expenditure	食品烟酒 Food, Tobacco and Liquor	衣着 Clothing and Footwear	居住 Housing	生活用品及服务 Household Equipments, Furnishings and Services	交通通信 Transport and Communica-tions	教育文化娱乐 Education, Culture and Recreation	医疗保健 Health Care and Medical Services	其他用品和服务 Miscell-aneous Goods and Services
兰州市	**Lanzhou**	**14247.3**	**4629.5**	**860.7**	**2849.0**	**691.2**	**1873.9**	**1717.5**	**1332.0**	**293.4**
城关区	Chengguan	29034.6	6630.7	1274.6	11774.9	894.7	2790.3	2849.6	2477.4	342.5
七里河	Qilihe	18201.2	5933.8	1055.7	3582.0	1023.9	2104.1	2158.2	1353.1	990.4
西固区	Xigu	22688.7	6282.1	1681.6	7128.9	1301.9	1728.1	2362.7	1477.8	725.5
安宁区	Anning									
红古区	Honggu	17719.2	7064.1	947.1	3365.4	1166.9	1705.0	1662.4	1443.4	364.8
永登县	Yongdeng	13342.3	4119.6	935.4	2219.8	563.7	2669.6	1557.4	1079.5	197.1
皋兰县	Gaolan	10216.8	3512.5	619.3	2017.2	505.7	1074.8	1148.4	977.4	361.5
榆中县	Yuzhong	12390.7	4054.9	613.3	2122.5	595.0	1548.6	1835.0	1466.4	155.0
兰州新区	Lanzhou New Area	14924.5	5232.2	1193.2	3140.4	698.6	2002.8	1265.5	1163.2	228.8
嘉峪关	**Jiayuguan**	**20058.7**	**5833.2**	**1435.5**	**3392.3**	**849.9**	**3791.5**	**2978.9**	**1394.9**	**382.4**
金昌市	**Jinchang**	**15697.1**	**4879.4**	**972.5**	**2434.4**	**744.2**	**2523.2**	**2186.6**	**1622.9**	**334.0**
金川区	Jinchuan	19909.1	5468.4	1116.8	2987.0	660.7	4055.5	2629.3	2375.7	615.7
永昌县	Yongchang	14513.7	4713.9	931.9	2279.2	767.7	2092.6	2062.2	1411.4	254.8
白银市	**Baiyin**	**10083.7**	**3171.9**	**560.0**	**2152.9**	**490.0**	**1293.3**	**1233.9**	**992.0**	**189.7**
白银区	Baiyin	12667.7	4036.7	681.6	2975.4	697.8	1198.0	1547.7	975.1	555.5
平川区	Pingchuan	12569.2	3990.6	628.4	3074.1	763.3	1132.0	1185.5	1727.5	67.8
靖远县	Jingyuan	10600.2	3048.7	649.3	2414.1	543.4	1655.2	1102.8	923.2	263.4
会宁县	Huining	8773.1	2948.1	376.4	1877.5	365.7	945.9	1197.7	951.6	110.1
景泰县	Jingtai	10815.7	3431.6	862.8	1621.7	541.4	1683.1	1578.6	888.6	208.0
天水市	**Tianshui**	**12113.6**	**3763.9**	**721.6**	**2619.8**	**848.5**	**1344.9**	**1328.4**	**1265.7**	**220.8**
秦州区	Qinzhou	12519.9	3662.0	1013.6	2508.4	753.9	1477.8	1507.2	1416.6	180.4
麦积区	Maiji	14087.7	3889.6	749.3	2931.6	902.7	2070.2	1814.3	1554.1	175.9
清水县	Qingshui	11865.1	3549.4	725.7	2511.1	1051.2	1188.0	1014.1	1593.9	231.7
秦安县	Qinan	11408.9	3689.1	491.1	2405.0	899.8	1224.6	1622.9	915.6	160.9
甘谷县	Gangu	12195.5	4485.5	696.9	2552.1	869.3	1053.3	1287.8	1018.0	232.5
武山县	Wushan	11021.2	3250.8	790.8	2027.1	623.8	1398.1	1663.0	1066.7	200.9
张川县	Zhangjiachuan	11690.4	3566.2	686.8	3294.3	756.4	1151.9	505.9	1374.2	354.7
武威市	**Wuwei**	**14690.4**	**4620.6**	**882.8**	**2559.1**	**661.4**	**2049.0**	**2324.6**	**1405.9**	**186.9**
凉州区	Liangzhou	16661.6	5650.5	924.6	2720.8	539.6	2236.8	2767.7	1718.9	102.6
民勤县	Minqin	18307.4	5247.4	1077.2	2257.4	970.5	3107.3	3144.3	1914.8	588.5
古浪县	Gulang	9820.0	2612.1	763.9	2749.0	744.9	1167.0	1057.2	654.5	71.3
天祝县	Tianzhu	11176.6	3649.5	624.6	1675.4	488.2	1569.7	2039.0	910.6	219.6

4-12 续表 1 Continued

单位：元/人 (yuan/person)

地区	Region	生活消费支出 Consumption Expenditure	食品烟酒 Food, Tobacco and Liquor	衣着 Clothing and Footwear	居住 Housing	生活用品及服务 Household Equipments, Furnishings and Services	交通通信 Transport and Communications	教育文化娱乐 Education, Culture and Recreation	医疗保健 Health Care and Medical Services	其他用品和服务 Miscellaneous Goods and Services
张掖市	**Zhangye**	**18123.4**	**5625.4**	**1099.9**	**2907.0**	**792.3**	**2653.3**	**2137.7**	**2316.5**	**591.2**
甘州区	Ganzhou	18202.9	5814.1	977.6	2880.5	720.7	2604.1	1629.5	2705.7	870.8
肃南县	Sunan	24128.8	7524.5	1899.0	2878.6	1438.1	5023.8	2963.2	1998.7	402.8
民乐县	Minle	17480.1	5230.6	1151.5	3070.9	711.6	2694.0	2512.8	1786.9	321.8
临泽县	Linze	18264.7	5443.1	1051.3	2911.3	887.3	2774.9	2244.8	2514.7	437.4
高台县	Gaotai	18633.7	6069.3	1240.9	2671.4	1230.3	2319.1	2907.3	1672.3	523.2
山丹县	Shandan	17177.5	5078.6	1173.5	2847.5	612.2	2338.0	2257.2	2502.7	367.9
平凉市	**Pingliang**	**12241.4**	**3560.4**	**645.8**	**2549.9**	**669.9**	**1632.5**	**1284.1**	**1638.3**	**260.5**
崆峒区	Kongtong	12972.3	3981.3	672.3	2458.3	717.5	1703.4	1402.2	1911.8	125.6
泾川县	Jingchuan	12775.3	3690.4	659.1	2957.9	666.1	1560.7	1288.1	1806.5	146.5
灵台县	Lingtai	9058.6	3029.6	485.9	1955.8	405.8	1093.2	328.7	1660.7	98.8
崇信县	Chongxin	11185.0	3135.3	821.1	2525.5	612.3	1349.0	921.9	1663.6	156.3
庄浪县	Zhuanglang	12569.0	3850.2	654.4	2440.6	739.0	1467.9	1591.5	1292.5	532.8
静宁县	Jingning	12399.6	3180.2	607.8	2673.1	708.1	2075.6	1290.1	1659.3	205.4
华亭市	Huating	13001.8	3625.1	749.7	2820.3	587.4	1653.2	1446.4	1843.6	276.1
酒泉市	**Jiuquan**	**18446.2**	**5260.2**	**961.7**	**3648.2**	**800.9**	**3215.0**	**2092.2**	**2087.3**	**380.8**
肃州区	Suzhou	21218.6	5842.4	930.1	4873.9	810.6	3738.5	2034.5	2557.0	431.8
金塔县	Jinta	16963.0	5217.2	1069.8	2430.9	667.6	3307.4	1991.5	1881.4	397.4
瓜州县	Guazhou	14229.4	4236.4	745.2	2204.5	778.2	2687.0	1615.7	1701.0	261.2
肃北县	Subei	29972.7	8310.2	1875.1	4054.0	2377.2	4583.5	5679.1	1160.7	1932.9
阿克塞	Akesai	30685.4	9681.3	2294.7	7147.5	1708.4	3995.8	3351.9	2022.3	483.4
玉门市	Yumen	14797.8	4436.9	879.0	3067.0	643.9	2180.8	1795.6	1584.5	210.1
敦煌市	Dunhuang	19859.4	5521.3	1304.0	3735.2	856.8	3056.9	3047.8	1950.9	386.5
庆阳市	**Qingyang**	**11234.6**	**3539.8**	**748.1**	**2248.1**	**633.6**	**1488.3**	**1243.8**	**1145.7**	**187.2**
西峰区	Xifeng	13954.7	4385.2	1145.1	2847.8	807.4	1982.0	1276.0	1264.3	246.9
庆城县	Qingcheng	12579.6	3297.9	747.1	2453.6	630.5	2213.7	1718.9	1279.8	238.1
环　县	Huanxian	10316.5	3590.5	659.5	2022.0	520.5	1458.3	1398.6	564.6	102.4
华池县	Huachi	9352.1	3151.3	595.9	1413.0	541.2	1547.0	958.4	949.9	195.4
合水县	Heshui	10937.6	3669.0	726.4	2517.0	674.1	1342.8	685.9	1173.1	149.3
正宁县	Zhengning	9788.0	3169.3	684.0	2129.0	686.1	1050.2	992.5	978.9	97.9
宁　县	Ningxian	10327.8	3543.3	859.6	2013.2	565.0	1016.2	1017.3	1145.0	168.2
镇原县	Zhenyuan	11971.9	3432.0	600.9	2454.2	703.3	1533.9	1426.1	1565.8	255.7
定西市	**Dingxi**	**10819.0**	**3625.8**	**598.0**	**2130.6**	**603.8**	**1343.8**	**1175.1**	**1195.5**	**146.5**
安定区	Anding	10174.4	3848.9	495.3	1878.4	379.2	1371.2	917.0	1144.5	140.0
通渭县	Tongwei	11240.6	3261.9	304.7	1747.7	578.3	919.7	2315.9	1918.2	194.3

4-12 续表 2 Continued

单位：元/人 (yuan/person)

地　区	Region	生活消费支出 Consumption Expenditure	食品烟酒 Food, Tobacco and Liquor	衣着 Clothing and Footwear	居住 Housing	生活用品及服务 Household Equipments, Furnishings and Services	交通通信 Transport and Communications	教育文化娱乐 Education, Culture and Recreation	医疗保健 Health Care and Medical Services	其他用品和服务 Miscellaneous Goods and Services
陇西县	Longxi	11950.6	4058.1	690.0	3120.6	678.9	1382.0	1084.4	779.9	156.6
渭源县	Weiyuan	10772.2	3580.8	657.7	1872.8	663.0	1572.2	1372.0	899.6	154.2
临洮县	Lintao	10944.7	3673.5	602.9	1826.3	466.0	1515.6	948.6	1726.2	185.5
漳　县	Zhangxian	10432.5	3423.1	711.5	2025.5	630.6	1026.6	1074.4	1415.1	125.7
岷　县	Minxian	10204.8	3517.7	751.5	2424.2	811.6	1434.7	642.7	551.0	71.5
陇南市	**Longnan**	**12229.5**	**4222.4**	**907.4**	**2333.6**	**792.8**	**1524.0**	**1097.4**	**1176.9**	**175.0**
武都区	Wudu	13845.8	4411.3	970.2	2463.9	985.0	1900.0	1663.6	1264.3	187.4
成　县	Chengxian	12499.9	4213.5	1076.3	2098.9	838.3	1672.5	1244.0	1147.6	208.9
文　县	Wenxian	12630.5	4316.0	744.4	2431.2	785.8	1424.3	1005.3	1616.2	307.4
宕昌县	Tanchang	10236.4	4161.7	722.1	2253.2	508.8	1111.7	603.9	766.6	108.5
康　县	Kangxian	12744.9	3596.9	1033.5	2762.4	904.6	1758.7	1148.1	1386.9	154.0
西和县	Xihe	13388.2	4935.8	1052.5	2544.7	799.5	1553.4	906.5	1399.6	196.3
礼　县	Lixian	9938.8	3716.1	719.2	1938.6	565.8	1142.3	775.4	943.5	137.9
徽　县	Huixian	12618.2	4178.3	1106.6	2319.2	998.1	1555.2	1115.0	1156.5	189.4
两当县	Liangdang	12193.2	4179.4	838.0	1761.5	897.6	1726.7	1099.5	1501.7	188.9
临夏州	**Linxia**	**9065.7**	**2925.1**	**696.7**	**2107.9**	**815.7**	**919.1**	**467.7**	**1027.0**	**106.7**
临夏市	Linxia	15835.3	4583.3	1145.4	3845.9	1172.1	1887.8	925.4	2101.9	173.3
临夏县	Linxia	9899.6	3331.0	799.9	2519.6	710.9	981.2	509.3	959.5	88.2
康乐县	Kangle	10065.4	3071.0	748.2	2394.5	857.7	937.1	462.2	1525.1	69.7
永靖县	Yongjing	9909.6	3395.5	585.2	2319.6	679.5	1293.7	873.0	656.9	106.1
广河县	Guanghe	9707.9	3043.8	919.3	2469.1	869.3	979.0	312.8	1029.7	84.9
和政县	Hezheng	9279.6	2825.9	773.3	1886.8	1125.3	1039.3	360.5	1214.7	53.8
东乡县	Dongxiang	6545.0	2091.2	454.7	1391.7	885.2	582.5	213.6	806.0	120.2
积石山县	Jishishan	7017.2	2439.0	488.3	1392.7	581.4	630.2	567.6	725.7	192.5
甘南州	**Gannan**	**9471.5**	**3838.5**	**728.0**	**2300.4**	**560.6**	**1025.1**	**487.4**	**353.7**	**177.6**
合作市	Hezuo	9670.9	3837.0	872.1	2368.6	537.4	1179.2	350.7	388.5	137.3
临潭县	Lintan	10102.9	3865.0	980.5	2981.5	857.7	958.2	176.6	246.6	36.9
卓尼县	Zhuoni	8497.6	3445.5	682.9	2106.2	576.1	690.3	374.3	366.4	255.8
舟曲县	Zhouqu	8704.9	3678.1	409.0	2283.9	226.4	903.7	805.4	344.1	54.4
迭部县	Diebu	9072.8	3833.1	539.8	2650.7	468.6	640.1	252.6	441.9	246.1
玛曲县	Maqu	13248.8	5697.8	1352.7	1000.5	1082.9	2140.1	674.8	523.6	776.4
碌曲县	Luqu	10048.6	3897.1	706.0	1533.5	858.7	1528.3	892.3	446.2	186.5
夏河县	Xiahe	9724.5	3744.0	904.3	2365.9	677.8	1193.1	271.7	298.8	268.9

4-13 城镇居民人均主要食品消费量
Per Capita Consumption of Major Foods of Urban Households

单位：千克 (kg)

指标	Item	2023	2022
粮食消费量	**Grain**	**112.65**	**136.7**
小麦	Wheat	76.29	92.0
稻谷	Rice	17.92	22.9
玉米	Corn	2.73	3.2
薯类消费量	Tuber	4.38	4.8
豆类消费量	Beans and Products	7.64	9.6
油脂类消费量	**Grease**	**9.84**	**10.1**
植物油	Vegetable Oil	9.80	10.1
动物油	Animal Oil	0.04	0.1
蔬菜及菜制品消费量	**Vegetables and Processed Products**	**98.30**	**111.4**
肉类	**Meat and Products**	**28.49**	**27.6**
猪肉	Pork	18.19	18.6
牛肉	Beef	3.25	2.6
羊肉	Mutton	3.18	2.8
其他肉类及制品	Others	3.87	3.6
禽类	**Poultry**	**5.69**	**6.2**
水产品	**Aquatic Products**	**5.03**	**4.9**
蛋类及蛋制品	**Eggs and Processed Products**	**11.24**	**13.3**
奶和奶制品	**Milk and Dairy Products**	**18.14**	**24.7**
鲜瓜果	**Dried and Fresh Melons and Fruits**	**72.75**	**72.9**
食糖	**Confection and Pastry**	**1.02**	

4-14 农村居民主要食品消费量
Per Capita Consumption of Major Foods of Rural Households

单位：千克 (kg)

指　标	Item	2023	2022
粮食消费量	**Grain**	**158.27**	**164.8**
小麦	Wheat	124.65	127.8
稻谷	Rice	16.47	16.5
玉米	Corn	2.18	5.9
薯类消费量	Tuber	6.07	6.5
豆类消费量	Beans and Products	6.00	5.8
油脂类消费量	**Grease**	**10.27**	**10.2**
植物油	Vegetable Oil	10.21	10.1
动物油	Animal Oil	0.06	0.1
蔬菜及菜制品消费量	**Vegetables and Processed Products**	**78.40**	**67.3**
肉类	**Meat and Products**	**22.18**	**20.8**
猪肉	Pork	17.71	16.9
牛肉	Beef	1.05	0.8
羊肉	Mutton	1.74	1.8
其他肉类及制品	Others	1.68	1.2
禽类	**Poultry**	**4.87**	**5.2**
水产品	**Aquatic Products**	**1.45**	**1.2**
蛋类及蛋制品	**Eggs and Processed Products**	**8.10**	**7.9**
奶和奶制品	**Milk and Dairy Products**	**6.45**	**6.9**
鲜瓜果	**Dried and Fresh Melons and Fruits**	**43.52**	**35.1**
糖果糕点类(食糖)	**Confection and Pastry**	**1.60**	

4-15 城镇居民平均每百户年末主要耐用消费品拥有量
Main Durable Goods Owned Per 100 Urban Households

指　标		Item		2017	2018	2019	2020	2021	2022	2023
家用汽车	(辆)	Automobile	(unit)	26.9	30.0	28.4	34.0	39.6	42.1	47.2
摩托车	(辆)	Motorcycle	(unit)	17.5	12.6	10.9	17.5	9.6	9.7	10.4
电冰箱(柜)	(台)	Refrigerator	(set)	97.3	97.6	98.1	97.3	99.3	99.8	98.8
洗衣机	(台)	Washing Machine	(set)	101.2	99.8	101.3	101.9	100.4	100.2	101.0
热水器	(台)	Water Heater	(set)	77.9	82.6	83.9	84.2	82.2	82.6	81.9
太阳能热水器	(台)	Solar Water Heating	(set)	42.9	34.6					
空调	(台)	Air Conditioner	(set)	12.7	13.8	15.9	12.2	16.0	16.5	20.9
彩色电视机	(台)	Color TV Set	(set)	106.0	102.2	103.8	105.3	101.5	101.8	98.7
照相机	(台)	Camera	(set)	26.5	20.5	18.6	13.1	13.2	13.3	9.3
计算机	(台)	Computer	(set)	70.8	59.6	60.9	59.6	57.9	57.4	55.7
中高档乐器(乐器)	(架)	Secondary and Top Grade Musical Instrument	(set)	5.4	10.7	11.1	9.3		9.2	10.6
固定电话	(线)	Telephone	(set)	48.1	24.9	18.2	10.0		8.0	4.4
移动电话	(部)	Mobile Phone	(set)	240.1	246.1	243.2	266.4	246.3	248.1	248.2
接入互联网的移动电话	(部)	Internet Mobile Phone	(set)	151.8	183.1	191.1	246.0			

4-16 农村居民平均每百户年末主要耐用消费品拥有量
Main Durable Goods Owned Per 100 Rural Households

指　标		Item		2017	2018	2019	2020	2021	2022	2023
家用汽车	(辆)	Automobile	(unit)	14.0	20.9	21.6	24.6	27.9	31.5	38.0
摩托车	(辆)	Motorcycle	(unit)	79.7	60.0	63.8	58.4	51.2	51.7	39.3
电冰箱(柜)	(台)	Refrigerator	(set)	71.1	84.4	84.0	86.2	87.5	88.8	94.1
洗衣机	(台)	Washing Machine	(set)	92.1	96.9	93.3	98.0	97.9	98.1	98.1
热水器	(台)	Water Heater	(set)	26.4	35.3	34.5	41.1	38.1	39.9	45.4
太阳能热水器	(台)	solar water heating	(set)	23.1	28.5					
空调	(台)	Air Conditioner	(set)	0.9	1.9	2.3	2.2	3.3	4.1	5.6
彩色电视机	(台)	Color TV Set	(set)	109.0	111.6	109.2	111.4	109.6	109.5	98.0
照相机	(台)	Camera	(set)	1.4	1.8	1.8	1.8	1.6	1.6	1.1
计算机	(台)	Computer	(set)	16.8	21.2	17.9	22.5	21.0	21.5	18.4
中高档乐器(乐器)	(架)	Secondary and Top Grade Musical Instrument	(set)	0.6	0.6	0.9	0.9	0.7	0.5	2.2
固定电话	(线)	Telephone	(set)	19.0	5.6	4.3	2.5		2.7	
移动电话	(部)	Mobile Phone	(set)	268.7	300.8	302.5	309.9	303.4	306.0	315.3
接入互联网的移动电话	(部)	Internet Mobile Phone	(set)	112.5	215.9	227.2	274.8			

主要指标解释

从2012年四季度起，国家统计局对分别进行的城乡住户调查实施了一体化改革，规范了城乡划分范围，统一了城乡居民收入指标名称、分类和统计标准，建立了城乡统一的一体化住户调查，并据此采集全国居民有关数据。1978-2012年的数据，根据国家统计局城镇住户调查和农村住户调查的历史数据，按照住户收支与生活状况调查可比口径推算得到。

一、居民可支配收入

居民可支配收入指居民可用于最终消费支出和储蓄的总和，即居民可用于自由支配的收入。既包括现金收入，也包括实物收入。按照收入的来源，可支配收入包含四项，分别为：工资性收入、经营净收入、财产净收入和转移净收入。

工资性收入 指就业人员通过各种途径得到的全部劳动报酬和各种福利，包括受雇于单位或个人、从事各种自由职业、兼职和零星劳动得到的全部劳动报酬和福利。

经营净收入 指住户或住户成员从事生产经营活动所获得的净收入，是全部经营收入中扣除经营费用、生产性固定资产折旧和生产税之后得到的净收入。计算公式为：

经营净收入=经营收入-经营费用-生产性固定资产折旧-生产税

财产净收入 指住户或住户成员将其所拥有的金融资产、住房等非金融资产和自然资源交由其他机构单位、住户或个人支配而获得的回报并扣除相关的费用之后得到的净收入。财产净收入包括利息净收入、红利收入、储蓄性保险净收益、转让承包土地经营权租金净收入、出租房屋净收入、出租其他资产净收入和自有住房折算净租金等。财产净收入不包括转让资产所有权的溢价所得。

转移净收入 计算公式为：转移净收入=转移性收入-转移性支出

转移性收入 指国家、单位、社会团体对住户的各种经常性转移支付和住户之间的经常性收入转移。包括养老金或退休金、社会救济和补助、政策性生产补贴、政策性生活补贴、经常性捐赠和赔偿、报销医疗费、住户之间的赡养收入，本住户非常住成员寄回带回的收入等。转移性收入不包括住户之间的实物馈赠。

转移性支出 指调查户对国家、单位、住户或个人的经常性或义务性转移支付。包括缴纳的税款、各项社会保障支出、赡养支出、经常性捐赠和赔偿支出以及其他经常转移支出等。

根据住户收支与生活状况调查，分城镇和农村的居民人均可支配收入等数据的覆盖人群主要变化：一是计算城镇居民人均可支配收入时分母包括了在城镇地区常住的农民工，计算农村居民人均可支配收入时分母不包括在城镇地区常住的农民工；二是由本户供养的在外大学生视为常住人口。

二、居民消费支出

居民消费支出是指居民用于满足家庭日常生活消费需要的全部支出，既包括现金消费支出，也包括实物消费支出。消费支出可划分为食品烟酒、衣着、居住、生活用品及服务、交通通信、教育文化娱乐、医疗保健以及其他用品及服务八大类。

食品烟酒 指用于各种食品和烟草、酒类的支出。

衣着 指与居民穿着有关的支出，包括服装、服装材料、鞋类、其他衣类及配件、衣着相关加工服务的支出。

居住 指与居住有关的支出，包括房租、水、电、燃料、物业管理等方面的支出，也包括自有住房折算租金。

生活用品及服务 指家庭及个人的各类生活品及家庭服务。包括家具及室内装饰品、家用器具、家用纺织品、家庭日用杂品、个人用品和家庭服务。

交通通信 指用于交通和通信工具及相关的各种服务费、维修费和车辆保险等支出。

教育文化娱乐 指用于教育、文化和娱乐方面的支出。

医疗保健 指用于医疗和保健的药品、用品和服务的总费用。包括医疗器具及药品，以及医疗服务。

其他用品及服务　指无法直接归入上述各类支出的其他用品与服务支出。

服务性消费　指住户用于各种生活服务的消费支出，包括餐饮服务、衣着鞋类加工服务、居住服务、家庭服务、交通通信服务、教育文化娱乐服务、医疗服务和其他服务等。

Explanatory Notes on Main Statistical Indicators

In the fourth quarter of 2012, the NBS launched its reform on the household survey programme, to develop an integrated survey, instead of two separate urban and rural household surveys. The reform aims at regulating the division of urban and rural areas, integrating the concepts, classifications and standards, implementing the integrated household survey, and collecting household data in the whole country thereafter. Data from 1978 to 2012 are estimated based on the historical data of Urban Household Survey and Rural Household Survey according to the comparable definition and coverage of main income and consumption indicators of Household Survey on Income and Expenditure and Living Conditions.

I. Disposable Income of Residents

Disposable Income of Residents refers to the income of residents for purpose of final expenditure and savings. It includes income both in cash and in kind. By sources of income, disposable income includes four categories: income from wages and salaries, net business income, net income from properties and net income from transfer.

Income from Wages and Salaries refers to remuneration and benefits of all kinds of employed persons, including those employed by other units or individuals, freelance workers, part-time jobs, and sporadic workers.

Net Business Income refers to net income earned by households and their members engaged in production and business activities. It refers to the net income of operating revenue minus operating costs, depreciation of productive fixed assets, and production tax. The formula is:

Net business income=operating revenue− operating costs−depreciation of productive fixed assets−production tax

Net Income from Properties refers to the net income received as returns by households or members through lending of their financial assets, non-financial assets such as housing, to other institutions, households or individuals, minus relevant costs. Net income from properties includes net income of interest, bonus income, net income of saving insurance, net income from transferring management right of contract land, income from lending of housing, income from lending other assets, net converted rents of self-owned housing. Net income from properties do not include premium of transferring ownership of assets.

Net Income from Transfer The formula is:

Net income from transfer = income from transfer−expenditure from transfer

Income from Transfer refers to the regular transfer received from governments, institutions, social organizations to households and between households. It includes old-age and retirement pension, regular donation and compensation, reimbursement of medical fees, supporting income between households, income from non-resident members of households, etc. Income from transfer do not include gifts in kinds between households.

Expenditure from Transfer refers to regular or obligatory transfer paid to government, institutions, households or individuals. It includes tax payment, expenditure on all kinds of social security, supporting expenditure, regular donation, compensation payment and other regular transfer expenditure.

According to Household Survey on Income and Expenditure and Living Conditions, main changes of population coverage of per capita disposable income of urban and rural residents includes: migrant workers residing in urban areas are included in the denominator when calculating per capita disposable income of urban residents, and not included in denominator when calculating per capita disposable income of rural residents; students studying in universities or colleges in other places who are supported by the households are regarded as permanent residents of the households.

II. Consumption Expenditure of Residents

Consumption Expenditure of Residents refers to all expenditure of residents for living expenditure to satisfy family daily living. It includes expenditure in cash and in kind. It includes eight categories: food, tobacco and liquor; clothing and footwear; housing; household equipments, furnishings and services;

transport and communications; education, culture and recreation; health care and medical services, and miscellaneous goods and services.

Food, Tobacco and Liquor refers to expenditure for food, tobacco and liquor of all kinds.

Clothing and Footwear refers to expenditure related to clothing, including clothes, clothing materials, footwear, other clothing and accessories, processing services related to clothing.

Housing refers to expenditure related to housing, including rents, water, electricity, fuel, property management, as well as imputed rent on owner-occupied dwellings.

Household Equipments, Furnishings and Services refers to expenditure of households and individuals on equipments, furnishings and articles for living purpose and on household services. It includes furniture and interior decoration, home appliances, home textiles, household miscellaneous daily articles, personal articles, and household services.

Transport and Communications refers to expenditure on transport and communication and related services, maintenance and repairs, and vehicle insurance.

Education, Culture and Recreation refers to expenditure on educational, cultural and recreational activities.

Health Care and Medical Services refers to expenditure on drugs, supplies and services of medical and health care. It includes medical appliances and drugs, and medical services.

Miscellaneous Goods and Services refers to expenditure on all other articles and services that can not classified into the above categories.

Service Consumption refers to consumption expenditure of households for various living services, including catering services, clothing and footwear processing services, housing services, household services, transportation and communication services, education, culture and entertainment services, medical services and other services.

五 消费价格篇

Consumer Prices

5-1 各种价格指数
Price Indices

(上年=100) (preceding year=100)

年 份 Year	居民消费价格指数 Consumer Price Index	城市 Urban Household	农村 Rural Household
1978	100.6	100.8	
1979	101.1	101.1	101.0
1980	104.2	105.2	102.7
1981	101.7	102.2	100.7
1982	101.1	101.1	101.1
1983	100.4	100.4	100.4
1984	102.5	103.3	101.5
1985	109.2	110.6	107.1
1986	106.6	107.0	106.0
1987	107.6	108.4	106.5
1988	119.1	120.6	116.0
1989	117.9	118.2	117.6
1990	103.2	101.9	104.7
1991	104.9	105.7	104.5
1992	107.2	107.3	106.4
1993	115.4	115.2	115.8
1994	123.7	124.6	123.5
1995	119.8	118.9	120.3
1996	110.2	110.3	109.7
1997	102.9	102.8	102.9
1998	99.0	99.0	98.9
1999	97.6	97.2	98.2
2000	99.5	99.2	100.1
2001	104.0	103.0	105.5
2002	100.0	99.3	100.9
2003	101.1	100.9	101.4
2004	102.3	101.3	104.3
2005	101.7	101.2	103.0
2006	101.3	101.2	101.4
2007	105.5	105.2	106.3
2008	108.2	108.0	108.7
2009	101.3	100.9	102.2
2010	104.1	104.4	103.6
2011	105.9	106.0	105.7
2012	102.7	102.5	103.1
2013	103.2	103.0	103.4
2014	102.1	102.2	102.1
2015	101.6	101.4	101.8
2016	101.3	101.2	101.5
2017	101.4	101.4	101.3
2018	102.0	101.9	102.3
2019	102.3	102.2	102.4
2020	102.0	101.9	102.1
2021	100.9	101.1	100.5
2022	101.9	101.9	101.8
2023	100.5	100.5	100.5

5-2 居民消费价格分类指数
Consumer Price Indices by Category

指 标	Item	2023年			2022年		
		全省 Total	城市 Urban Indices	农村 Rural Indices	全省 Total	城市 Urban Indices	农村 Rural Indices
居民消费价格指数	**Consumer Price Index**	**100.5**	**100.5**	**100.5**	**101.9**	**101.9**	**101.8**
食品烟酒	**Food,Tobacco and Alcohol**	**100.3**	**100.3**	**100.2**	**102.8**	**103.0**	**102.2**
食品	Food	100.1	100.1	100.1	102.7	102.9	102.3
粮食	Grain	102.6	102.9	102.0	105.1	105.0	105.2
薯类	Tubers	110.0	107.4	113.6	112.2	111.1	113.7
豆类	Beans	102.1	103.0	100.6	102.2	102.3	101.9
食用油	Edible Oil and Fats	101.6	101.5	101.8	107.9	108.3	107.4
菜及食用菌	Vegetables and Edible Fungus	96.7	96.1	98.3	102.6	102.0	104.1
畜肉类	Meat of Livestock	92.4	92.0	93.0	93.5	93.8	93.0
禽肉类	Meat of Poultry	102.3	103.0	101.1	103.4	102.5	104.9
水产品	Aquatic Products	96.0	95.8	97.2	98.8	98.8	98.6
蛋类	Eggs	99.4	99.4	99.4	108.3	109.0	106.9
奶类	Milk and Other Dairy Products	99.6	99.4	100.0	101.1	101.3	100.8
干鲜瓜果类	Fruits and Nuts	106.7	106.8	106.7	110.1	110.2	109.9
糖果糕点类	Candy and Cake	102.9	103.0	102.6	103.2	104.3	100.0
调味品	Flavoring	101.6	102.4	100.4	103.1	103.6	102.4
其他食品类	Other Foods	101.8	101.8	101.8	103.8	104.1	103.2
茶及饮料	Tea and Beverages	102.3	102.9	101.1	100.5	100.9	100.0
烟酒	Tobacco and Alcohol	101.0	101.3	100.4	102.8	102.8	102.8
卷烟	Tobacco	101.1	101.2	100.9	100.8	100.9	100.6
酒类	Alcohol	100.8	101.5	99.6	106.2	105.7	107.0
在外餐饮	Dining Out	100.4	100.3	100.9	103.0	103.3	101.2
衣着	**Clothing**	**100.2**	**100.3**	**100.0**	**100.4**	**100.3**	**100.6**
服装	Garments	100.6	100.8	100.1	100.8	100.7	100.9
男式服装	Men's Clothing	100.6	100.8	99.9	100.6	100.5	100.7
女式服装	Women's Clothing	100.6	100.8	100.1	100.7	100.6	101.2
儿童服装	Children's Clothing	100.7	100.9	100.2	101.2	101.6	100.4
衣着材料及配件	Clothing Material and Accessories	99.9	99.9	100.0	100.1	100.2	100.1
衣着服务费	Clothing Manufacturing Services	100.1	100.0	100.2	102.8	102.0	104.5
鞋类	Footwear	98.6	98.1	99.9	98.8	98.4	99.9
鞋	Shoes	98.6	98.1	99.9	98.8	98.4	99.8
鞋类服务	Footwear Services	100.0	100.0	100.0	100.0	100.0	100.0
居住	**Residence**	**99.6**	**99.2**	**100.7**	**100.8**	**100.7**	**101.2**
租赁房房租	Rent of Rental Housing	98.5	98.3	100.8	98.5	98.4	99.8
住房保养维修及管理	Housing Maintenance and Management	100.0	100.1	99.8	102.2	102.7	101.1
住房装潢材料	Housing Decoration Materials	98.2	97.7	99.6	102.6	103.0	101.4

5-2 续表 1 continued

指 标	Item	2023年 全省 Total	2023年 城市 Urban Indices	2023年 农村 Rural Indices	2022年 全省 Total	2022年 城市 Urban Indices	2022年 农村 Rural Indices
住房维修管理费用	Housing Maintenance and Management Expenses	102.0	103.3	100.0	101.8	102.4	100.9
物业管理费	Estate Management Fees	100.7	101.0	100.0	102.3	103.3	100.0
住房装潢维修	Housing Decoration and Maintenance	103.4	106.8	100.0	102.4	103.5	101.3
水电燃料	Water, Electricity and Fuels	101.0	101.4	100.1	104.3	105.8	101.7
水	Water	103.3	105.8	100.0	100.7	101.2	100.0
电	Electricity	100.0	100.0	100.0	100.0	100.0	100.0
燃气	Gas	103.4	104.2	100.0	101.8	101.9	101.3
其他水电燃料类	Other	100.1	100.0	100.6	113.7	115.9	107.6
自有住房	Private Housing	99.2	98.4	101.3	99.7	99.1	101.0
生活用品及服务	**Articles for Daily Use and Services**	**100.0**	**100.0**	**99.8**	**100.9**	**101.0**	**100.7**
家具及室内装饰品	Furniture and Interior Decorations	99.9	100.0	99.8	99.3	98.9	100.1
家具	Furniture	99.8	99.8	99.7	99.4	99.0	100.2
室内装饰品	Interior Decorations	101.4	101.4	101.3	98.5	98.5	98.3
家用器具	Household Appliances	99.0	99.0	98.7	102.1	102.1	101.8
大型家用器具	Large Household Appliances	99.0	99.1	98.8	102.0	102.1	101.8
小家电	Small Home Appliances	98.7	98.8	98.4	102.3	102.3	102.0
家用纺织品	Household Textiles	100.0	100.1	99.8	100.6	100.8	100.1
床上用品	Bedding	100.0	100.0	100.0	100.5	100.6	100.1
窗帘门帘	Curtain	100.0	100.6	99.3	101.3	102.0	100.4
其他家用纺织品	Other Household Textiles	99.9	99.9	99.7	100.4	100.7	99.6
家庭日用杂品	Daily Use Household Articles	100.1	100.2	99.9	100.3	100.5	100.0
洗涤卫生用品	Washing Sanitary Articles	100.1	100.3	99.7	100.3	100.9	99.1
厨具餐具茶具	Kitchenware, Tableware, Tea Set	100.6	100.7	100.5	101.7	101.7	101.7
其他家庭日用杂品	Other Family Daily Sundry Goods	99.6	99.7	99.5	99.2	99.2	99.0
个人护理用品	Personal-care Supplies	100.9	100.9	100.8	102.5	102.5	102.2
化妆品	Cosmetics	101.0	101.0	101.0	102.4	102.5	101.8
其他护理用品类	Other Nursing Materials	100.8	100.9	100.6	102.6	102.6	102.6
家庭服务	Household Services	100.6	100.7	100.2	101.1	101.3	100.4
交通通信	**Transport and Communications**	**99.2**	**99.6**	**98.2**	**105.0**	**105.0**	**104.8**
交通	Transport	99.0	99.6	97.9	107.0	107.0	106.9
交通工具	Transport Facility	98.8	99.1	98.2	101.1	101.5	100.2
交通工具用燃料	Transport Fuels	94.5	94.5	94.5	121.3	121.2	121.5
交通工具使用和维修	Transport Use and Maintenance	100.1	100.1	100.2	100.3	100.7	99.2
交通费	Traffic Fee	104.9	105.8	102.1	101.9	102.3	100.8
通信	Communications	99.5	99.7	99.0	99.8	100.0	99.4
通信工具	Communication Tools	98.3	99.1	96.9	99.5	100.0	98.6
通信服务	Communication Services	100.0	100.0	100.0	100.0	100.0	100.0
邮递服务	Postal Services	99.6	99.3	100.2	99.2	99.5	98.8

5-2 续表 2 continued

指 标	Item	2023年 全省 Total	2023年 城市 Urban Indices	2023年 农村 Rural Indices	2022年 全省 Total	2022年 城市 Urban Indices	2022年 农村 Rural Indices
教育文化娱乐	**Education, Culture and Recreation**	**101.6**	**101.6**	**101.5**	**100.9**	**100.9**	**100.9**
教育	Education	101.6	101.6	101.7	100.8	100.7	100.9
教育用品	Education Articles	101.3	100.8	102.1	102.8	102.4	103.4
教育服务	Education Services	101.7	101.6	101.7	100.6	100.5	100.7
文化娱乐	Culture and Recreation	101.4	101.6	100.2	101.2	101.2	101.1
文娱耐用消费品	Durable Consumer Goods for Culture and Recreation	99.7	99.8	99.2	102.0	102.3	100.8
其他文娱用品	Other Articles	100.2	100.3	100.1	100.5	100.4	100.9
文化娱乐服务	Services for Culture and Recreation	99.7	99.6	100.0	100.1	100.1	100.6
旅游	Touring	106.2	106.7	102.5	102.6	102.6	102.6
医疗保健	**Health Care**	**103.5**	**104.0**	**102.7**	**100.5**	**100.5**	**100.4**
药品及医疗器具	Medicine and Medical Instruments	102.3	102.6	101.8	100.9	101.0	100.5
中药	Traditional Chinese Medicines	106.8	106.8	106.7	103.0	103.8	101.2
西药	Western Medicines	101.0	101.4	100.3	100.5	100.5	100.6
滋补保健品	Health Care Articles	100.0	99.9	100.4	99.8	99.6	100.6
医疗卫生器具	Medical Instrument	101.8	102.7	98.7	97.9	98.0	97.6
保健器具	Health Care Appliance	99.9	99.8	100.0	100.0	99.9	100.1
医疗服务	Medical Services	104.1	104.7	103.1	100.3	100.2	100.3
综合医疗类	General Practice	105.0	105.8	103.2	100.5	100.4	100.7
诊断类	Diagnostic Class	103.4	103.5	103.4	100.0	100.1	99.8
治疗类	Therapeutic Category	104.3	106.4	102.6	100.8	100.4	101.1
康复类	Rehabilitation Class	103.4	104.0	100.2	100.2	100.4	99.1
中医医疗服务类	Chinese Medicine Medical Service	104.0	104.1	103.8	100.3	100.5	100.1
其他医疗服务	Other Medical Services	105.5	108.2	101.2	99.4	100.0	98.4
其他用品和服务	**Other Articles and Services**	**103.2**	**103.5**	**102.1**	**101.2**	**101.0**	**101.7**
其他用品类	Other Articles	104.4	104.9	102.7	101.8	101.6	102.5
首饰手表	Jewellery Watches	108.2	108.0	109.6	101.1	100.9	102.2
母婴用品	Mother and Baby Supplies	100.6	100.6	100.5	105.2	105.0	105.6
其他杂项用品	Other Miscellaneous Supplies	99.7	100.0	99.1	100.7	100.5	101.0
其他服务类	Other Services	102.1	102.3	101.3	100.6	100.5	100.7
在外住宿	Outside Accommodation	105.6	105.6	105.1	98.9	98.8	100.0
美容美发洗浴	Beauty Hairdressing and Bath	100.3	100.4	100.1	102.1	102.3	101.2
养老服务	Pension Services	100.0	100.0	100.0	100.3	100.4	100.0
金融及保险服务	Financial and Insurance Services	100.7	100.5	101.0	101.1	100.9	101.6
中介法律及其他服务	Intermediary Legal and Other Services	100.1	100.0	100.3	100.0	100.1	99.8

5-3 居民消费价格分月指数(2023)

(上年同月=100)

指　标	Item	1月 January	2月 February	3月 March
居民消费价格指数	**Consumer Price Index**	**102.2**	**101.3**	**100.9**
食品烟酒	Food,Tobacco and Alcohol	105.2	102.9	102.4
食品	Food	106.5	103.7	103.0
粮食	Grain	105.6	105.5	105.3
大　米	Rice	100.6	100.6	100.2
面　粉	Flour	109.7	109.2	108.3
其他粮食	Other Grain	104.1	103.9	104.0
粮食制品	Grain Products	105.4	105.3	104.7
薯类	Tubers	115.0	112.0	114.7
薯　类	Tubers	115.0	112.0	114.7
豆类	Beans	101.5	101.6	101.6
干　豆	Dried Beans	101.1	100.8	100.6
豆 制 品	Bean Products	101.6	101.8	101.9
食用油	Edible Oil and Fats	106.2	106.1	105.3
食用植物油	Edible Vegetable Oil	106.2	106.1	105.2
食用动物油	Edible Animal Oil	106.5	107.4	113.2
菜及食用菌	Vegetable and Edible Fungi	105.1	96.2	91.3
鲜　菜	Fresh Vegetables	104.4	95.3	90.3
鲜　菌	Fresh Fungus	125.2	115.1	109.9
干菜干菌及制品	Dried Vegetables,Dried Edible Fungi and Products	103.3	103.3	103.6
畜肉类	Meat of Livestock	106.0	103.2	104.6
猪　肉	Pork	116.7	109.5	114.1
牛　肉	Beef	99.7	99.8	99.8
羊　肉	Mutton	97.1	97.2	97.1
其他畜肉及副产品	Other Meat of Livestock and By-products	110.2	108.2	108.7
畜肉制品	Animal Meat Products	102.5	101.8	102.1
禽肉类	Meat of Poultry	107.4	106.1	106.2
鸡	Chicken	106.4	104.5	104.5
鸭	Duck	100.5	100.1	100.0
其他禽肉及制品	Other Poultry Meat and Products	109.9	110.0	110.1
水产品	Aquatic Products	99.7	96.4	95.6
淡 水 鱼	Freshwater Fish	98.7	92.9	91.1
海 水 鱼	Saltwater Fish	103.5	101.4	101.1
虾 蟹 类	Shrimps and Crabs	97.9	96.4	96.6
其他水产品及制品	Other Aquatic Products and Products	101.8	101.8	101.7
蛋类	Eggs	109.0	109.2	108.1
鸡　蛋	Egg	109.4	109.5	108.4
其他蛋及制品	Other Eggs and Products	100.9	101.4	101.7
奶类	Milk	99.7	99.9	100.2
鲜　奶	Fresh Milk	99.2	99.6	100.0
酸　奶	Yogurt	100.5	100.1	99.9

Consumer Price Indices by Month(2023)

(the same month last year=100)

4月 April	5月 May	6月 June	7月 July	8月 August	9月 September	10月 October	11月 November	12月 December
100.7	**100.8**	**100.4**	**99.9**	**100.2**	**100.2**	**100.1**	**99.5**	**99.9**
101.7	102.3	102.5	99.0	98.6	98.1	97.8	96.6	**96.8**
102.2	103.2	103.5	98.4	97.8	96.9	96.4	94.5	95.3
104.7	104.3	103.9	103.6	103.4	103.2	103.0	102.8	102.6
100.1	99.9	100.2	100.4	100.5	100.5	100.5	100.5	100.6
105.4	104.4	101.8	101.9	101.4	101.2	100.7	100.4	100.4
104.0	103.5	103.4	103.9	104.1	104.0	104.1	104.0	104.1
102.9	103.2	103.0	102.7	102.6	102.3	101.1	100.9	100.9
111.9	117.3	119.2	112.8	110.4	108.1	103.9	97.2	94.9
111.9	117.3	119.2	112.8	110.4	108.1	103.9	97.2	94.9
102.3	102.3	102.3	102.1	102.1	102.4	102.4	102.2	102.1
100.6	100.6	100.1	98.7	98.3	99.4	99.7	99.8	99.8
102.7	102.8	102.9	103.1	103.1	103.3	103.2	102.8	102.8
104.0	103.3	102.0	100.4	99.8	99.1	98.7	98.3	97.1
103.9	103.2	101.9	100.4	99.8	99.2	98.8	98.4	97.2
113.6	110.5	107.1	96.9	96.0	96.7	92.9	89.3	87.7
91.0	104.7	114.8	96.7	94.0	90.6	91.1	92.5	96.4
89.9	104.7	115.9	96.5	93.5	90.2	90.8	92.0	96.3
106.9	106.4	102.4	95.5	95.3	89.0	87.0	94.5	93.5
103.8	103.7	103.8	104.1	104.5	103.9	103.3	102.6	102.4
102.8	100.2	96.5	84.6	87.3	86.9	82.4	80.0	83.1
108.1	100.2	93.3	69.5	77.2	76.1	67.9	64.7	71.3
99.6	98.7	94.4	92.7	92.8	93.4	93.5	91.8	90.5
97.0	98.0	98.5	97.7	95.8	95.4	95.3	94.2	94.0
110.4	107.9	103.6	89.2	88.2	89.3	84.3	81.3	80.6
102.6	103.0	102.7	100.9	100.2	99.6	99.3	98.2	98.0
104.6	104.0	102.7	101.1	100.9	100.4	100.1	97.8	97.3
102.5	101.2	100.3	98.7	98.6	98.8	98.4	95.4	94.7
99.7	100.2	100.1	99.5	99.8	100.2	100.2	100.7	100.1
109.3	110.0	107.7	106.2	105.9	103.7	103.7	102.6	102.5
94.4	94.3	96.3	96.7	96.3	96.3	96.2	95.1	95.0
89.1	89.8	94.9	96.0	94.6	95.2	95.7	94.0	94.0
100.4	100.3	100.2	100.7	100.7	100.0	100.3	100.8	100.5
95.7	94.1	93.0	92.5	93.2	92.8	91.7	90.2	90.1
101.8	102.1	102.4	101.9	102.1	101.9	101.8	101.2	101.1
102.0	97.4	99.0	96.4	99.7	99.6	95.9	90.3	90.4
102.0	97.2	98.8	96.1	99.6	99.4	95.6	89.8	89.9
101.7	102.1	102.2	102.2	102.2	102.7	102.5	102.4	102.3
100.4	100.3	99.7	99.1	99.0	99.2	99.2	99.2	99.3
99.9	99.6	98.3	97.0	97.1	97.3	97.3	97.4	97.6
99.9	99.9	99.9	99.5	98.3	99.2	99.0	98.8	99.1

5-3 续表 1

(上年同月＝100)

指　　标	Item	1月 January	2月 February	3月 March
奶　　粉	Milk Powder	99.7	99.9	100.3
其他奶制品	Other Dairy Products	101.1	101.1	101.1
干鲜瓜果类	Dried and Fresh Melons and Fruits	115.4	111.7	111.4
鲜　　果	Fresh Fruits	119.1	114.3	113.7
坚　　果	Nut	102.6	102.7	103.7
瓜果制品	Melon and Fruit Products	100.8	100.8	100.8
糖果糕点类	Candy and Cake	103.9	103.8	104.2
食　　糖	Sugar	98.8	98.4	100.3
糖　　果	Candy	102.9	103.4	104.0
糕　　点	Cakes and Pastries	105.8	105.7	105.6
其他糖果糕点	Other Sweets and Pastries	101.8	102.0	102.4
调味品	Flavoring	103.2	103.0	102.6
食 用 盐	Edible Salt	100.9	100.9	100.8
酱　　油	Soy Sauce	107.5	106.8	105.9
食　　醋	Vinegar	102.1	102.0	101.9
增 味 剂	Flavor Enhancer	104.5	103.6	102.4
其他调味品	Other Condiments	101.4	101.7	101.5
其他食品类	Other Foods	104.3	104.3	103.6
方便食品	Convenience Food	104.3	103.9	102.5
淀粉及制品	Starch and Products	101.4	101.4	101.1
其他食品	Other Food	105.6	106.4	106.4
茶及饮料	Tea and Beverages	101.2	101.7	101.8
茶　　叶	Tea	100.5	100.5	100.5
固体咖啡	Solid Coffee	103.3	103.9	102.9
其他固体饮料	Other Solid Drinks	99.9	100.9	102.2
饮 用 水	Drinking Water	101.2	101.2	101.2
果汁饮料	Fruit Juice Beverage	101.9	102.1	102.3
其他液体饮料	Other Liquid Beverages	102.2	103.6	103.6
烟酒	Tobacco and Alcohol	101.9	101.1	100.8
卷烟	Tobacco	101.0	101.0	101.0
卷　　烟	Tobacco	101.0	101.0	101.0
酒类	Alcohol	103.3	101.3	100.6
白　　酒	Liquor	104.0	101.5	100.7
葡 萄 酒	Wine	100.5	101.1	101.1
啤　　酒	Beer	100.1	99.9	99.5
其他酒类	Other Wines	102.4	102.6	102.7
在外餐饮	Dining Out	103.4	101.4	101.6
餐馆餐饮	Restaurants and Catering	103.3	103.3	103.1
饮品店餐饮	Drink Shop and Catering	101.7	100.8	101.0
外　　卖	Take Out	103.5	95.7	96.5
其他在外餐饮	Others	103.9	102.2	102.6
衣着	Clothing	100.3	100.2	99.9

continued

(the same month last year=100)

4月 April	5月 May	6月 June	7月 July	8月 August	9月 September	10月 October	11月 November	12月 December
101.0	101.2	101.2	101.4	101.6	101.8	101.6	101.6	101.6
101.1	100.6	99.9	99.4	98.7	98.6	98.9	99.2	99.1
111.4	108.0	107.8	107.1	103.1	102.1	107.0	100.0	97.3
113.6	109.2	108.9	108.0	103.0	101.5	107.9	99.2	96.0
103.8	104.0	104.4	104.2	104.5	105.2	104.8	103.8	103.4
100.7	100.6	99.9	99.9	99.8	99.6	99.6	99.3	99.6
103.7	103.1	102.2	102.3	102.5	102.3	102.3	102.3	102.3
99.9	100.0	100.2	104.9	107.6	107.2	107.3	107.5	107.7
103.8	103.4	102.1	101.3	101.1	101.0	101.1	101.1	101.2
104.8	103.7	102.5	101.7	101.3	101.1	101.1	101.1	101.1
102.5	104.2	103.4	103.5	103.7	103.5	102.9	103.0	103.0
102.1	102.1	101.5	101.0	101.0	100.8	100.8	100.6	100.6
100.0	100.0	100.0	100.1	100.1	100.0	100.2	100.2	100.2
105.2	103.5	102.0	100.2	99.8	99.4	99.5	98.8	98.7
102.4	103.2	102.3	101.9	101.9	101.9	101.8	101.8	101.8
101.9	102.3	102.0	102.3	102.3	102.5	102.5	102.5	102.5
100.6	100.9	101.0	100.7	100.8	100.3	100.3	100.2	100.1
102.7	102.0	100.9	100.3	100.4	100.6	101.0	100.9	100.9
101.0	100.5	99.5	99.1	99.0	99.3	99.9	99.7	99.8
101.1	100.3	99.9	99.3	99.4	100.2	100.7	100.9	100.9
106.2	105.0	103.4	102.4	102.8	102.6	102.8	102.6	102.6
101.7	102.1	102.5	102.9	103.1	102.9	102.4	102.4	102.4
100.5	100.5	100.3	100.1	100.1	100.3	100.1	100.1	100.1
102.9	103.6	107.1	107.1	107.2	107.1	106.8	106.8	106.8
101.4	101.3	101.8	102.4	102.6	102.6	102.5	102.5	102.4
100.7	101.3	102.6	102.6	102.6	101.1	99.5	99.4	99.4
101.9	101.9	102.2	102.3	102.3	102.2	102.2	102.2	102.1
103.6	104.7	105.3	106.9	107.2	107.1	106.3	106.2	106.2
100.9	100.9	100.8	100.8	100.9	101.0	100.8	100.8	100.8
101.1	101.1	101.1	101.1	101.1	101.1	101.1	101.2	101.2
101.1	101.1	101.1	101.1	101.1	101.1	101.1	101.2	101.2
100.5	100.6	100.4	100.3	100.5	100.8	100.4	100.4	100.4
100.6	100.7	100.5	100.4	100.7	100.9	100.5	100.6	100.6
101.1	101.1	101.1	101.2	101.1	101.1	100.5	99.9	99.9
99.5	99.2	99.1	98.9	98.8	100.0	99.7	99.0	99.2
102.3	102.1	101.8	101.1	101.3	101.0	100.3	100.3	100.3
100.9	100.6	100.6	99.6	99.5	99.5	99.9	99.7	98.4
103.0	103.0	102.9	100.1	100.1	100.1	100.1	100.1	100.1
101.0	100.9	101.2	100.0	99.8	99.8	99.8	99.8	99.8
94.3	93.5	93.4	96.3	95.6	96.1	97.9	97.0	91.1
101.8	101.3	101.8	101.8	101.7	101.6	101.6	101.6	101.6
100.0	100.2	100.4	100.4	100.4	100.2	100.4	100.2	100.0

5-3 续表 2

(上年同月=100)

指标	Item	1月 January	2月 February	3月 March
服装	Garments	100.4	100.3	100.4
男式服装	Men's Clothing	100.2	100.1	100.4
男式外套	Men's Coat	100.2	100.1	100.2
男式针织衫	Men's Knitwear	98.1	97.8	98.8
男式衬衫T恤	Men's Shirt T-shirt	102.6	102.6	103.0
男式裤子	Men's Pants	100.0	100.0	100.1
男式内衣	Men's Underwaist	100.7	100.7	100.7
女式服装	Women's Clothing	100.1	100.1	100.0
女式外套	Women's Coat	99.9	99.8	99.9
女式针织衫	Women's Knitwear	98.5	98.5	99.9
女式衬衫T恤	Women's Shirt T-shirt	101.3	101.3	100.5
女式裤子	Women's Pants	99.6	99.7	100.0
女式裙子	Women's Skirt	101.6	101.5	99.4
女式内衣	Women's Underwaist	100.5	100.5	100.8
儿童服装	Children's Clothing	101.5	101.7	102.0
婴幼服装	Baby Clothing	97.5	97.5	98.2
儿童上衣	Children's Coat	105.5	105.7	105.6
儿童裤子	Children's Trousers	101.7	102.1	102.4
儿童裙子	Children's Skirt	100.2	100.2	100.5
儿童内衣	Children's Underwaist	99.7	99.8	100.2
衣着材料及配件	Other Clothing and Accessories	100.0	100.0	99.8
袜　子	Socks	100.0	100.0	99.9
帽　子	Cap	100.1	100.1	99.8
其他衣着材料及配件	Other Clothing Materials and Accessories	99.9	99.9	99.7
衣着服务费	Clothing Manufacturing Services	100.3	100.2	100.1
衣着洗涤保养	Scrubbing Maintenance	100.3	100.1	100.1
其他衣着服务	Other Clothing Services	100.5	100.3	100.1
鞋类	Footwear	99.9	99.8	98.0
鞋	Shoes	99.9	99.8	98.0
男　鞋	Men's Shoes	99.5	99.5	99.5
女　鞋	Women's Shoes	99.7	99.5	96.3
童　鞋	Children's Shoes	101.3	101.0	100.3
鞋类服务	Footwear Services	100.0	100.0	100.0
鞋类服务	Footwear Services	100.0	100.0	100.0
居住	Residence	99.6	99.6	99.6
租赁房房租	Rent of Rental Housing	98.1	98.3	98.0
公房房租	Public Rent	100.0	100.0	100.0
私房房租	Private Rent	97.8	98.0	97.7
住房保养维修及管理	Housing Maintenance and Management	100.0	99.8	99.5
住房装潢材料	Housing Decoration Materials	99.9	99.0	98.0
木地板	Wood Floor	100.5	100.5	99.8
瓷　砖	Tile	100.3	99.7	99.6

continued

(the same month last year=100)

4月 April	5月 May	6月 June	7月 July	8月 August	9月 September	10月 October	11月 November	12月 December
100.4	100.6	100.8	100.8	100.7	100.7	100.9	100.7	100.4
100.5	100.7	100.7	100.7	100.6	100.9	100.9	100.9	100.7
100.2	99.9	99.9	99.9	100.1	100.4	100.7	100.7	100.2
98.7	99.7	99.7	99.7	99.8	100.2	100.6	100.3	100.3
103.3	103.3	103.3	103.3	102.0	101.4	101.4	101.6	101.5
100.2	100.3	100.3	100.4	100.2	101.2	101.0	101.0	101.0
101.7	102.9	102.9	102.9	102.9	103.2	101.7	101.7	101.7
100.2	100.7	101.1	101.1	101.0	101.0	101.1	100.8	100.5
99.4	98.5	98.4	98.4	98.4	98.8	99.5	99.0	98.1
99.3	99.5	99.5	99.4	99.5	98.6	99.6	99.6	99.5
101.0	100.9	101.8	102.3	101.2	100.8	100.6	100.6	100.9
99.8	100.2	100.2	100.2	100.0	100.3	100.2	100.1	100.1
100.7	105.1	107.0	106.9	107.0	107.1	107.0	106.6	106.3
102.2	104.0	104.0	104.0	104.1	104.1	102.0	101.9	101.9
101.2	100.3	100.4	100.3	100.4	99.9	100.5	100.2	100.1
98.3	98.4	98.3	98.3	98.3	98.2	100.1	100.1	100.1
103.1	100.6	101.1	100.9	101.3	99.8	100.0	99.5	99.3
102.3	102.6	102.6	102.4	102.2	102.1	102.2	101.7	101.7
100.1	98.9	99.1	98.8	99.1	99.3	99.3	99.3	99.3
100.3	100.2	100.1	100.0	100.0	100.0	100.0	100.0	100.0
99.9	99.9	99.9	99.8	99.9	99.9	100.0	100.0	100.1
100.0	100.1	100.1	100.1	100.1	100.1	100.1	100.1	100.1
99.9	99.8	99.6	99.6	99.6	99.8	99.9	100.0	100.0
99.7	99.8	99.8	99.8	99.8	99.8	99.9	100.1	100.3
100.0	100.0	100.0	100.0	99.9	100.1	100.1	100.1	100.1
100.1	100.1	100.1	100.1	100.0	100.0	100.0	100.0	100.0
99.9	99.9	99.9	99.9	99.9	100.1	100.1	100.1	100.1
98.2	98.7	98.9	98.8	98.9	98.1	98.2	98.1	98.1
98.2	98.7	98.8	98.8	98.8	98.1	98.2	98.1	98.1
99.5	99.8	100.0	99.9	100.1	99.5	99.5	99.5	99.4
96.6	97.5	97.9	98.0	98.2	97.2	97.3	97.3	97.4
100.2	100.0	99.4	98.7	98.4	98.3	98.2	97.8	97.6
100.0	100.0	100.0	100.0	100.0	100.0	100.0	100.0	100.0
100.0	100.0	100.0	100.0	100.0	100.0	100.0	100.0	100.0
99.7	99.8	99.6	99.6	99.5	99.5	99.5	99.4	100.0
98.3	98.4	98.3	98.1	98.6	98.9	98.8	98.7	99.7
100.0	100.0	100.0	100.0	100.0	100.0	100.0	100.0	100.0
98.1	98.2	98.0	97.9	98.5	98.7	98.6	98.6	99.7
99.7	100.1	99.9	100.1	100.0	100.3	100.2	100.2	100.2
97.8	97.9	97.7	97.8	97.7	98.2	98.0	98.0	98.0
99.8	99.7	99.7	99.7	100.0	100.0	100.0	99.9	99.9
99.6	99.1	99.0	99.0	98.7	98.7	98.7	98.7	98.7

5-3 续表 3

(上年同月=100)

指 标	Item	1月 January	2月 February	3月 March
水 泥	Cement	97.1	94.3	91.1
涂 料	Paint	95.3	92.0	91.4
板 材	Board	101.5	101.1	99.8
管 材	Pipe	100.9	100.6	100.6
厨卫设备	Kitchen and Bath Fixtures	100.3	100.1	99.9
门 窗	Doors and Windows	101.1	101.1	100.9
其他住房装潢材料	Other Housing Decoration Materials	102.0	100.0	98.4
住房维修管理费用	Housing Maintenance and Management Expenses	100.1	100.6	101.1
物业管理费	Property Management Fee	100.0	100.0	100.9
装潢维修费	Decoration and Maintenance Fee	100.2	101.3	101.8
其他住房费用	Other Housing Costs	100.0	100.0	100.0
水电燃料	Water, Electricity and Fuels	100.8	100.8	100.7
水	Water	104.0	104.0	104.0
水	Water	104.0	104.0	104.0
电	Electricity	100.0	100.0	100.0
电	Electricity	100.0	100.0	100.0
燃气	Gas	102.4	102.1	101.6
管道燃气	Pipeline Gas	102.4	102.4	102.4
液化石油气	Liquefied Petroleum Gas	102.5	101.3	99.7
其他水电燃料类	Other Fuels	100.0	100.0	100.0
其他水电燃料类	Other Fuels	100.0	100.0	100.0
自有住房	Private Housing	99.4	99.4	99.5
自有住房	Private Housing	99.4	99.4	99.5
生活用品及服务	Articles for Daily Use and Services	101.2	101.1	100.4
家具及室内装饰品	Furniture and Interior Decorations	99.1	99.2	98.8
家具	Furniture	99.0	99.0	98.9
柜	Cabinet	98.2	98.2	98.2
床	Bed	98.1	98.1	98.1
桌	Table	98.0	98.0	98.0
椅	Chair	98.8	98.8	98.3
沙 发	Sofa	100.2	100.2	100.1
其他家具	Other Furniture	100.1	100.1	100.1
室内装饰品	Interior Decorations	99.5	100.5	97.8
灯 具	Lamps and Lanterns	99.2	100.9	96.6
其他室内装饰品	Other Interior Decorations	99.9	99.9	99.8
家用器具	Home Appliances	100.6	100.0	99.8
大型家用器具	Large Household Appliances	100.7	100.1	100.0
洗 衣 机	Washing Machine	96.2	98.7	100.3
电冰箱(柜)	Refrigerator	99.7	98.9	98.2
抽油烟机	Ventilator	101.0	100.7	98.6
空 调 器	Air Conditioner	104.8	99.9	102.3
热 水 器	Water Heater	100.9	97.0	97.8

continued

(the same month last year=100)

4月 April	5月 May	6月 June	7月 July	8月 August	9月 September	10月 October	11月 November	12月 December
90.0	92.4	91.2	91.8	91.9	92.2	92.0	92.0	92.4
91.2	91.1	91.1	91.1	91.1	95.7	95.7	95.9	95.8
99.7	99.7	99.5	99.5	99.4	99.2	98.9	98.9	98.9
100.2	101.0	100.5	100.5	100.4	100.0	100.1	100.1	100.1
99.6	99.6	99.6	99.6	99.6	99.6	99.6	99.6	99.6
100.8	99.5	99.3	99.3	99.5	99.7	99.1	98.7	98.7
97.8	97.9	97.9	97.9	97.2	97.3	97.3	97.3	97.2
101.8	102.5	102.4	102.5	102.5	102.5	102.5	102.5	102.5
100.9	100.9	100.9	100.9	100.9	100.9	100.9	100.9	100.9
103.1	104.5	104.2	104.2	104.2	104.2	104.2	104.2	104.2
100.0	100.0	100.0	100.8	100.8	100.8	100.8	100.8	100.8
100.7	100.7	100.4	100.4	101.5	101.6	101.6	101.3	101.3
104.0	104.0	104.0	104.0	104.0	104.0	104.0	100.0	100.0
104.0	104.0	104.0	104.0	104.0	104.0	104.0	100.0	100.0
100.0	100.0	100.0	100.0	100.0	100.0	100.0	100.0	100.0
100.0	100.0	100.0	100.0	100.0	100.0	100.0	100.0	100.0
101.5	101.5	99.6	99.6	106.3	106.3	106.3	106.9	106.9
102.4	102.4	100.0	99.8	109.1	109.1	109.1	109.8	109.8
99.4	99.4	98.5	99.1	99.2	99.2	99.2	99.3	99.6
100.0	100.0	100.0	100.0	100.0	100.4	100.4	100.4	100.4
100.0	100.0	100.0	100.0	100.0	100.4	100.4	100.4	100.4
99.7	99.7	99.5	99.6	98.8	98.7	98.6	98.6	99.6
99.7	99.7	99.5	99.6	98.8	98.7	98.6	98.6	99.6
100.0	99.6	99.3	99.5	99.5	99.6	99.4	99.8	100.2
101.1	99.8	100.0	99.9	100.1	100.3	100.1	100.6	100.3
101.5	99.9	99.9	99.8	99.8	99.8	99.8	99.8	99.8
101.8	99.9	99.9	99.8	99.8	99.9	99.9	99.9	99.9
102.0	100.0	100.0	99.9	99.9	100.0	100.0	100.0	100.0
100.1	100.1	100.1	100.1	100.1	100.1	100.1	100.1	100.1
100.0	100.1	100.1	100.1	100.1	100.1	100.1	100.1	100.1
102.2	99.6	99.6	99.5	99.5	99.5	99.5	99.6	99.6
100.4	100.0	100.0	99.9	99.9	99.9	99.9	100.0	100.0
98.3	99.3	101.1	100.8	102.1	104.5	102.1	106.9	104.1
97.5	99.1	101.9	101.4	103.5	107.5	103.4	110.7	105.5
99.8	99.8	99.8	99.8	99.8	99.8	100.1	101.0	101.8
98.9	98.3	97.9	97.7	97.8	98.1	99.1	99.5	100.0
99.0	98.3	97.9	97.8	97.9	98.2	99.3	99.4	100.0
99.0	99.9	97.7	97.5	98.4	99.6	99.6	100.1	100.6
100.2	97.8	95.4	96.5	97.1	97.5	98.4	97.7	97.8
98.2	98.0	97.4	96.3	95.3	94.9	97.3	97.0	100.8
99.9	98.2	99.6	100.3	99.7	99.7	102.6	102.1	99.6
96.5	97.8	97.8	97.8	98.0	97.1	100.2	100.2	100.4

5-3 续表 4

(上年同月＝100)

指　　标	Item	1月 January	2月 February	3月 March
炉具灶具	Stove and Cookers	103.7	105.0	103.7
吸 尘 器	Cleaner	107.7	107.9	106.3
空气净化器	Air Cleaner	109.7	107.9	103.5
净 水 器	Water Purifier	105.6	102.6	98.7
其他大型家用器具	Other Large Household Appliances	101.0	100.8	100.6
小家电	Small Home Appliances	100.1	99.9	99.2
厨房小家电	Kitchen Small Household Appliances	100.1	100.0	99.6
生活小家电	Living Small Household Appliances	100.1	99.7	98.4
家用纺织品	Home Textiles	100.4	100.4	100.2
床上用品	Bedding Article	100.3	100.3	100.3
被　　子	Quilt	100.2	100.2	100.2
床单被套	Bed Sheet and Cover	100.4	100.4	100.4
其他床上用品	Other Bedding	100.4	100.4	100.4
窗帘门帘	Curtain	100.9	100.9	100.1
窗帘门帘	Curtain	100.9	100.9	100.1
其他家用纺织品	Other Household Textiles	100.1	100.1	100.1
其他家用纺织品	Other Household Textiles	100.1	100.1	100.1
家庭日用杂品	Daily Use Household Articles	102.1	101.8	101.2
洗涤卫生用品	Washing Sanitary Articles	103.4	103.0	100.4
清洗用品	Cleaning Supplies	99.4	99.5	97.5
清洁用具	Cleaning Appliances	102.2	100.0	95.7
清洁用纸	Cleaning Paper	108.1	108.0	105.6
厨具餐具茶具	Kitchenware, Tableware, Tea Set	103.7	102.0	102.9
厨　　具	Kitchenware	102.1	99.4	102.5
餐　　具	Tableware	108.5	109.0	105.1
茶　　具	Tea Set	98.8	95.8	99.2
其他家庭日用杂品	Other Family Daily Sundry Goods	99.2	100.1	100.9
配电附件	Distribution Accessories	97.4	100.1	101.6
雨　　具	Rain Gear	99.1	98.6	100.1
其他日用杂品	Other Daily Sundry Goods	100.6	100.6	100.6
个人护理用品	Personal-care Supplies	105.1	104.3	101.5
化妆品	Cosmetics	107.3	105.6	101.3
清洁化妆品	Cleaning Cosmetics	109.2	105.7	104.1
护肤化妆品	Skin Care Cosmetics	108.3	107.4	98.8
彩妆化妆品	Make-Up Cosmetics	102.0	102.2	103.8
化妆器具	Make-Up Appliances	104.5	101.2	100.2
其他护理用品类	Other Nursing Materials	103.1	103.2	101.6
清洁类护理用品	Cleaning Supplies	104.4	102.1	100.9
护发美发用品	Hair Care Products	100.6	102.9	101.6
护理器具	Nursing Appliances	107.3	111.1	105.5
其他护理用品	Other Nursing Supplies	100.4	100.1	100.2
家庭服务	Household Services	99.9	101.3	101.1

continued

(the same month last year=100)

4月 April	5月 May	6月 June	7月 July	8月 August	9月 September	10月 October	11月 November	12月 December
100.2	96.5	101.4	99.2	98.6	99.1	98.9	101.3	102.7
97.6	100.0	100.6	98.7	97.8	98.7	96.4	98.7	99.6
101.4	103.0	106.7	107.2	103.5	103.2	103.1	102.4	96.9
95.3	94.0	95.5	95.1	96.4	97.6	98.5	99.1	103.8
100.5	100.5	99.8	99.8	99.6	99.7	99.8	99.9	99.9
98.6	98.0	98.0	97.5	97.3	97.2	98.0	100.0	100.2
98.9	97.9	97.9	98.2	98.7	98.3	99.2	100.0	99.5
97.8	98.3	98.4	96.0	94.5	95.0	95.4	100.0	101.8
100.1	100.1	100.0	99.9	99.8	99.7	99.8	99.7	99.7
100.2	100.2	100.1	100.0	99.8	99.6	99.7	99.7	99.7
100.2	100.2	100.2	100.0	99.8	99.3	99.6	99.6	99.6
100.2	100.2	100.0	100.0	99.8	99.8	99.8	99.7	99.7
100.0	100.0	100.0	99.9	99.9	99.9	99.9	99.9	99.9
100.1	100.1	99.7	99.8	99.8	99.8	99.8	99.8	99.8
100.1	100.1	99.7	99.8	99.8	99.8	99.8	99.8	99.8
99.9	99.9	100.0	99.8	99.8	99.8	99.8	99.7	99.7
99.9	99.9	100.0	99.8	99.8	99.8	99.8	99.7	99.7
99.0	99.4	98.6	99.4	99.7	100.1	98.8	99.8	101.1
98.8	99.5	98.9	100.2	99.4	99.4	97.1	98.2	103.0
94.7	94.9	96.2	98.2	96.8	97.6	97.1	102.1	108.0
97.3	98.5	96.1	96.7	96.5	100.2	99.2	101.3	104.6
104.0	105.0	103.0	103.7	103.4	100.9	96.3	93.2	97.3
99.8	99.3	97.4	99.1	99.7	101.5	100.6	102.5	99.0
98.4	98.2	96.4	99.7	100.5	102.7	102.0	103.6	99.4
101.3	100.4	96.8	97.3	97.9	100.1	100.3	101.4	97.7
101.2	100.2	101.6	101.9	100.9	100.5	96.9	101.6	100.1
98.6	99.2	99.3	98.8	100.2	99.9	99.4	99.4	100.6
96.3	99.0	99.2	97.9	101.5	100.6	98.7	98.7	97.5
98.4	96.9	96.9	97.2	97.4	97.4	98.6	102.1	110.3
100.6	100.1	100.1	100.0	100.2	100.2	100.2	99.2	100.1
101.3	100.5	100.1	100.8	100.2	99.9	99.2	98.8	99.3
102.4	100.7	99.8	100.7	100.0	99.9	99.1	97.4	98.4
103.8	100.2	100.3	100.7	100.4	100.7	99.9	100.8	100.4
102.4	100.9	99.3	100.5	99.3	98.5	98.3	94.4	96.2
100.3	100.9	100.9	101.3	101.2	101.6	100.0	99.5	101.7
100.7	100.7	99.0	101.4	100.4	103.4	98.8	99.5	98.8
100.2	100.4	100.4	100.8	100.4	99.8	99.3	100.1	100.2
98.3	99.0	99.2	100.5	99.9	99.5	99.1	98.8	100.4
101.1	100.2	101.4	100.5	100.3	98.9	98.7	99.7	100.4
105.4	105.9	102.9	103.3	102.9	103.3	100.6	106.1	99.2
100.0	100.2	100.2	100.1	100.1	100.1	100.3	100.3	100.3
101.0	101.0	101.0	101.0	101.0	100.0	100.0	100.0	100.0

5-3 续表 5

(上年同月＝100)

指　标	Item	1月 January	2月 February	3月 March
家政服务	Household Management Services	104.2	104.2	103.9
母婴护理服务	Mother and Baby Nursing Services	100.1	100.1	100.1
家庭维修服务	Home Maintenance Services	100.4	100.4	100.0
其他家庭服务	Other Family Services	89.8	100.2	100.2
交通和通信	Transport and Communications	102.7	101.1	99.5
交通	Transport	103.5	101.3	99.3
交通工具	Transport Facility	101.2	101.3	100.2
燃油小汽车	Fuel Small-car	99.8	99.9	98.1
新能源小汽车	New Energy Car	105.3	105.6	104.8
电动自行车	Electric Bicycle	101.1	101.1	101.0
自 行 车	Bicycle	102.1	102.0	101.9
其他交通工具	Other Transportation Facility	100.0	100.0	99.8
交通工具用燃料	Fuels for Transport Facility	105.7	100.6	93.5
汽　　油	Gasoline	105.6	100.4	93.4
柴　　油	Diesel Oil	106.0	100.4	92.9
其他车用能源	Other Vehicle Energy	105.0	106.6	99.5
交通工具使用和维修	Use and Maintenance of Transport Facility	100.0	100.1	100.2
停 车 费	Parking Fee	100.0	100.0	100.0
车辆使用费	Vehicle Usage Fee	99.9	100.1	100.4
交通工具零配件	Vehicle Spare Parts	99.9	99.9	99.9
车辆修理与保养	Vehicle Repair and Maintenance	100.1	100.1	100.1
交通费	Traffic Fee	105.9	103.0	106.0
市内公共交通	City Public Transport	100.0	100.0	100.0
出租汽车	Taxi	100.0	100.0	100.0
飞 机 票	Airplane Ticket	140.5	117.7	144.1
火 车 票	Train Tickets	100.0	100.0	100.0
长途汽车	Long-Distance Bus	100.0	100.0	100.0
网 约 车	Online Car-Hailing	100.0	100.0	100.0
交通工具租赁费	Vehicle Rental Fee	99.9	99.8	100.0
其他交通费	Other Traffic Fee	103.2	103.2	103.2
通信	Communications	100.4	100.3	99.9
通信工具	Communication Tools	101.3	101.0	99.7
电 话 机	Telephone	101.5	101.1	99.7
其他通信工具及零配件	Other Communication Tools and Spare Parts	97.7	98.7	98.5
通信服务	Communication Services	100.0	100.0	100.0
电 话 费	Telephone Fee	100.0	100.0	100.0
家庭宽带服务	Broadband Services	100.0	100.0	100.0
其他通信服务	Other Communication Services	100.0	100.0	100.0
邮递服务	Postal Services	100.0	100.0	99.6
邮递服务	Postal Services	100.0	100.0	99.6
教育文化和娱乐	Education, Culture and Recreation	101.6	101.1	101.1
教育	Education	101.2	101.1	101.2

continued

(the same month last year=100)

4月 April	5月 May	6月 June	7月 July	8月 August	9月 September	10月 October	11月 November	12月 December
103.7	103.7	103.6	103.7	103.6	100.2	100.2	100.2	100.2
100.0	100.0	100.0	100.0	100.0	99.9	99.8	99.8	99.8
100.0	100.0	100.0	100.0	100.0	100.0	100.1	100.0	100.0
100.2	100.2	100.3	100.3	100.3	100.3	100.3	100.3	100.3
98.4	97.9	95.4	97.1	99.2	99.9	100.6	99.3	99.3
97.9	97.3	93.8	96.3	99.3	100.2	101.3	99.4	99.4
98.7	98.5	98.3	98.1	98.0	98.0	97.9	97.8	97.8
97.3	97.1	97.0	96.7	96.7	96.7	96.4	96.4	96.3
100.7	100.1	99.8	99.2	99.0	99.0	98.9	98.7	98.7
99.6	99.7	99.7	99.7	99.7	99.7	100.2	100.1	100.1
100.5	100.3	100.0	100.0	100.0	100.0	100.0	100.0	100.0
100.0	100.0	99.9	99.9	99.9	99.9	99.9	99.9	99.9
89.5	88.8	82.1	86.7	95.3	98.9	101.8	97.1	98.5
89.3	88.6	81.8	86.4	95.2	98.8	101.8	97.0	98.4
88.7	87.9	80.8	85.5	95.0	98.7	102.1	96.7	98.3
101.3	100.3	99.8	100.3	100.3	100.3	101.1	101.0	101.0
100.2	100.2	100.1	100.1	100.1	100.1	100.2	100.2	100.2
100.0	100.0	99.7	99.7	99.7	99.7	99.7	99.7	99.7
100.4	100.4	100.4	100.4	100.4	100.4	100.5	100.6	100.6
99.9	99.9	99.8	99.8	99.8	99.9	100.0	100.0	100.0
100.1	100.3	100.3	100.3	100.3	100.2	100.2	100.2	100.2
107.8	106.1	101.8	105.3	105.6	104.7	105.8	104.4	102.2
100.0	100.0	100.0	100.0	100.0	100.0	109.6	109.6	109.6
101.2	101.2	101.2	102.0	102.0	102.0	102.0	102.0	102.0
153.6	138.6	108.6	124.8	127.7	124.9	122.9	116.2	101.8
100.0	100.0	100.0	100.0	100.2	100.0	100.0	100.0	100.0
100.0	100.5	100.5	100.5	100.5	100.5	100.5	100.5	100.5
100.0	100.0	100.0	100.0	100.0	100.0	100.0	100.0	100.0
100.1	100.0	100.0	99.7	99.7	99.8	100.0	100.0	100.1
103.4	103.4	100.3	100.3	100.3	100.3	100.3	100.3	100.3
99.7	99.7	99.9	99.3	99.2	99.0	98.7	98.8	99.1
99.2	98.9	99.6	97.8	97.2	96.8	95.6	96.0	97.1
99.3	98.9	99.6	97.8	97.2	96.7	95.4	95.9	97.1
97.2	98.2	99.5	97.4	98.0	97.9	99.7	98.1	97.0
100.0	100.0	100.0	100.0	100.0	100.0	100.0	100.0	100.0
100.0	100.0	100.0	100.0	100.0	100.0	100.0	100.0	100.0
100.0	100.0	100.0	100.0	100.0	100.0	100.0	100.0	100.0
100.0	100.0	100.0	100.0	100.0	100.0	100.0	100.0	100.0
99.6	99.6	99.6	99.6	99.6	99.3	99.2	99.2	99.5
99.6	99.6	99.6	99.6	99.6	99.3	99.2	99.2	99.5
101.0	100.9	100.9	101.7	101.9	102.5	102.2	102.0	102.0
101.1	101.1	101.3	101.3	101.4	102.4	102.4	102.5	102.5

5-3 续表 6

(上年同月=100)

指　标	Item	1月 January	2月 February	3月 March
教育用品	Education Articles	101.7	100.6	101.5
工具书	Reference Books	103.1	100.1	100.1
教　材	Textbooks	100.2	100.2	100.1
参考资料	Reference Material	103.8	101.4	103.6
其他教育用品	Other Educational Supplies	97.9	99.0	99.3
教育服务	Education Services	101.2	101.2	101.2
幼儿早期教育	Early Childhood Education	100.0	100.0	100.0
学前教育	Preschool Education	100.4	100.4	100.4
小学初中教育	Primary and Secondary Education	101.3	101.3	101.3
高中中职教育	Secondary Vocational Education	102.4	102.4	102.4
高等教育	Higher Education	100.0	100.0	100.0
课外教育	Extracurricular Education	104.6	104.6	104.6
专业技能培训	Professional Skills Training	98.8	98.8	98.7
其他教育服务	Other Education Services	100.0	100.0	100.0
文化娱乐	Culture and Recreation	102.3	100.9	100.8
文娱耐用消费品	Durable Consumer Goods for Culture and Recreation	101.6	101.4	101.0
电视机	Television	101.3	101.4	101.2
照相机	Camera	101.9	100.4	99.9
台式计算机	Desktop Computer	99.9	99.8	99.5
笔记本平板	Notebook Computer	99.8	100.9	100.5
平板电脑	Tablet Computer	115.6	109.3	107.1
乐　器	Musical Instruments	101.5	101.6	101.3
音　响	Acoustics	101.5	100.4	100.0
可穿戴智能设备	Wearable Smart Devices	99.6	98.7	99.6
其他文娱耐用消费品	Other Recreational and Durable Consumer Goods	100.6	100.3	99.6
其他文娱用品	Other Articles	100.6	100.7	100.5
书报杂志及音像制品	Newspapers, Magazines and Audio-visual Products	100.0	100.0	100.0
纸张文具	Paper Stationery	100.0	100.0	100.0
体育户外用品	Sports Outdoor Products	103.7	103.3	102.5
游戏用品和玩具	Game Supplies and Toys	101.5	102.0	101.4
园艺花卉及用品	Garden Flowers and Supplies	100.3	100.3	100.3
宠物及用品	Pets and Supplies	101.6	101.6	101.6
其他文化娱乐用品	Other Cultural and Recreational Products	100.0	100.0	100.0
文化娱乐服务	Services for Culture and Recreation	103.2	100.3	101.0
电影及演出票	Film and Performance Tickets	120.9	99.9	110.4
景点门票	Scenic Spot Tickets	100.4	97.6	96.8
电视服务	Television Services	100.0	100.0	100.0
健身活动	Fitness Activities	102.4	102.4	102.4
宠物服务	Pet Services	101.6	101.5	103.0
网络文娱服务	Network Entertainment Services	109.8	105.2	105.4
儿童娱乐项目	Children's Entertainment	100.0	100.0	100.0
其他文娱服务	Other Recreational Services	100.0	100.0	100.0

continued

(the same month last year=100)

4月 April	5月 May	6月 June	7月 July	8月 August	9月 September	10月 October	11月 November	12月 December
101.3	101.2	101.2	101.2	101.3	101.4	101.4	101.4	101.4
99.5	99.5	99.5	99.5	99.5	99.4	99.4	99.4	99.4
100.1	100.1	100.1	100.1	100.1	100.1	100.1	100.1	100.1
103.3	103.3	103.3	103.3	103.4	103.6	103.5	103.5	103.5
99.3	98.8	98.9	99.0	99.3	99.9	99.6	99.6	99.8
101.1	101.1	101.3	101.3	101.5	102.5	102.5	102.6	102.6
100.0	100.0	100.7	100.7	100.7	100.7	100.7	100.7	100.7
100.4	100.4	100.4	100.4	100.4	104.8	104.8	104.8	104.8
101.3	101.3	101.3	101.3	101.3	102.2	102.2	102.2	102.2
102.4	102.4	102.4	102.4	103.4	106.0	106.0	106.0	106.0
100.0	100.0	100.0	100.0	100.0	100.0	100.0	100.0	100.0
104.6	104.6	105.8	105.8	105.8	105.5	105.5	105.5	105.5
97.3	97.3	97.2	97.2	97.2	97.2	97.2	98.8	98.8
100.0	100.0	100.0	100.0	100.0	100.0	100.0	100.0	100.0
100.6	100.5	100.0	102.7	103.0	102.8	101.8	100.8	100.9
100.6	99.9	99.8	99.4	99.1	98.0	98.4	98.7	98.8
101.2	98.5	98.8	99.2	99.1	99.3	99.4	99.3	99.3
100.6	103.2	100.5	102.5	101.3	100.0	102.3	101.4	97.8
98.9	99.0	99.2	99.2	99.2	98.7	98.7	98.7	98.6
99.4	98.8	99.6	97.6	98.5	93.8	95.2	97.4	97.5
105.3	107.3	102.3	100.1	94.5	93.7	92.2	91.8	95.4
101.0	101.1	101.1	100.9	100.8	101.0	100.9	100.8	100.8
100.1	99.6	99.7	99.9	99.7	99.7	99.8	99.7	99.7
100.5	100.8	100.2	101.5	98.0	97.7	97.7	98.9	99.6
99.7	99.7	99.9	99.8	99.7	99.7	99.6	98.9	99.2
100.2	100.1	99.9	100.1	100.2	100.4	100.0	99.9	100.2
100.0	100.0	100.0	100.0	100.0	100.0	100.0	100.0	100.0
100.0	100.0	100.0	100.1	100.1	100.1	100.1	100.1	100.1
100.6	99.8	102.9	102.9	104.6	108.0	105.7	110.0	105.2
100.5	100.3	98.4	99.7	99.8	99.3	98.0	95.9	98.9
100.0	100.3	100.3	100.3	100.3	100.3	100.5	100.5	100.5
101.3	99.6	99.4	99.4	99.4	99.4	99.8	99.8	99.8
100.0	100.0	100.0	100.0	100.0	100.0	100.0	100.0	100.0
100.0	100.0	98.6	99.4	99.3	99.6	98.4	97.9	98.7
107.5	115.8	103.7	106.1	103.1	98.3	97.7	95.6	102.9
94.9	94.5	95.2	98.0	98.0	98.0	96.8	94.0	95.3
100.0	100.0	100.0	100.0	100.0	100.0	100.0	100.0	100.0
102.4	102.4	102.8	102.8	102.8	102.8	102.8	102.9	102.9
103.0	104.2	104.2	104.2	104.2	104.2	104.2	104.3	104.3
104.3	100.2	91.7	90.0	90.3	96.8	89.3	94.2	92.7
100.0	100.0	100.0	100.0	100.0	100.0	100.0	100.0	99.4
100.0	100.0	100.0	100.0	100.0	100.0	100.0	100.0	100.0

5-3 续表 7

(上年同月=100)

指 标	Item	1月 January	2月 February	3月 March
旅游	Touring	103.4	101.6	100.7
旅行社收费	Travel Agency Fees	104.1	101.8	100.7
其他旅游	Other Travel	100.8	100.8	100.6
医疗保健	Health Care	100.3	101.6	102.0
药品及医疗器具	Medicine and Medical Instrument	100.9	101.1	101.3
中药	Traditional Chinese Medicine	103.8	104.4	104.8
中 药 材	Chinese Medicinal Materials	101.8	102.5	103.1
中 成 药	Chinese Patent Medicine	105.1	105.5	105.7
西药	Western Medicine	100.0	100.1	100.2
抗微生物药	Antimicrobial Drugs	98.7	99.2	99.4
消化系统用药	Digestive System Drugs	100.2	100.0	99.5
呼吸系统用药	Respiratory System Durgs	99.2	100.1	100.4
解热镇痛药	Antipyretic Analgesics	100.9	101.5	101.3
抗肿瘤药	Antineoplastic Drugs	101.1	100.8	100.8
激素及影响内分泌药	Hormones and Endocrine Drugs	100.0	99.7	99.7
心血管系统用药	Cardiovascular System Drugs	100.0	100.1	100.3
血液系统用药	Blood System Drugs	100.4	100.5	100.5
治疗精神障碍药	Dysphrenia Drugs	100.3	100.7	100.6
神经系统用药	Nervous System Drugs	102.0	101.4	101.4
泌尿系统用药	Urinary System Drugs	100.5	100.6	100.6
维生素、矿物质类药	Vitamins and Minerals	100.2	101.0	100.8
调节水、电解质及酸碱	Adjust Water, Electrolyte and Acid-base Balance	99.9	99.7	99.7
其他西药	Other Western Medicines	98.6	99.1	99.9
滋补保健品	Health Care Articles	99.8	100.0	100.0
滋补保健品	Health Care Articles	99.8	100.0	100.0
医疗卫生器具	Medical Instrument	99.7	100.1	100.6
医疗卫生器具	Medical Instrument	99.7	100.1	100.6
保健器具	Health Care Appliance	100.0	100.0	100.0
保健器具	Health Care Appliance	100.0	100.0	100.0
医疗服务	Medical Services	100.1	101.8	102.4
综合医疗类	General Practice	100.1	102.7	102.9
一般医疗服务	General Medical Services	100.0	100.9	101.5
一般治疗操作	General Treatment Procedure	100.1	102.9	102.8
护 理	Nursing	99.9	104.9	104.4
其他综合医疗服务	Other Comprehensive Medical Services	100.6	102.6	104.2
诊断类	Diagnostic Class	100.0	101.0	101.8
病理学诊断	Pathological Diagnosis	100.0	102.8	103.7
实验室诊断	Laboratory Diagnosis	100.0	100.1	100.6
影像学诊断	Imaging Diagnosis	100.2	101.0	101.4
临床诊断	Clinical Diagnosis	100.0	101.7	103.1
治疗类	Therapeutic Category	100.0	101.8	103.1

continued

(the same month last year=100)

4月 April	5月 May	6月 June	7月 July	8月 August	9月 September	10月 October	11月 November	12月 December
101.6	102.2	102.1	112.1	113.5	113.2	110.9	107.0	106.4
101.9	102.5	102.3	114.8	116.3	116.0	113.1	108.4	107.7
100.4	100.9	101.2	101.3	101.6	101.5	101.6	101.3	101.3
102.8	102.8	102.8	103.8	104.3	104.9	104.9	105.0	107.3
101.4	101.5	101.4	102.3	102.1	103.9	103.9	104.1	104.3
105.0	105.0	104.1	107.3	106.3	109.7	109.7	110.2	110.9
103.4	103.4	103.5	112.3	112.4	119.5	119.6	121.1	122.9
106.0	106.0	104.5	104.4	102.8	104.1	104.0	103.9	104.1
100.2	100.3	100.5	100.5	100.6	102.4	102.5	102.6	102.5
99.7	99.8	100.5	100.8	100.9	100.9	101.8	101.9	101.6
99.9	100.2	100.2	100.0	100.1	100.5	100.5	100.5	100.5
100.2	100.3	100.3	100.3	100.3	99.9	99.9	99.9	99.9
101.2	101.3	101.3	100.7	100.7	100.7	100.7	100.7	100.7
100.9	101.0	101.0	100.9	100.9	100.9	101.4	101.4	101.4
99.4	99.4	101.2	101.2	101.2	116.0	116.0	116.4	116.4
100.2	100.2	100.0	100.0	100.0	100.1	100.1	100.1	100.1
100.4	100.4	100.2	100.2	100.1	100.1	100.1	100.1	99.9
100.7	100.6	100.4	100.4	100.2	100.1	100.0	99.9	99.9
100.1	100.1	100.3	100.3	100.3	100.3	100.3	100.3	100.3
100.3	100.3	100.3	100.3	100.6	100.6	100.6	100.6	100.6
101.9	101.9	101.9	101.9	101.9	101.9	101.9	101.9	101.9
99.3	100.2	100.1	101.5	102.7	102.7	103.2	103.2	103.2
100.5	100.5	100.4	100.3	100.0	100.1	100.0	100.0	100.0
100.0	100.1	100.1	100.1	100.1	100.0	100.0	100.0	100.0
100.0	100.1	100.1	100.1	100.1	100.0	100.0	100.0	100.0
100.8	101.5	101.7	102.5	102.8	102.8	102.8	102.8	102.8
100.8	101.5	101.7	102.5	102.8	102.8	102.8	102.8	102.8
99.9	99.8	99.9	99.9	99.8	99.8	99.8	99.8	99.8
99.9	99.8	99.9	99.9	99.8	99.8	99.8	99.8	99.8
103.5	103.5	103.5	104.5	105.4	105.4	105.4	105.4	108.8
104.6	104.6	104.6	105.6	106.8	106.8	106.8	106.7	107.7
102.0	102.0	102.0	103.4	105.5	105.5	105.5	105.5	106.9
104.8	104.8	104.8	105.8	106.1	106.1	106.1	106.1	107.1
107.5	107.9	107.9	109.1	111.6	111.6	111.6	111.6	113.7
104.8	104.8	104.8	105.2	106.8	106.8	106.8	106.2	106.2
102.7	102.7	102.7	103.9	104.8	104.8	104.8	104.9	107.3
104.0	104.0	104.0	104.4	106.5	106.5	106.5	107.4	108.4
101.6	101.6	101.6	103.1	103.6	103.6	103.6	103.6	105.2
102.3	102.3	102.3	103.9	105.6	105.6	105.6	105.4	108.5
103.9	103.9	103.9	104.7	105.2	105.2	105.2	105.2	108.4
103.6	103.2	103.2	103.8	104.4	104.4	104.4	104.5	115.4

5-3 续表 8

(上年同月=100)

指 标	Item	1月 January	2月 February	3月 March
临床手术治疗	Clinical Surgical Treatment	100.1	101.0	102.8
临床非手术治疗	Clinical Non-surgical Treatment	100.0	102.7	103.4
康复类	Rehabilitation Class	100.0	101.3	101.8
康复医疗	Rehabilitation Medicine	100.0	101.3	101.8
中医医疗服务类	Chinese Medicine Medical Service	99.9	102.4	102.6
中医治疗	Traditional Chinese Medicine	99.9	102.4	102.6
其他医疗保健服务	Other Medical Services	100.0	101.4	101.9
其他医疗保健服务	Other Medical Services	100.0	101.4	101.9
其他用品及服务	Other Articles and Services	103.6	102.7	101.7
其他用品类	Other Articles	106.0	103.7	102.2
首饰手表	Jewellery Watches	107.0	103.9	102.4
金 饰 品	Gold Jewelry	111.0	108.5	106.2
银 饰 品	Silver Jewelry	97.5	97.8	96.7
铂金饰品	Platinum Jewelry	107.8	100.6	99.3
手 表	Wrist Watch	100.0	100.0	100.2
母婴用品	Mother and Baby Supplies	109.3	107.0	104.7
母婴洗护喂养用品	Mother and Baby Washing and Feeding Supplies	108.6	110.9	111.1
其他母婴用品	Other Mother and Baby Supplies	110.0	103.4	99.2
其他杂项用品	Other Miscellaneous Supplies	101.7	101.0	100.0
箱 包	Luggage	101.6	100.4	100.2
眼 镜	Glasses	101.8	101.8	99.9
其他服务	Other Services	101.2	101.6	101.2
在外住宿	Outside Accommodation	102.9	104.2	102.8
宾馆住宿	Hotel Accommodation	103.8	105.4	104.1
其他住宿	Other Accommodation	98.4	98.1	96.1
美容美发洗浴	Beauty Hairdressing and Bath	100.4	100.3	100.3
美 容	Beauty	100.0	100.0	100.0
美 发	Hairdressing	100.0	99.9	99.9
洗 浴	Bath	102.0	101.6	101.6
养老服务	Pension Services	100.0	100.0	100.0
养老服务	Pension Services	100.0	100.0	100.0
金融及保险服务	Financial and Insurance Services	100.7	100.7	100.7
金融服务	Financial Service	100.0	100.0	100.0
车辆保险	Vehicle Insurance	100.0	100.0	100.0
旅行保险	Travel Insurance	100.0	100.0	100.0
其他保险	Other Insurance	101.9	101.9	101.9
中介法律及其他服务	Intermediary Legal and Other Services	100.0	100.0	100.1
中介服务	Intermediary Services	99.9	99.9	100.3
法律服务	Legal Services	100.0	100.0	100.0
其他杂项服务	Other Miscellaneous Services	100.0	100.0	100.0

continued

(the same month last year=100)

4月 April	5月 May	6月 June	7月 July	8月 August	9月 September	10月 October	11月 November	12月 December
103.5	103.5	103.5	104.4	104.9	104.9	104.9	105.1	106.5
103.8	102.8	102.8	103.2	103.8	103.8	103.8	103.8	124.7
102.4	102.4	102.4	104.2	104.8	104.8	104.8	104.4	107.4
102.4	102.4	102.4	104.2	104.8	104.8	104.8	104.4	107.4
103.6	104.0	104.0	104.7	105.0	105.0	105.0	105.0	106.3
103.6	104.0	104.0	104.7	105.0	105.0	105.0	105.0	106.3
105.8	105.9	105.9	107.0	107.5	107.5	107.5	107.5	108.0
105.8	105.9	105.9	107.0	107.5	107.5	107.5	107.5	108.0
103.0	103.1	102.7	104.5	105.3	104.4	103.9	102.2	101.8
104.4	103.5	102.5	105.3	105.0	106.1	104.9	104.5	104.4
107.7	109.0	107.9	111.1	110.6	112.3	110.0	108.5	108.6
111.4	113.6	113.9	119.2	119.4	122.6	120.0	118.8	117.9
99.0	101.4	101.8	102.3	102.3	102.8	103.0	103.0	103.1
108.4	107.6	103.7	106.1	103.7	103.8	99.9	96.7	98.3
100.2	100.2	97.1	97.1	97.0	97.2	97.2	97.2	97.2
100.3	95.8	94.0	99.0	98.4	100.3	99.8	99.9	100.4
103.2	97.9	92.6	100.1	97.9	98.3	95.9	99.8	100.1
97.7	93.9	95.2	98.0	98.8	102.3	103.6	100.0	100.7
100.7	98.9	98.7	99.2	99.4	98.5	98.9	99.9	99.0
101.4	98.2	99.0	99.8	100.2	98.6	99.2	101.0	99.3
100.0	99.8	98.4	98.4	98.4	98.5	98.5	98.5	98.5
101.7	102.6	102.9	103.7	105.6	102.7	102.9	99.8	99.1
104.3	107.1	108.0	109.6	115.5	107.3	107.9	98.9	96.9
105.1	107.7	109.2	111.0	117.1	107.9	108.3	98.1	95.8
99.8	103.8	101.5	101.8	106.5	103.6	106.0	103.7	103.3
100.3	100.3	100.4	100.5	100.3	100.3	100.3	100.3	100.3
100.0	100.0	100.0	100.0	100.0	100.0	100.0	100.0	100.0
99.9	100.4	100.6	100.8	100.5	100.5	100.5	100.5	100.5
101.6	100.6	100.6	100.6	100.0	100.0	100.0	100.0	100.0
100.0	100.0	100.0	100.0	100.0	100.0	100.0	100.0	100.0
100.0	100.0	100.0	100.0	100.0	100.0	100.0	100.0	100.0
100.7	100.7	100.7	100.7	100.7	100.7	100.7	100.7	100.7
100.0	100.0	100.0	100.0	100.0	100.0	100.0	100.0	100.0
100.0	100.0	100.0	100.0	100.0	100.0	100.0	100.0	100.0
100.0	100.0	100.0	100.0	100.0	100.0	100.0	100.0	100.0
101.9	101.9	101.9	101.9	101.9	101.8	101.8	101.8	101.8
100.1	100.1	100.1	100.1	100.1	100.1	100.1	100.1	100.1
100.3	100.3	100.4	100.4	100.4	100.4	100.4	100.4	100.4
100.0	100.0	100.0	100.0	100.0	100.0	100.0	100.0	100.0
100.0	100.0	100.0	100.0	100.0	100.0	100.0	100.0	100.0

5-4 居民消费价格分月指数(2023)

(上月=100)

指　　标	Item	1月 January	2月 February	3月 March
居民消费价格指数	**Consumer Price Index**	**100.6**	**99.8**	**99.6**
食品烟酒	Food,Tobacco and Alcohol	101.5	98.8	98.7
食品	Food	102.4	98.5	98.2
粮食	Grain	100.1	100.0	100.0
大　　米	Rice	100.0	100.0	100.0
面　　粉	Flour	100.1	100.0	100.0
其他粮食	Other Grain	100.8	100.3	100.5
粮食制品	Grain Products	100.0	100.0	100.0
薯类	Tubers	108.0	104.3	102.6
薯　　类	Tubers	108.0	104.3	102.6
豆类	Beans	100.3	100.2	100.2
干　　豆	Dried Beans	100.2	100.3	100.0
豆 制 品	Bean Products	100.3	100.2	100.3
食用油	Edible Oil and Fats	99.9	99.9	100.0
食用植物油	Edible Vegetable Oil	100.0	99.9	100.0
食用动物油	Edible Animal Oil	97.9	98.3	98.8
菜及食用菌	Vegetable and Edible Fungi	121.2	96.7	92.7
鲜　　菜	Fresh Vegetables	121.9	96.5	92.8
鲜　　菌	Fresh Fungus	122.7	98.0	84.1
干菜干菌及制品	Dried Vegetables, Dried Edible Fungi and Products	100.6	100.0	100.2
畜肉类	Meat of Livestock	92.3	95.5	98.4
猪　　肉	Pork	83.4	89.1	96.7
牛　　肉	Beef	99.2	99.6	99.4
羊　　肉	Mutton	100.1	100.1	99.6
其他畜肉及副产品	Other Meat of Livestock and By-products	92.5	96.9	97.4
畜肉制品	Animal Meat Products	99.8	99.6	100.0
禽肉类	Meat of Poultry	100.3	99.4	99.8
鸡	Chicken	100.0	99.1	99.6
鸭	Duck	100.5	99.9	99.9
其他禽肉及制品	Other Poultry Meat and Products	101.0	100.1	100.3
水产品	Aquatic Products	99.1	99.0	98.0
淡 水 鱼	Freshwater Fish	98.1	98.1	96.8
海 水 鱼	Saltwater Fish	100.5	99.5	99.4
虾 蟹 类	Shrimps and Crabs	99.5	99.2	98.2
其他水产品及制品	Other Aquatic Products and Products	100.0	100.3	100.0
蛋类	Eggs	95.6	97.9	98.2
鸡　　蛋	Egg	95.4	97.8	98.1
其他蛋及制品	Other Eggs and Products	100.2	100.2	100.7
奶类	Milk	100.0	100.0	100.1
鲜　　奶	Fresh Milk	100.0	100.0	100.0
酸　　奶	Yogurt	100.0	99.9	99.9

Consumer Price Indices by Month(2023)

(preceding month=100)

4月 April	5月 May	6月 June	7月 July	8月 August	9月 September	10月 October	11月 November	12月 December
99.8	**100.0**	**99.9**	**100.2**	**100.1**	**100.1**	**100.1**	**99.5**	**100.3**
99.1	99.9	99.9	99.1	99.5	100.0	100.3	99.4	100.5
98.7	99.8	99.7	98.5	99.2	100.0	100.5	99.0	100.8
100.0	100.1	100.1	100.0	100.0	100.1	100.3	100.1	100.1
100.0	99.8	100.2	100.2	100.1	100.0	100.0	100.0	100.1
99.9	99.8	100.0	100.2	99.8	100.1	100.2	100.0	100.1
100.1	100.1	100.3	100.5	100.4	100.3	100.4	100.2	100.0
100.0	100.4	100.0	99.7	100.0	100.0	100.5	100.3	100.0
103.9	108.9	98.1	96.3	94.2	92.4	92.8	94.4	100.7
103.9	108.9	98.1	96.3	94.2	92.4	92.8	94.4	100.7
100.8	100.3	100.0	99.9	100.0	100.4	100.0	100.0	100.0
100.0	100.0	99.4	98.8	99.6	101.3	100.1	100.0	100.0
101.0	100.4	100.1	100.2	100.0	100.1	100.0	100.0	100.0
100.0	99.8	99.5	99.9	99.8	99.7	99.8	99.8	99.0
100.0	99.8	99.5	99.9	99.8	99.7	99.8	99.8	99.0
98.0	97.6	99.8	98.4	100.7	99.7	99.3	98.8	99.6
91.4	97.7	97.8	95.1	96.6	101.9	100.5	98.9	109.1
90.8	97.5	97.8	94.6	96.0	102.1	100.9	99.0	109.8
99.0	98.0	94.9	100.1	106.6	99.7	93.8	97.8	103.1
100.0	100.2	100.4	100.4	100.4	100.0	100.4	99.8	100.0
98.5	99.4	98.0	98.6	103.9	100.3	99.3	98.8	99.1
96.8	99.2	98.8	98.7	111.3	100.8	98.4	97.6	98.5
99.7	99.1	95.5	98.1	100.5	100.8	100.1	99.3	98.9
98.9	99.9	98.3	99.1	99.7	99.7	99.7	99.0	99.8
99.1	98.5	98.6	97.0	100.4	99.3	99.6	100.5	99.0
99.9	100.0	99.7	99.2	99.9	100.0	100.0	100.0	99.9
99.3	100.4	99.5	99.3	100.6	100.0	99.6	99.4	99.6
98.8	99.9	99.0	99.3	100.9	100.1	99.4	99.1	99.5
99.7	100.3	100.0	99.5	100.4	100.3	100.0	100.0	99.5
100.4	101.3	100.4	99.3	100.0	99.9	99.9	99.9	99.9
99.5	100.2	101.1	100.4	100.1	99.8	99.4	99.0	99.4
99.6	101.0	103.2	101.2	100.0	99.4	99.3	98.3	99.1
99.9	100.4	100.1	100.6	100.3	99.9	100.3	100.1	99.5
98.7	98.9	99.1	99.1	100.0	100.1	98.6	98.8	99.6
100.1	100.3	100.3	99.9	100.2	100.0	100.0	100.0	99.9
100.5	99.3	98.6	96.9	107.4	103.9	98.1	95.5	98.7
100.5	99.3	98.6	96.7	107.7	104.0	98.1	95.3	98.6
100.0	100.1	100.3	100.2	100.2	100.5	100.0	100.0	100.0
100.1	100.1	99.5	99.4	99.8	100.1	100.0	100.0	100.1
99.9	100.0	98.6	98.7	100.1	100.0	99.9	100.0	100.2
100.0	100.0	99.9	99.7	98.8	101.0	99.8	99.8	100.3

5-4 续表 1

(上月=100)

指　标	Item	1月 January	2月 February	3月 March
奶　粉	Milk Powder	100.1	100.1	100.4
其他奶制品	Other Dairy Products	100.0	100.0	100.0
干鲜瓜果类	Dried and Fresh Melons and Fruits	105.0	98.8	98.4
鲜　果	Fresh Fruits	106.0	98.4	97.8
坚　果	Nut	100.8	100.4	100.9
瓜果制品	Melon and Fruit Products	100.3	100.0	100.0
糖果糕点类	Candy and Cake	100.1	100.1	100.4
食　糖	Sugar	100.0	100.0	101.9
糖　果	Candy	99.9	100.5	100.5
糕　点	Cakes and Pastries	100.2	100.1	100.1
其他糖果糕点	Other Sweets and Pastries	100.0	100.0	100.0
调味品	Flavoring	100.1	100.1	99.9
食用盐	Edible Salt	100.0	100.0	100.0
酱　油	Soy Sauce	100.0	100.0	100.0
食　醋	Vinegar	100.0	100.0	100.0
增味剂	Flavor Enhancer	100.0	100.0	100.0
其他调味品	Other Condiments	100.2	100.2	99.8
其他食品类	Other Foods	100.4	100.3	100.0
方便食品	Convenience Food	100.0	100.0	100.0
淀粉及制品	Starch and Products	100.7	100.0	100.0
其他食品	Other Food	100.7	100.7	100.0
茶及饮料	Tea and Beverages	100.2	100.5	100.1
茶　叶	Tea	100.0	100.0	100.0
固体咖啡	Solid Coffee	100.0	101.1	100.0
其他固体饮料	Other Solid Drinks	100.0	100.9	101.3
饮用水	Drinking Water	100.0	100.0	100.0
果汁饮料	Fruit Juice Beverage	100.6	100.1	100.0
其他液体饮料	Other Liquid Beverages	100.4	101.3	100.1
烟酒	Tobacco and Alcohol	100.2	99.7	100.0
卷烟	Tobacco	100.3	100.0	100.0
卷　烟	Tobacco	100.3	100.0	100.0
酒类	Alcohol	100.1	99.2	100.1
白　酒	Liquor	100.0	98.9	100.1
葡萄酒	Wine	100.0	100.0	100.0
啤　酒	Beer	100.2	100.2	100.0
其他酒类	Other Wines	100.1	100.2	100.0
在外餐饮	Dining Out	99.7	99.0	99.3
餐馆餐饮	Restaurants and Catering	100.0	100.0	100.0
饮品店餐饮	Drink Shop and Catering	100.0	100.0	100.0
外　卖	Take Out	98.4	94.8	95.9
其他在外餐饮	Others	100.2	100.4	100.5
衣着	Clothing	100.1	99.9	99.5

continued

(preceding month=100)

4月 April	5月 May	6月 June	7月 July	8月 August	9月 September	10月 October	11月 November	12月 December
100.5	100.2	100.1	100.1	100.0	100.0	100.0	100.0	100.0
100.0	99.8	99.9	99.6	99.3	99.7	100.5	100.4	99.9
100.9	99.8	102.7	97.9	94.0	98.4	104.5	98.3	99.1
101.1	99.7	103.3	97.4	92.4	97.9	105.9	98.0	98.8
100.3	100.2	100.5	100.3	100.7	100.5	99.7	99.1	100.0
99.8	99.9	99.4	99.9	99.9	99.8	100.0	100.0	100.6
100.0	100.3	100.4	100.4	100.4	100.0	100.0	100.0	100.0
100.1	100.1	100.0	102.5	102.6	99.8	100.2	100.2	100.0
100.1	100.0	100.0	100.0	100.1	100.0	100.0	100.1	100.0
100.0	100.2	100.5	99.9	100.0	100.0	100.0	100.0	100.0
100.1	101.6	100.6	100.7	100.2	100.3	99.5	100.1	100.0
100.2	100.4	100.2	99.9	99.9	99.9	100.0	100.0	100.0
100.0	100.0	100.0	100.1	100.0	99.9	100.2	100.0	100.0
100.0	100.1	100.0	99.5	99.6	99.7	100.0	100.0	99.9
100.9	100.8	100.1	100.0	100.0	100.0	100.0	100.0	100.0
100.2	100.7	100.4	100.5	100.0	100.6	100.0	100.0	100.0
100.1	100.2	100.3	99.8	100.1	99.5	100.0	100.0	99.9
100.1	100.1	100.0	99.8	100.1	100.1	100.0	100.0	100.0
100.2	100.2	99.9	99.6	99.9	100.2	99.9	99.8	100.1
100.0	99.6	99.6	99.7	100.1	100.4	100.4	100.4	100.0
100.2	100.3	100.3	100.0	100.4	99.9	100.0	100.0	100.0
99.9	100.5	100.7	100.5	100.2	99.9	99.8	100.0	100.0
100.0	100.0	100.0	99.9	100.0	100.2	100.0	100.0	100.0
100.0	101.1	104.3	100.2	100.1	100.0	100.0	100.0	100.0
99.5	99.8	100.5	100.2	100.2	99.9	99.9	100.0	100.0
99.6	101.2	101.6	100.0	100.0	98.6	98.5	100.0	100.0
100.0	100.2	100.2	101.1	100.0	99.9	100.0	100.0	99.9
100.0	101.0	101.2	101.6	100.5	100.0	100.0	100.0	100.0
100.2	100.1	100.1	100.2	100.3	100.0	100.0	100.1	100.0
100.2	100.0	100.1	100.4	100.1	100.0	100.0	100.1	100.0
100.2	100.0	100.1	100.4	100.1	100.0	100.0	100.1	100.0
100.2	100.2	100.1	100.0	100.6	100.0	100.0	100.0	100.0
100.2	100.3	100.1	100.1	100.7	100.1	100.0	100.1	100.0
100.0	100.0	100.0	100.0	100.0	100.0	100.0	99.9	100.0
100.0	99.7	100.0	99.5	100.0	99.9	100.0	99.4	100.2
100.0	100.0	100.0	99.4	100.6	100.0	100.1	100.0	100.0
99.5	100.2	100.2	100.3	100.0	100.2	100.2	100.0	100.0
100.0	100.0	100.1	100.0	100.0	100.0	100.0	100.0	100.0
100.0	100.0	100.0	100.0	99.8	100.0	100.0	100.0	100.0
97.6	100.9	100.2	101.5	100.1	100.8	101.1	99.8	99.9
100.0	100.0	100.5	100.0	100.0	100.0	100.0	100.0	100.0
100.1	100.3	100.2	99.9	99.8	100.1	100.3	99.9	99.9

5-4 续表 2

(上月=100)

指　　标	Item	1月 January	2月 February	3月 March
服装	Garments	100.1	99.9	99.6
男式服装	Men's Clothing	100.2	99.9	99.8
男式外套	Men's Coat	100.4	99.7	99.4
男式针织衫	Men's Knitwear	100.0	99.6	99.3
男式衬衫T恤	Men's Shirt T-shirt	100.0	100.1	100.7
男式裤子	Men's Pants	100.0	100.1	100.2
男式内衣	Men's Underwaist	100.1	100.0	100.1
女式服装	Women's Clothing	100.1	99.8	99.5
女式外套	Women's Coat	100.5	99.5	98.3
女式针织衫	Women's Knitwear	100.0	99.9	99.5
女式衬衫T恤	Women's Shirt T-shirt	99.3	100.1	100.9
女式裤子	Women's Pants	100.1	100.1	100.1
女式裙子	Women's Skirt	100.0	99.9	100.0
女式内衣	Women's Underwaist	99.8	100.0	100.1
儿童服装	Children's Clothing	100.0	99.9	99.7
婴儿服装	Baby Clothing	100.3	99.9	98.2
儿童上衣	Children's Coat	99.8	99.9	100.1
儿童裤子	Children's Trousers	100.1	99.9	100.3
儿童裙子	Children's Skirt	100.0	100.0	99.9
儿童内衣	Children's Underwaist	99.9	100.0	100.4
衣着材料及配件	Other Clothing and Accessories	99.9	100.0	100.0
袜　　子	Socks	100.0	100.0	100.0
帽　　子	Cap	99.9	100.0	100.0
其他衣着材料及配件	Other Clothing Materials and Accessories	99.9	100.0	100.0
衣着服务费	Clothing Manufacturing Services	100.0	99.9	100.0
衣着洗涤保养	Scrubbing Maintenance	100.0	100.0	100.0
其他衣着服务	Other Clothing Services	100.0	99.9	100.0
鞋类	Footwear	100.0	99.9	98.8
鞋	Shoes	100.0	99.9	98.8
男　　鞋	Men's Shoes	100.0	100.0	100.0
女　　鞋	Women's Shoes	100.0	99.8	97.7
童　　鞋	Children's Shoes	100.0	100.1	99.6
鞋类服务	Footwear Services	100.0	100.0	100.0
鞋类服务	Footwear Services	100.0	100.0	100.0
居住	Residence	100.0	100.0	100.1
租赁房房租	Rent of Rental Housing	100.0	100.1	100.0
公房房租	Public Rent	100.0	100.0	100.0
私房房租	Private House Rent	100.0	100.1	100.0
住房保养维修及管理	Housing Maintenance and Management	100.0	99.8	99.9
住房装潢材料	Housing Decoration Materials	100.0	99.1	99.4
木 地 板	Wood Floor	100.0	100.0	99.7
瓷　　砖	Tile	100.0	99.4	100.0

continued

(preceding month=100)

4月 April	5月 May	6月 June	7月 July	8月 August	9月 September	10月 October	11月 November	12月 December
100.1	100.4	100.2	99.9	99.7	100.2	100.4	100.0	99.9
100.1	100.0	100.0	100.0	99.9	100.5	100.4	100.1	99.9
100.0	99.7	99.9	100.0	100.0	100.3	100.7	100.1	100.0
99.9	99.9	100.0	100.0	100.2	100.7	100.9	99.9	99.9
100.8	100.4	100.2	99.9	99.0	100.2	100.1	100.2	99.9
100.0	100.0	99.9	100.0	99.8	101.2	99.8	100.0	100.0
100.4	100.7	100.0	100.0	100.0	100.2	100.3	100.0	100.0
100.3	100.7	100.4	99.9	99.6	99.9	100.4	99.9	99.9
99.7	99.0	100.0	100.0	100.0	100.5	100.6	99.9	100.0
99.4	99.5	100.0	99.9	100.0	100.1	101.3	100.0	99.9
101.1	100.8	100.9	99.8	98.9	99.7	99.8	99.9	99.7
99.8	100.4	100.0	100.0	99.6	99.9	100.1	100.0	100.0
102.1	106.1	102.0	99.8	98.4	98.6	99.9	99.7	99.8
100.6	101.1	100.0	100.0	100.0	100.0	100.4	99.9	100.0
99.7	100.0	100.2	99.9	99.8	100.4	100.6	99.9	100.0
100.0	100.0	100.0	100.0	99.9	99.9	102.0	100.0	100.0
99.1	99.0	100.4	99.8	100.5	100.7	100.3	99.8	99.9
100.0	100.8	100.0	99.9	99.8	101.0	100.1	99.7	100.0
100.1	100.7	100.8	99.7	98.4	99.7	100.0	99.9	100.0
100.1	99.9	99.8	100.0	100.0	100.0	100.0	100.0	100.0
100.0	100.0	100.0	100.0	100.0	100.0	100.1	100.0	100.0
100.0	100.0	100.0	100.0	100.0	100.0	100.0	100.0	100.0
100.0	100.0	100.0	100.0	100.0	100.0	100.0	100.1	100.0
100.0	100.0	100.0	100.0	100.0	100.0	100.3	100.0	100.1
100.0	100.0	100.0	100.0	100.0	100.1	100.0	100.0	100.0
100.0	100.0	100.0	100.0	100.0	100.0	100.0	100.0	100.0
100.0	100.0	100.0	100.0	100.0	100.2	100.0	100.0	100.0
99.9	100.0	100.0	99.9	100.0	99.9	99.9	99.9	99.9
99.9	100.0	100.0	99.9	100.0	99.9	99.9	99.9	99.9
100.0	100.0	100.0	99.8	99.8	99.9	99.9	99.9	99.9
99.8	99.9	100.0	100.0	100.3	99.9	99.9	100.0	99.9
99.9	100.0	99.7	99.6	99.5	99.7	100.0	99.5	99.8
100.0	100.0	100.0	100.0	100.0	100.0	100.0	100.0	100.0
100.0	100.0	100.0	100.0	100.0	100.0	100.0	100.0	100.0
100.0	100.1	99.9	99.9	100.2	99.9	100.0	100.0	100.0
100.0	100.0	99.8	99.8	100.2	99.9	99.9	100.0	100.0
100.0	100.0	100.0	100.0	100.0	100.0	100.0	100.0	100.0
100.0	100.0	99.8	99.7	100.3	99.9	99.9	99.9	100.0
100.3	100.3	99.9	100.1	100.0	100.0	100.0	100.0	100.0
99.9	99.9	99.8	100.0	100.0	100.0	99.9	99.9	100.0
100.0	100.0	100.0	100.0	100.3	100.0	100.0	99.9	100.0
100.0	99.5	100.0	100.0	99.7	100.0	100.0	100.0	100.0

5-4 续表 3

(上月=100)

指　标	Item	1月 January	2月 February	3月 March
水　泥	Cement	100.0	97.0	97.3
涂　料	Paint	100.0	96.6	99.4
板　材	Board	100.0	99.7	99.3
管　材	Pipe	100.0	99.8	100.4
厨卫设备	Kitchen and Bath Fixtures	100.0	99.8	100.0
门　窗	Doors and Windows	100.0	100.0	99.8
其他住房装潢材料	Other Housing Decoration Materials	100.0	98.6	99.2
住房维修管理费用	Housing Maintenance and Management Expenses	100.0	100.5	100.5
物业管理费	Property Management Fee	100.0	100.0	100.9
装潢维修费	Decoration and Maintenance Fee	100.0	101.0	100.5
其他住房费用	Other Housing Costs	100.0	100.0	100.0
水电燃料	Water, Electricity and Fuels	100.0	100.0	100.0
水	Water	100.0	100.0	100.0
水	Water	100.0	100.0	100.0
电	Electricity	100.0	100.0	100.0
电	Electricity	100.0	100.0	100.0
燃气	Gas	100.0	99.9	100.0
管道燃气	Pipeline Gas	100.0	100.0	100.0
液化石油气	Liquefied Petroleum Gas	100.0	99.8	100.0
其他燃料	Other Fuels	100.0	100.0	100.0
其他燃料	Other Fuels	100.0	100.0	100.0
自有住房	Private Housing	100.0	100.1	100.1
自有住房	Private Housing	100.0	100.1	100.1
生活用品及服务	Articles for Daily Use and Services	99.8	100.2	99.5
家具及室内装饰品	Furniture and Interior Decorations	99.7	100.1	100.0
家具	Furniture	100.0	100.0	100.0
柜	Cabinet	100.0	100.0	100.0
床	Bed	100.0	100.0	100.0
桌	Table	100.0	100.0	100.0
椅	Chair	100.0	100.0	100.0
沙　发	Sofa	100.0	100.0	100.0
其他家具	Other Furniture	100.0	100.0	100.0
室内装饰品	Interior Decorations	97.5	101.1	99.8
灯　具	Lamps and Lanterns	96.0	101.8	99.7
其他室内装饰品	Other Interior Decorations	100.0	100.0	100.0
家用器具	Home Appliances	100.1	100.3	100.1
大型家用器具	Large Household Appliances	100.2	100.4	100.1
洗 衣 机	Washing Machine	101.0	101.7	100.2
电冰箱(柜)	Refrigerator	100.2	100.2	99.5
抽油烟机	Ventilator	100.0	100.0	98.3
空 调 器	Air Conditioner	101.2	98.9	103.0
热 水 器	Water Heater	99.3	98.1	100.8

continued

(preceding month=100)

4月 April	5月 May	6月 June	7月 July	8月 August	9月 September	10月 October	11月 November	12月 December
99.1	100.0	98.7	100.4	100.1	100.0	99.8	100.0	100.0
100.0	100.0	100.0	100.0	100.0	100.0	100.0	100.0	100.0
100.0	100.0	100.0	100.0	99.9	100.0	100.0	100.0	100.0
100.0	100.0	100.0	100.0	100.0	100.0	100.0	100.0	100.0
99.8	100.0	100.0	100.0	100.0	100.0	100.0	100.0	100.0
100.0	99.9	99.8	100.0	100.0	100.0	99.6	99.6	100.0
100.0	100.1	100.0	100.0	99.4	100.0	100.0	100.0	99.9
100.7	100.7	100.0	100.2	100.0	100.0	100.0	100.0	100.0
100.0	100.0	100.0	100.0	100.0	100.0	100.0	100.0	100.0
101.3	101.3	100.0	100.0	100.0	100.0	100.0	100.0	100.0
100.0	100.0	100.0	100.8	100.0	100.0	100.0	100.0	100.0
100.0	100.0	100.0	100.0	101.1	100.1	100.0	100.1	100.0
100.0	100.0	100.0	100.0	100.0	100.0	100.0	100.0	100.0
100.0	100.0	100.0	100.0	100.0	100.0	100.0	100.0	100.0
100.0	100.0	100.0	100.0	100.0	100.0	100.0	100.0	100.0
100.0	100.0	100.0	100.0	100.0	100.0	100.0	100.0	100.0
99.9	100.0	99.9	99.8	106.8	100.0	100.0	100.5	100.0
100.0	100.0	100.0	99.8	109.3	100.0	100.0	100.7	100.0
99.7	100.0	99.6	99.9	100.3	100.0	100.1	100.1	100.0
100.0	100.0	100.0	100.0	100.0	100.4	100.0	100.0	100.0
100.0	100.0	100.0	100.0	100.0	100.4	100.0	100.0	100.0
100.0	100.0	99.8	99.8	100.0	99.8	99.9	99.9	100.0
100.0	100.0	99.8	99.8	100.0	99.8	99.9	99.9	100.0
99.8	100.0	99.6	100.5	99.8	100.1	100.0	99.9	100.8
100.1	100.0	99.9	100.1	99.9	100.1	99.9	100.4	100.0
100.0	99.9	100.0	99.9	100.0	100.0	100.0	100.0	100.0
100.0	100.0	100.0	99.9	100.0	100.1	100.0	100.0	100.0
100.0	100.0	100.0	99.9	100.0	100.0	100.0	100.0	100.0
100.0	100.1	100.0	100.0	100.0	100.0	100.0	100.0	100.0
100.0	100.1	100.0	100.0	100.0	100.0	100.0	100.0	100.0
100.0	99.7	100.0	99.9	100.0	100.0	100.0	100.0	100.0
100.0	100.0	100.0	100.0	100.0	100.0	100.0	100.0	100.0
101.1	101.1	99.1	101.7	99.4	100.5	99.0	103.7	100.3
101.8	101.8	98.6	102.8	99.0	100.8	98.4	105.3	99.9
100.0	100.0	100.0	100.0	100.0	100.0	100.0	100.9	100.9
99.5	99.5	99.2	101.0	99.2	100.0	101.4	98.9	101.0
99.5	99.4	99.1	101.2	99.1	100.0	101.6	98.6	101.0
99.7	100.6	97.2	102.0	98.9	100.8	100.7	97.4	100.6
100.4	98.9	98.3	102.2	98.8	99.8	102.6	97.1	99.9
100.0	100.0	99.5	98.8	99.0	99.7	102.3	99.1	104.2
98.1	98.7	99.1	101.5	99.8	100.2	102.6	98.5	98.3
99.6	99.6	100.5	100.2	99.0	99.1	102.3	100.8	101.2

5-4 续表 4

(上月=100)

指　　标	Item	1月 January	2月 February	3月 March
炉具灶具	Stove and Cookers	99.7	101.7	101.1
吸 尘 器	Cleaner	96.6	105.0	100.1
空气净化器	Air Cleaner	99.9	101.9	98.0
净 水 器	Water Purifier	100.7	99.5	99.1
其他大型家用器具	Other Large Household Appliances	100.0	100.0	100.0
小家电	Small Home Appliances	99.9	99.7	100.0
厨房小家电	Kitchen Small Household Appliances	100.0	99.8	99.8
生活小家电	Living Small Household Appliances	99.6	99.4	100.3
家用纺织品	Home Textiles	100.0	100.0	99.9
床上用品	Bedding Article	100.0	100.0	100.0
被　　子	Quilt	100.0	100.0	100.0
床单被套	Bed Sheet and Cover	100.0	100.0	100.0
其他床上用品	Other Bedding	100.0	100.0	100.0
窗帘门帘	Curtain	100.0	100.0	99.7
窗帘门帘	Curtain	100.0	100.0	99.7
其他家用纺织品	Other Household Textiles	100.0	100.0	100.0
其他家用纺织品	Other Household Textiles	100.0	100.0	100.0
家庭日用杂品	Daily Use Household Articles	99.7	100.4	99.3
洗涤卫生用品	Washing Sanitary Articles	99.9	99.8	98.1
清洗用品	Cleaning Supplies	98.9	99.7	99.6
清洁用具	Cleaning Appliances	100.7	98.9	95.6
清洁用纸	Cleaning Paper	100.5	100.1	97.7
厨具餐具茶具	Kitchenware, Tableware, Tea set	99.6	100.0	100.2
厨　　具	Kitchenware	99.4	100.4	100.6
餐　　具	Tableware	101.8	99.1	99.3
茶　　具	Tea Set	95.7	101.1	100.8
其他家庭日用杂品	Other Family Daily Sundry Goods	99.4	101.5	100.0
配电附件	Distribution Accessories	98.6	102.4	100.0
雨　　具	Rain Gear	99.4	102.9	100.1
其他日用杂品	Other Daily Sundry Goods	100.0	100.3	100.0
个人护理用品	Personal-care Supplies	99.3	100.3	98.0
化妆品	Cosmetics	98.4	100.3	96.5
清洁化妆品	Cleaning Cosmetics	98.8	99.5	100.2
护肤化妆品	Skin Care Cosmetics	97.5	100.9	92.6
彩妆化妆品	Make-Up Cosmetics	99.8	99.9	100.5
化妆器具	Make-Up Appliances	100.1	100.2	99.4
其他护理用品类	Other Nursing materials	100.2	100.4	99.4
清洁类护理用品	Cleaning Supplies	100.3	98.8	98.7
护发美发用品	Hair Care Products	99.6	102.7	99.4
护理器具	Nursing Appliances	101.6	101.2	101.8
其他护理用品	Other Nursing Supplies	100.0	100.0	100.0
家庭服务	Household Services	100.0	100.0	100.0

continued

(preceding month=100)

4月 April	5月 May	6月 June	7月 July	8月 August	9月 September	10月 October	11月 November	12月 December
97.9	96.4	103.1	100.3	99.6	100.0	100.0	101.2	101.9
98.6	100.4	100.0	100.7	98.0	98.2	101.8	97.7	102.8
99.1	100.9	98.2	103.5	98.4	102.0	98.8	97.9	98.5
98.2	99.2	99.7	101.4	99.9	100.2	99.6	100.5	106.0
99.9	99.9	99.9	100.0	99.9	100.1	100.0	100.1	99.9
99.5	99.9	99.7	99.9	99.7	100.2	100.3	100.3	101.2
99.6	99.5	99.9	100.1	100.0	100.5	100.1	99.6	100.5
99.1	100.8	99.4	99.6	98.8	99.6	100.7	101.8	102.7
100.1	100.0	100.0	99.9	99.9	99.9	100.1	100.0	100.0
100.1	100.0	100.0	99.9	99.8	99.8	100.1	99.9	100.0
100.2	100.0	100.0	99.8	99.8	99.6	100.3	99.9	100.0
100.0	100.0	100.0	100.0	99.8	100.0	100.0	99.9	100.0
100.0	100.0	100.0	99.9	100.0	100.0	100.0	100.0	100.0
100.0	100.0	100.0	100.1	100.0	100.0	100.0	100.0	100.0
100.0	100.0	100.0	100.1	100.0	100.0	100.0	100.0	100.0
100.0	100.0	100.0	99.7	100.0	100.0	100.0	100.0	100.0
100.0	100.0	100.0	99.7	100.0	100.0	100.0	100.0	100.0
98.6	100.3	99.6	100.8	100.3	100.3	99.1	100.9	102.0
99.1	100.6	99.0	101.3	99.6	100.5	98.5	102.0	104.6
98.4	100.3	100.8	100.9	98.7	101.5	99.9	103.8	105.4
101.3	101.1	98.5	101.3	100.7	101.6	99.5	100.3	105.3
99.0	100.8	97.6	101.8	100.0	99.1	96.6	100.8	103.5
98.9	100.3	99.1	101.0	101.3	100.0	99.3	100.4	99.0
97.5	100.5	100.4	101.4	101.9	99.7	99.2	100.9	97.6
99.7	99.7	97.2	100.6	100.6	100.6	100.0	99.4	99.9
102.0	100.8	99.2	100.5	100.6	99.6	97.9	100.8	101.5
97.8	99.8	100.8	100.0	100.4	100.2	99.8	99.9	101.2
94.7	100.7	102.5	99.0	101.1	100.9	98.7	100.6	98.6
98.6	97.7	98.9	102.4	99.3	99.3	102.0	100.9	108.7
100.1	99.7	100.0	99.9	100.2	100.0	100.0	99.0	100.9
101.7	100.4	99.5	100.6	99.7	100.3	99.6	99.3	100.7
103.3	100.5	99.2	100.7	100.0	100.7	99.3	98.8	100.9
101.7	99.7	100.1	100.5	99.7	100.0	99.9	98.9	101.5
106.0	101.4	98.4	100.6	100.2	100.9	99.4	98.3	100.6
100.0	100.0	99.6	101.2	100.0	100.6	98.8	99.7	101.5
100.3	99.7	99.8	101.3	99.1	102.6	96.8	100.0	99.5
100.2	100.2	99.7	100.5	99.4	99.9	100.0	99.8	100.4
101.2	100.0	99.8	100.9	99.6	100.1	100.0	99.6	101.5
99.0	100.2	100.3	99.7	99.8	99.6	100.2	99.5	100.5
99.7	101.0	98.1	101.4	97.6	99.8	99.2	100.9	97.0
99.9	100.4	99.9	99.9	100.0	100.0	100.2	100.0	100.0
100.0	100.0	100.0	100.0	100.0	100.0	100.0	100.0	100.0

5-4 续表 5

(上月=100)

指　标	Item	1月 January	2月 February	3月 March
家政服务	Household Management Services	100.1	100.0	100.0
母婴护理服务	Mother and Baby Nursing Services	100.0	100.0	100.0
家庭维修服务	Home Maintenance Services	100.0	100.0	100.0
其他家庭服务	Other Family Services	100.2	100.0	100.0
交通和通信	Transport and Communications	100.0	100.2	99.6
交通	Transport	100.1	100.3	99.4
交通工具	Transport Facility	100.1	100.1	99.0
燃油小汽车	Fuel Small-car	100.1	100.0	98.2
新能源小汽车	New Energy Car	100.0	100.4	99.7
电动自行车	Electric Bicycle	100.0	100.0	100.0
自 行 车	Bicycle	100.0	100.0	100.0
其他交通工具	Other Transportation Facility	100.0	100.0	100.0
交通工具用燃料	Fuels for Transport Facility	97.6	101.0	99.7
汽　油	Gasoline	97.6	101.0	99.8
柴　油	Diesel Oil	97.3	101.1	99.7
其他车用能源	Other Vehicle Energy	100.0	102.3	97.2
交通工具使用和维修	Use and Maintenance of Transport Facility	100.0	100.1	100.1
停 车 费	Parking Fee	100.0	100.0	100.0
车辆使用费	Vehicle Usage Fee	100.0	100.2	100.3
交通工具零配件	Vehicle Spare Parts	100.0	100.0	100.0
车辆修理与保养	Vehicle Repair and Maintenance	100.0	100.0	100.0
交通费	Traffic Fee	103.5	99.8	99.4
市内公共交通	City Public Transport	100.0	100.0	100.0
出租汽车	Taxi	100.0	100.0	100.0
飞 机 票	Airplane Ticket	121.9	99.2	96.8
火 车 票	Train Tickets	100.0	100.0	100.0
长途汽车	Long-Distance Bus	100.0	100.0	100.0
网 约 车	Online Car-Hailing	100.0	100.0	100.0
交通工具租赁费	Vehicle Rental Fee	100.1	99.9	100.0
其他交通费	Other Traffic Fee	100.0	100.0	100.0
通信	Communications	99.7	99.8	99.9
通信工具	Communication Tools	99.1	99.3	99.8
电 话 机	Telephone Set	99.1	99.2	99.9
其他通信工具及零配件	Other Communication Tools and Spare Parts	99.5	101.8	99.1
通信服务	Communication Services	100.0	100.0	100.0
电 话 费	Telephone	100.0	100.0	100.0
家庭宽带服务	Broadband Service for Home	100.0	100.0	100.0
其他通信服务	Other Communication Services	100.0	100.0	100.0
邮递服务	Postal Services	100.0	100.0	99.6
邮递服务	Postal Services	100.0	100.0	99.6
教育文化和娱乐	Education, Culture and Recreation	100.8	99.8	99.9
教育	Education	100.7	100.0	100.1

continued

(preceding month=100)

4月 April	5月 May	6月 June	7月 July	8月 August	9月 September	10月 October	11月 November	12月 December
100.0	100.0	100.0	100.1	100.0	100.0	100.0	100.0	100.0
99.9	100.0	100.0	100.0	100.0	100.0	99.9	100.0	100.0
100.0	100.0	100.0	100.0	100.0	100.0	100.0	100.0	100.0
100.0	100.0	100.1	100.0	100.0	100.0	100.0	100.0	100.0
99.9	99.8	99.7	101.4	100.7	100.0	100.4	98.6	99.0
99.9	99.8	99.6	101.9	101.1	100.1	100.6	98.3	98.3
99.5	99.9	99.9	99.8	100.0	100.0	99.8	100.0	100.0
99.1	99.9	99.9	99.7	100.0	99.9	99.7	100.0	100.0
99.8	99.7	99.7	99.9	99.9	100.0	99.8	99.9	100.0
100.0	100.2	100.0	100.0	100.0	100.0	100.0	99.9	100.0
100.0	100.0	100.0	100.0	100.0	100.0	100.0	100.0	100.0
100.0	100.0	99.9	99.9	100.0	100.0	100.0	100.0	100.0
98.4	99.8	98.7	102.0	104.8	102.4	101.8	97.3	95.3
98.3	99.8	98.7	102.0	104.9	102.4	101.8	97.2	95.2
98.4	99.7	98.6	102.1	105.3	102.6	101.9	97.0	94.9
101.1	99.6	99.7	100.0	100.0	100.0	100.7	100.6	100.0
100.0	100.1	99.9	100.0	100.0	100.0	100.0	100.0	100.0
100.0	100.0	99.7	100.0	100.0	100.0	100.0	100.0	100.0
100.0	100.0	100.0	100.0	100.0	100.0	100.0	100.0	100.0
100.0	100.0	99.9	100.0	100.0	100.1	100.0	100.0	100.0
100.0	100.2	100.0	100.0	100.0	100.0	100.0	100.0	100.0
102.3	99.7	100.3	105.3	98.6	97.4	100.3	96.6	99.2
100.0	100.0	100.0	100.0	100.0	100.0	109.6	100.0	100.0
101.2	100.0	100.0	100.8	100.0	100.0	100.0	100.0	100.0
111.6	98.3	101.5	126.2	94.2	88.5	94.2	82.6	95.5
100.0	100.0	100.0	100.0	100.0	100.0	100.0	100.0	100.0
100.0	100.5	100.0	100.0	100.0	100.0	100.0	100.0	100.0
100.0	100.0	100.0	100.0	100.0	100.0	100.0	100.0	100.0
100.1	99.9	100.0	100.0	100.1	100.0	100.0	100.0	100.0
100.3	100.0	100.0	100.0	100.0	100.0	100.0	100.0	100.0
99.8	99.8	100.1	100.0	99.8	99.9	99.8	99.6	101.0
99.3	99.2	100.3	100.0	99.1	99.9	99.3	98.4	103.3
99.3	99.2	100.3	100.0	99.1	99.9	99.2	98.4	103.5
99.5	99.6	100.3	99.0	99.5	99.1	100.9	99.8	99.0
100.0	100.0	100.0	100.0	100.0	100.0	100.0	100.0	100.0
100.0	100.0	100.0	100.0	100.0	100.0	100.0	100.0	100.0
100.0	100.0	100.0	100.0	100.0	100.0	100.0	100.0	100.0
100.0	100.0	100.0	100.0	100.0	100.0	100.0	100.0	100.0
100.0	100.0	100.0	100.0	100.0	99.7	99.9	100.0	100.3
100.0	100.0	100.0	100.0	100.0	99.7	99.9	100.0	100.3
100.0	100.1	100.0	100.9	100.2	101.0	99.9	99.6	100.0
99.9	100.0	100.2	100.0	100.2	101.5	100.0	100.0	100.0

5-4 续表 6

(上月=100)

指　标	Item	1月 January	2月 February	3月 March
教育用品	Education Articles	100.5	100.0	100.7
工 具 书	Reference Books	100.0	100.0	100.0
教　材	Textbooks	100.0	100.0	100.0
参考资料	Reference Material	101.2	100.1	101.8
其他教育用品	Other Educational Supplies	100.0	100.0	100.0
教育服务	Education Services	100.7	100.0	100.0
幼儿早期教育	Early Childhood Education	100.0	100.0	100.0
学前教育	Preschool Education	100.0	100.0	100.0
小学初中教育	Primary and Secondary Education	100.0	100.0	100.0
高中中职教育	Secondary Vocational Education	100.0	100.0	100.0
高等教育	Higher Education	100.0	100.0	100.0
课外教育	Extracurricular Education	104.3	100.0	100.0
专业技能培训	Professional Skills Training	100.0	100.0	100.0
其他教育服务	Other Education Services	100.0	100.0	100.0
文化娱乐	Culture and Recreation	101.0	99.3	99.5
文娱耐用消费品	Durable Consumer Goods for Culture and Recreation	99.6	100.2	99.8
电 视 机	Television	100.0	100.0	99.8
照 相 机	Camera	100.7	99.2	99.1
台式计算机	Desktop Computer	99.9	100.0	100.0
笔记本平板	Notebook Computer	98.2	100.8	99.7
平板电脑	Tablet Computer	98.8	100.4	100.3
乐　器	Musical Instruments	100.5	100.1	100.0
音　响	Acoustics	100.0	100.0	99.8
可穿戴智能设备	Wearable Smart Devices	99.3	100.4	100.5
其他文娱耐用消费品	Other Recreational and Durable Consumer Goods	100.0	100.1	99.9
其他文娱用品	Other Articles	100.1	100.2	100.0
书报杂志及音像制品	Newspapers, Magazines and Audio-visual Products	100.0	100.0	100.0
纸张文具	Paper Stationery	100.0	100.0	100.0
体育户外用品	Sports Outdoor Products	99.2	102.4	99.8
游戏用品和玩具	Game Supplies and Toys	100.6	100.5	100.0
园艺花卉及用品	Garden Flowers and Supplies	100.0	100.0	100.0
宠物及用品	Pets and Supplies	100.0	100.0	100.0
其他文化娱乐用品	Other Cultural and Recreational Products	100.0	100.0	100.0
文化娱乐服务	Services for Culture and Recreation	101.9	98.5	99.8
电影及演出票	Film and Performance Tickets	116.3	95.1	97.5
景点门票	Scenic Spot Tickets	99.6	97.2	99.7
电视服务	Television Services	100.0	100.0	100.0
健身活动	Fitness Activities	102.8	100.0	100.0
宠物服务	Pet Services	101.8	99.9	101.6
网络文娱服务	Network Entertainment Services	102.4	98.3	99.3
儿童娱乐项目	Children's Entertainment	100.0	100.0	100.0
其他文娱服务	Other Recreational Services	100.0	100.0	100.0

continued

(preceding month=100)

4月 April	5月 May	6月 June	7月 July	8月 August	9月 September	10月 October	11月 November	12月 December
99.8	100.0	100.0	100.0	100.0	100.2	100.0	100.0	100.0
99.5	100.0	100.0	100.0	100.0	100.0	100.0	100.0	100.0
100.0	100.0	100.0	100.0	100.0	100.1	100.0	100.0	100.0
99.7	100.0	100.0	100.0	100.1	100.4	100.1	100.0	100.0
100.0	99.5	99.9	100.0	100.0	100.4	99.7	100.0	100.2
99.9	100.0	100.2	100.0	100.2	101.6	100.0	100.0	100.0
100.0	100.0	100.7	100.0	100.0	100.0	100.0	100.0	100.0
100.0	100.0	100.0	100.0	100.0	104.8	100.0	100.0	100.0
100.0	100.0	100.0	100.0	100.0	102.2	100.0	100.0	100.0
100.0	100.0	100.0	100.0	101.0	104.9	100.0	100.0	100.0
100.0	100.0	100.0	100.0	100.0	100.0	100.0	100.0	100.0
100.0	100.0	101.2	100.0	100.0	100.0	100.0	100.0	100.0
98.9	100.0	99.9	100.0	100.0	100.0	100.0	100.0	100.0
100.0	100.0	100.0	100.0	100.0	100.0	100.0	100.0	100.0
100.1	100.3	99.6	103.0	100.3	99.9	99.5	98.5	100.1
99.6	99.9	99.8	99.5	100.0	99.7	100.4	100.1	100.2
100.0	99.8	99.9	100.0	100.0	100.0	100.0	99.8	100.0
101.3	102.2	98.2	100.1	98.5	98.6	102.5	98.5	98.9
99.3	100.1	100.0	100.0	100.0	99.5	100.0	100.0	99.9
98.7	99.1	100.6	97.4	100.5	99.3	101.5	101.6	100.1
99.0	99.5	96.7	99.2	99.1	99.5	99.0	99.8	104.1
100.0	100.3	100.0	100.1	100.0	99.9	100.0	99.9	100.0
100.0	100.0	100.0	100.0	100.0	100.0	100.1	99.9	100.0
98.7	100.4	98.3	102.0	100.9	100.1	99.4	99.1	100.6
100.0	99.9	100.0	100.1	99.8	100.0	100.0	99.3	100.1
100.1	100.1	99.9	100.2	99.9	100.0	100.0	99.4	100.4
100.0	100.0	100.0	100.0	100.0	100.0	100.0	100.0	100.0
100.0	100.0	100.0	100.0	100.0	100.1	100.0	100.0	100.0
100.0	102.7	101.5	100.9	99.9	101.4	101.2	98.8	97.4
100.4	99.4	98.8	101.0	99.6	99.4	99.3	97.1	102.9
100.0	100.3	100.0	100.0	100.0	100.0	100.2	100.0	100.0
99.8	100.0	100.0	100.0	100.0	100.0	100.0	100.0	100.0
100.0	100.0	100.0	100.0	100.0	100.0	100.0	100.0	100.0
99.6	100.4	98.7	101.1	100.0	100.3	99.7	98.4	100.5
91.7	102.3	92.9	109.9	100.9	100.6	100.8	96.7	100.6
101.3	101.1	100.7	100.0	100.0	100.0	100.0	95.7	100.0
100.0	100.0	100.0	100.0	100.0	100.0	100.0	100.0	100.0
100.0	100.0	100.1	100.0	100.0	100.0	100.0	100.0	100.0
100.0	101.1	100.0	100.0	100.0	100.0	100.0	100.0	100.0
99.6	97.7	91.0	103.2	98.8	102.2	96.2	99.6	104.7
100.0	100.0	100.0	100.0	100.0	100.0	100.0	100.0	99.4
100.0	100.0	100.0	100.0	100.0	100.0	100.0	100.0	100.0

5-4 续表 7

(上月＝100)

指　　标	Item	1月 January	2月 February	3月 March
旅游	Touring	102.0	98.7	98.4
旅行社收费	Travel Agency Fees	102.5	98.4	98.0
其他旅游	Other Travel	100.0	100.0	99.8
医疗保健	Health Care	100.1	101.2	100.5
药品及医疗器具	Medicine and Medical Instrument	100.4	100.1	100.2
中药	Traditional Chinese Medicine	100.8	100.4	100.5
中 药 材	Chinese Medicinal Materials	101.3	100.5	100.7
中 成 药	Chinese Patent Medicine	100.6	100.3	100.3
西药	Western Medicine	100.3	100.1	100.1
抗微生物药	Antimicrobial Drugs	100.2	100.1	100.2
消化系统用药	Digestive System Drugs	99.1	100.1	99.9
呼吸系统用药	Respiratory System Durgs	100.5	100.2	100.3
解热镇痛药	Antipyretic Analgesics	100.6	100.1	100.0
抗肿瘤药	Antineoplastic Drugs	101.5	99.8	100.0
激素及影响内分泌药	Hormones and Endocrine Drugs	102.0	99.9	100.0
心血管系统用药	Cardiovascular System Drugs	100.0	100.0	100.2
血液系统用药	Blood System Drugs	100.0	100.0	100.0
治疗精神障碍药	Dysphrenia Drugs	100.0	100.0	100.0
神经系统用药	Nervous System Drugs	100.0	100.0	100.0
泌尿系统用药	Urinary System Drugs	100.5	100.1	100.0
维生素、矿物质类药	Vitamins and Minerals	100.0	100.7	99.9
调节水、电解质及酸碱	Adjust Water, Electrolyte and Acid-base Balance	99.7	100.3	100.0
其他西药	Other Western Medicines	99.5	100.0	100.2
滋补保健品	Health Care Articles	100.0	100.0	100.0
滋补保健品	Health Care Articles	100.0	100.0	100.0
医疗卫生器具	Medical Instrument	101.0	100.3	100.0
医疗卫生器具	Medical Instrument	101.0	100.3	100.0
保健器具	Health Care Appliance	100.0	100.0	100.0
保健器具	Health Care Appliance	100.0	100.0	100.0
医疗服务	Medical Services	100.0	101.7	100.6
综合医疗类	General Practice	100.0	102.6	100.2
一般医疗服务	General Medical Services	100.0	100.9	100.5
一般治疗操作	General Treatment Procedure	100.0	102.9	99.9
护　　理	Nursing	100.0	104.9	99.5
其他综合医疗服务	Other Comprehensive Medical Services	100.0	102.0	101.5
诊断类	Diagnostic Class	100.0	101.0	100.8
病理学诊断	Pathological Diagnosis	100.0	102.8	100.9
实验室诊断	Laboratory Diagnosis	100.0	100.1	100.5
影像学诊断	Imaging Diagnosis	100.0	100.8	100.5
临床诊断	Clinical Diagnosis	100.0	101.7	101.4
治疗类	Therapeutic Category	100.0	101.8	101.2

continued

(preceding month=100)

4月 April	5月 May	6月 June	7月 July	8月 August	9月 September	10月 October	11月 November	12月 December
101.0	100.6	100.1	111.0	101.1	99.6	98.2	96.5	99.6
101.3	100.7	100.1	113.4	101.3	99.5	97.8	95.9	99.4
99.8	100.5	100.3	100.9	100.3	99.9	100.1	99.7	100.0
100.8	100.0	100.0	101.0	100.6	100.6	100.0	100.1	102.2
100.1	100.1	100.0	100.9	100.1	101.9	100.0	100.2	100.2
100.2	100.0	100.0	103.2	100.1	104.0	100.0	100.6	100.7
100.2	100.0	100.3	108.5	100.3	106.4	100.0	101.5	101.4
100.3	100.0	99.9	100.1	100.0	102.5	100.0	100.0	100.1
100.1	100.1	100.0	100.1	100.1	101.7	100.0	100.0	100.0
100.2	100.1	100.5	100.3	100.1	99.8	100.3	100.0	99.7
100.4	100.5	100.0	100.0	100.2	100.3	100.0	100.0	100.0
99.4	100.0	100.0	100.0	100.0	99.6	100.0	100.0	100.0
99.9	100.1	100.0	100.0	100.0	100.0	100.0	100.0	100.0
100.3	100.0	100.0	99.8	100.0	100.0	100.0	100.0	100.0
100.3	100.0	100.0	100.0	100.0	113.9	100.0	100.0	100.0
100.0	100.0	99.8	100.0	100.0	100.1	100.0	99.9	100.0
100.0	100.0	100.0	100.0	100.0	100.0	100.0	100.0	100.0
100.0	100.0	100.0	99.9	100.0	100.0	100.0	100.0	100.0
100.0	100.1	100.3	100.0	100.0	100.0	100.0	100.0	100.0
99.7	100.0	100.0	100.0	100.3	100.0	100.0	100.0	100.0
101.4	100.0	100.0	100.0	100.0	100.0	100.0	100.0	100.0
100.1	100.4	100.0	101.3	101.3	100.0	100.0	100.0	100.0
100.6	100.0	99.9	99.9	99.8	100.0	100.0	100.0	100.0
100.0	100.1	100.0	100.0	100.0	99.9	100.0	100.0	100.0
100.0	100.1	100.0	100.0	100.0	99.9	100.0	100.0	100.0
100.0	100.7	100.0	100.8	100.0	100.0	100.0	100.0	100.0
100.0	100.7	100.0	100.8	100.0	100.0	100.0	100.0	100.0
99.9	100.0	100.1	100.0	99.9	100.0	100.0	100.0	100.0
99.9	100.0	100.1	100.0	99.9	100.0	100.0	100.0	100.0
101.1	100.0	100.0	101.0	100.8	100.0	100.0	100.0	103.2
101.6	100.0	100.0	101.0	101.1	100.0	100.0	100.0	101.0
100.5	100.0	100.0	101.4	102.0	100.0	100.0	100.0	101.3
102.0	100.0	100.0	101.0	100.3	100.0	100.0	100.0	100.9
103.0	100.3	100.0	101.1	102.3	100.0	100.0	100.0	101.9
100.6	100.0	100.0	100.4	101.5	100.0	100.0	100.0	100.0
100.8	100.0	100.0	101.2	100.9	100.0	100.0	100.1	102.3
100.3	100.0	100.0	100.4	102.0	100.0	100.0	100.8	101.0
101.0	100.0	100.0	101.5	100.4	100.0	100.0	100.0	101.6
100.9	100.0	100.0	101.6	101.6	100.0	100.0	100.0	103.0
100.7	100.0	100.0	100.8	100.5	100.0	100.0	100.0	103.1
100.5	99.5	100.0	100.6	100.5	100.0	100.0	100.1	110.5

5-4 续表 8

(上月=100)

指 标	Item	1月 January	2月 February	3月 March
临床手术治疗	Clinical Surgical Treatment	100.0	101.0	101.8
临床非手术治疗	Clinical Non-surgical Treatment	100.0	102.7	100.7
康复类	Rehabilitation Class	100.0	101.3	100.4
康复医疗	Rehabilitation Medicine	100.0	101.3	100.4
中医医疗服务类	Chinese Medicine Medical Service	100.0	102.4	100.2
中医治疗	Traditional Chinese Medicine	100.0	102.4	100.2
其他医疗服务	Other Medical Services	100.0	101.4	100.4
其他医疗服务	Other Medical Services	100.0	101.4	100.4
其他用品及服务	Other Articles and Services	100.5	100.1	100.8
其他用品类	Other Articles	101.1	99.8	101.0
首饰手表	Jewellery Watches	101.9	98.9	101.7
金饰品	Gold Jewelry	102.7	99.9	103.2
银饰品	Silver Jewelry	100.0	100.3	99.8
铂金饰品	Platinum Jewelry	101.9	95.9	100.3
手表	Wrist Watch	100.0	100.0	100.1
母婴用品	Mother and Baby Supplies	100.1	101.8	100.4
母婴洗护喂养用品	Mother and Baby Washing and Feeding Supplies	99.7	102.2	100.6
其他母婴用品	Other Mother and Baby Supplies	100.5	101.4	100.3
其他杂项用品	Other Miscellaneous Supplies	100.2	100.2	100.2
箱包	Luggage	100.3	100.3	100.6
眼镜	Glasses	100.0	100.0	99.7
其他服务	Other Services	100.0	100.4	100.5
在外住宿	Outside Accommodation	100.0	101.2	101.4
宾馆住宿	Hotel Accommodation	100.0	101.1	101.6
其他住宿	Other Accommodation	100.4	101.4	100.1
美容美发洗浴	Beauty Hairdressing and Bath	100.0	100.0	100.0
美容	Beauty	100.0	100.0	100.0
美发	Hairdressing	100.0	100.0	100.1
洗浴	Bath	100.0	100.0	100.0
养老服务	Pension Services	100.0	100.0	100.0
养老服务	Pension Services	100.0	100.0	100.0
金融及保险服务	Financial and Insurance Services	100.0	100.0	100.0
金融服务	Financial Service	100.0	100.0	100.0
车辆保险	Vehicle Insurance	100.0	100.0	100.0
旅行保险	Travel Insurance	100.0	100.0	100.0
其他保险	Other Insurance	100.0	100.0	100.0
中介法律及其他服务	Intermediary Legal and Other Services	100.0	100.0	100.1
中介服务	Intermediary Services	100.0	100.0	100.4
法律服务	Legal Services	100.0	100.0	100.0
其他杂项服务	Other Miscellaneous Services	100.0	100.0	100.0

continued

(preceding month=100)

4月 April	5月 May	6月 June	7月 July	8月 August	9月 September	10月 October	11月 November	12月 December
100.7	100.0	100.0	100.9	100.5	100.0	100.0	100.2	101.4
100.4	99.0	100.0	100.4	100.6	100.0	100.0	100.0	120.2
100.6	100.0	100.0	101.8	100.6	100.0	100.0	99.6	102.9
100.6	100.0	100.0	101.8	100.6	100.0	100.0	99.6	102.9
101.0	100.4	100.0	100.6	100.3	100.0	100.0	100.0	101.3
101.0	100.4	100.0	100.6	100.3	100.0	100.0	100.0	101.3
103.9	100.1	100.0	101.0	100.5	100.0	100.0	100.0	100.4
103.9	100.1	100.0	101.0	100.5	100.0	100.0	100.0	100.4
101.2	100.4	99.4	102.5	100.5	98.3	99.7	98.3	100.0
101.4	100.3	99.0	100.8	99.9	100.8	99.7	99.9	100.6
103.3	101.1	98.7	100.4	100.5	101.1	99.4	100.5	100.9
104.3	101.5	99.6	101.2	101.2	101.9	99.1	100.9	101.2
100.6	100.8	100.4	100.5	100.1	100.1	100.5	100.1	99.8
103.7	101.0	96.7	99.0	99.4	100.2	99.3	100.0	101.1
100.0	100.0	96.9	100.0	99.9	100.2	100.0	100.0	100.0
98.3	100.0	98.6	102.1	99.0	101.3	99.3	98.6	101.0
97.0	100.2	98.1	104.2	97.6	100.0	97.8	101.1	102.0
99.5	99.8	99.1	100.1	100.5	102.7	100.8	96.3	99.9
99.8	98.9	99.9	100.7	99.3	99.6	100.7	99.6	99.8
99.6	98.1	100.8	101.2	98.8	99.3	101.3	99.4	99.7
100.1	100.0	98.7	100.0	100.0	100.0	100.0	100.0	100.0
101.0	100.4	99.9	104.2	101.1	96.0	99.7	96.8	99.4
103.0	101.1	99.5	111.9	102.9	89.3	99.2	90.9	98.2
103.4	101.1	99.3	113.5	103.0	88.3	99.0	89.9	97.8
100.8	101.3	100.7	102.6	102.3	95.7	100.5	96.9	100.8
100.0	100.0	100.1	100.1	100.0	100.0	100.0	100.0	100.0
100.0	100.0	100.0	100.0	100.0	100.0	100.0	100.0	100.0
100.0	100.0	100.3	100.3	100.0	100.0	100.0	100.0	100.0
100.0	100.0	100.0	100.0	100.0	100.0	100.0	100.0	100.0
100.0	100.0	100.0	100.0	100.0	100.0	100.0	100.0	100.0
100.0	100.0	100.0	100.0	100.0	100.0	100.0	100.0	100.0
100.0	100.0	100.0	100.0	100.0	100.7	100.0	100.0	100.0
100.0	100.0	100.0	100.0	100.0	100.0	100.0	100.0	100.0
100.0	100.0	100.0	100.0	100.0	100.0	100.0	100.0	100.0
100.0	100.0	100.0	100.0	100.0	100.0	100.0	100.0	100.0
100.0	100.0	100.0	100.0	100.0	101.8	100.0	100.0	100.0
100.0	100.0	100.0	100.0	100.0	100.0	100.0	100.0	100.0
100.0	100.0	100.0	100.0	100.0	100.0	100.0	100.0	100.0
100.0	100.0	100.0	100.0	100.0	100.0	100.0	100.0	100.0
100.0	100.0	100.0	100.0	100.0	100.0	100.0	100.0	100.0

5-5 分市(州)居民消费价格指数(2023年)

(上年=100)

地 区	Region	居民消费价格总指数 General Index	食品烟酒 Food, Tobacco and Alcohol	粮食 Grain	鲜菜 Fresh Vegetable	畜肉 Meat of Livestock	水产品 Aquatic Products	蛋 Eggs
全省平均	**Provincial Average**	**100.5**	**100.3**	**102.6**	**96.3**	**92.4**	**96.0**	**99.4**
兰州市	Lanzhou	100.6	100.4	104.5	94.5	92.1	95.2	100.3
嘉峪关市	Jiayuguan	100.5	100.3	103.1	97.4	92.5	97.1	99.7
金昌市	Jinchang	100.7	101.4	100.8	99.5	93.7	95.0	101.1
白银市	Baiyin	100.2	100.0	100.8	97.9	90.9	98.6	100.5
天水市	Tianshui	100.7	100.4	101.1	95.1	91.0	98.2	95.6
武威市	Wuwei	99.4	98.5	101.7	87.9	89.6	95.6	98.9
张掖市	Zhangye	101.4	99.6	101.7	97.5	92.4	93.7	99.3
平凉市	Pingliang	100.5	100.9	101.2	103.4	94.4	96.1	97.1
酒泉市	Jiuquan	101.1	101.3	101.9	100.7	92.3	96.7	99.3
庆阳市	Qingyang	100.3	101.1	101.9	102.4	92.9	97.6	95.5
定西市	Dingxi	99.8	99.8	101.1	91.2	94.1	100.6	101.7
陇南市	Longnan	100.7	100.2	102.8	99.4	92.6	95.9	99.3
临夏州	Linxia	100.1	99.7	100.2	96.8	93.4	97.6	100.2
甘南州	Gannan	100.2	100.1	100.8	99.8	96.0	96.8	95.7

Consumer Price Indices by Cities(2023)

(preceding year=100)

鲜果 Fresh Fruit	衣着 Clothing	居住 Residence	水、电、燃料 Water, Electricity and Fuels	生活用品及服务 Articles for Daily Use and Services	交通和通讯 Transport and Communi-cations	教育文化和娱乐 Education, Culture and Recreation	医疗保健 Health Care	其他用品和服务 Other Articles and Services
107.7	**100.2**	**99.6**	**101.0**	**100.0**	**99.2**	**101.6**	**103.5**	**103.2**
107.5	100.6	99.3	101.6	100.2	100.3	102.7	102.0	104.0
101.3	103.0	100.2	100.0	100.1	98.7	100.9	100.0	105.6
109.5	100.4	100.8	99.4	100.0	98.3	100.3	103.1	102.1
108.9	100.1	100.0	100.0	99.9	98.6	102.0	100.8	101.5
113.1	98.8	101.2	101.7	99.7	99.4	100.8	103.7	103.1
101.6	100.4	94.0	100.3	100.0	100.3	100.1	109.0	102.9
107.2	97.0	99.9	99.4	99.5	98.7	100.4	119.2	102.2
108.8	99.7	99.9	100.0	99.8	98.3	101.7	102.6	103.4
116.0	101.6	99.9	100.1	100.0	97.6	100.3	106.9	103.3
111.8	99.7	100.1	100.0	99.3	98.0	100.3	102.0	102.7
101.5	101.4	99.6	100.0	99.9	98.2	100.3	100.1	101.6
107.9	99.8	101.7	100.0	99.9	98.1	102.5	101.7	102.3
101.1	96.4	97.2	100.0	99.5	99.5	100.1	109.3	103.8
112.8	98.8	100.4	102.2	99.4	100.3	100.7	100.3	102.5

主要指标解释

居民消费价格指数 是反映一定时期内城乡居民所购买的生活消费品和服务项目价格变动趋势和程度的相对数。

Explanatory Notes on Main Statistical Indicators

Consumer Price Indices are relative figures reflecting the trend and degree of changes in prices of consumer goods and services purchased by urban and rural households during a given period.

六 生产价格篇

Production Prices

6-1 历年工业生产者出厂及购进价格指数
Producer and Purchasing Price Indices for Industrial Products over the Years

(上年＝100) (preceding year=100)

年 份 Year	工业生产者出厂价格总指数 Producer Price Indices for Industrial Products	按轻、重工业分 Grouped by Light and Heavy Industries		按部类分 By Means of Production and Consumer Goods		工业生产者购进价格总指数 Purchasing Price Indices for Industrial Producers
		轻工业 Light Industry	重工业 Heavy Industry	生产资料 Means of Production	生活资料 Consumer Goods	
2000	107.2	96.2	109.7	109.1	96.4	111.8
2001	98.5	98.8	98.4	98.6	98.0	101.4
2002	97.9	100.0	97.4	97.6	100.4	98.4
2003	110.0	100.3	112.9	111.4	100.3	105.6
2004	114.3	102.6	117.8	116.0	102.5	112.5
2005	109.6	102.2	112.0	110.9	101.0	109.9
2006	109.8	100.4	112.1	111.1	100.4	108.8
2007	105.5	102.3	106.4	105.9	102.4	104.3
2008	104.9	106.2	104.7	104.9	105.4	110.2
2009	91.0	101.6	89.3	90.1	101.8	90.5
2010	115.0	104.0	116.7	116.1	102.4	114.4
2011	111.0	105.6	111.5	111.6	104.5	115.1
2012	96.8	102.5	96.2	96.2	102.5	98.7
2013	96.9	102.5	96.3	96.3	103.0	97.8
2014	96.7	101.3	96.2	96.1	101.5	97.6
2015	87.0	100.1	85.6	85.6	100.2	87.0
2016	94.9	99.4	94.4	94.3	100.0	94.6
2017	114.5	100.8	116.3	116.3	100.4	115.5
2018	109.5	99.7	110.7	110.5	100.9	109.8
2019	98.3	100.4	98.0	97.9	101.5	99.0
2020	93.9	101.4	93.0	93.0	101.7	94.1
2021	116.4	101.7	118.2	118.0	99.9	118.1
2022	110.9	102.2	111.9	111.7	102.0	113.5
2023	95.9	101.8	95.2	95.2	102.8	92.5

6-2 主要年份分类工业生产者出厂价格指数

(上年=100)

项目名称	Item	2005年	2010年	2015年
总指数	**General Index**	**109.6**	**115.0**	**87.0**
核心指数	Core Index			89.1
高技术	High Technology			100.7
能源	Energy			81.7
按轻重工业分	Groouped by Light and Heavy Industries			
轻工业	Light Industry	102.2	104.0	100.1
以农产品为原料	Processing of Agricultural Products	100.6	103.2	100.0
以非农产品为原料	Processing of Non-agricultural Products	104.3	105.1	100.6
重工业	Heavy Industry	112.0	116.7	85.6
采掘	Mining&Quarrying	118.8	116.3	69.3
原料	Raw Material	112.5	118.5	87.6
加工	Processing	102.4	102.4	88.1
按两大部类分	By Means of Production and Consumer Goods			
生产资料	Means of Production	110.9	116.1	85.6
采掘	Mining&Quarrying	118.3	113.6	69.3
原料	Raw Material	112.5	118.8	87.6
加工	Processing	103.1	103.9	88.1
生活资料	Consumer Goods	101.0	102.4	100.2
食品	Food	100.7	102.7	100.2
衣着	Clothing	103.2	105.4	90.5
一般日用品	Articels for Daily Use	101.9	102.9	100.2
耐用消费品	Durable Consumer Goods	100.4	90.5	99.9
按初级中间最终产品分	By Primary, Intermediate and Final Goods			
初级产品	Primary Products			69.2
中间产品	Intermediate Products			88.6
最终产品	Final Products			90.9
按工业部门分	By Sector			
冶金工业	Metallurgical Industry	108.2	122.0	86.1
电力工业	Electric Power Industry	103.6	100.7	99.8
煤炭及炼焦工业	Coal Industry	108.6	101.7	90.0
石油工业	Petroleum Industry	120.0	120.1	73.7
化学工业	Chemical Industry	112.1	107.9	95.7
机械工业	Machine Manufacturing Industry	103.9	101.4	96.9
建筑材料工业	Building Materials Industry	100.1	104.6	89.8
森林工业	Tinber Industry	100.9	102.1	95.8
食品工业	Food Industry	100.4	103.0	100.1
纺织工业	Textile Industry	99.8	111.4	97.5
缝纫工业	Tailoring Industry	103.0	104.2	89.9
皮革工业	Leather Industry	105.8	103.6	101.6
造纸工业	Paper Industry	100.2	104.7	100.6
文教艺术用品工业	Cultural, Educational&Handicrafts Articles	100.5	102.6	100.0
其他工业	Other Industry	105.3	108.5	96.6

Producer Price Indices for Industrial Products in Main Years

(preceding year=100)

2016年	2017年	2018年	2019年	2020年	2021年	2022年	2023年
94.9	**114.5**	**109.5**	**98.3**	**93.9**	**116.4**	**110.9**	**95.9**
97.5	118.1	107.6	98.9	98.5	119.5	105.5	94.5
99.8	102.3	107.2	104.6	99.6	100.8	103.4	104.3
89.8	113.9	114.6	96.6	85.1	115.2	120.5	96.8
99.4	100.8	99.7	100.4	101.4	101.7	102.2	101.8
99.3	100.3	99.7	100.5	101.5	101.0	102.1	100.8
101.7	108.6	99.4	98.1	98.4	104.0	102.7	105.0
94.4	116.3	110.7	98.0	93.0	118.2	111.9	95.2
85.1	125.3	120.2	97.8	83.8	131.6	126.0	92.4
91.6	110.4	110.6	98.0	91.3	116.1	114.6	96.1
101.8	121.9	107.3	98.1	98.8	118.1	101.5	94.0
94.3	116.3	110.5	97.9	93.0	118.0	111.7	95.2
85.1	125.3	120.2	97.8	83.8	131.6	126.0	92.4
91.6	110.3	110.5	98.0	91.3	116.2	114.7	96.2
101.6	121.9	106.8	97.8	98.6	117.4	101.5	94.2
100.0	100.4	100.9	101.5	101.7	99.9	102.0	102.8
100.0	100.3	100.9	101.4	101.8	99.9	102.1	103.1
100.1	100.3	100.9	100.4	100.7	101.8	96.3	95.8
97.5	104.2	100.6	105.2	98.1	99.9	100.1	97.8
101.1	97.3	102.2	101.2	104.2	98.7	100.0	100.0
85.1	125.3	120.2	99.0	83.7	131.6	125.9	92.4
96.1	113.7	108.3	98.1	95.0	115.4	109.6	95.9
95.2	107.6	107.4	97.1	92.7	107.7	111.9	98.5
97.4	121.7	109.7	100.1	98.8	126.6	104.9	94.0
92.1	99.4	102.8	98.5	96.5	99.4	104.7	103.4
89.4	124.5	108.5	106.0	99.2	114.7	114.6	97.4
88.8	119.4	121.3	94.2	76.8	128.2	133.6	91.9
98.4	105.1	106.6	99.6	99.6	110.3	107.7	97.3
99.6	103.1	101.4	99.1	96.5	103.3	101.7	98.9
96.7	105.6	101.8	97.2	99.4	102.5	109.0	91.4
96.1	104.9	100.2	100.4	100.1			
99.3	99.7	99.4	100.8	102.0	101.0	102.0	101.2
97.1	112.5	105.1	102.7	91.4	100.6	103.9	92.3
100.0	100.3	101.0	100.4	100.8	101.8	96.3	95.8
98.1	95.1	99.8	96.6	97.0			
101.3	111.6	107.4	89.0	98.8	97.8	101.5	92.5
100.0	100.0	100.0	100.8	101.1	99.9	100.2	99.9
91.8	211.2	115.0	71.6	91.0	117.9	119.2	87.4

6-3 主要年份分类工业生产者购进价格指数

(上年=100)

项　　目	Item	2005年	2010年	2015年
总 指 数	**General Index**	**109.9**	**114.4**	**87.0**
按初级中间最终产品分	By Primary, Intermediate and Final Goods			
初级产品	Primary Products			71.2
农产品	Agriculture Products			101.9
矿产品	Mineral Products			68.9
废料	Waste Meterial			88.3
中间产品	Intermediate Products			93.4
九大类原材料	Total Raw Materials			
燃料、动力类	Fuel and Power	113.7	118.4	81.6
黑色金属材料类	Ferrous Metals	107.3	109.4	86.9
钢材	Rolled Steel	105.9	103.7	91.1
其他	Others	108.6	110.7	85.9
有色金属材料及电线类	Nonferrous Metals	112.6	118.8	94.0
化工原料类	Raw Chemical Materials	113.3	112.0	96.1
木材及纸浆类	Timber and Paper Pulp	102.1	104.4	99.4
建筑材料及非金属类	Building Materials and Non-metal Ore	103.2	102.3	93.8
其他工业原材料及半成品类	Other Industrial Raw Materials and Semi-finished Produces	103.1	103.6	96.5
农副产品类	Agricultural Products	104.6	111.5	101.6
纺织原料类	Textile Materials	100.4	108.0	102.5

Purchasing Price Indices for Industrial Products in Main Years

(preceding year=100)

2016年	2017年	2018年	2019年	2020年	2021年	2022年	2023年
94.6	**115.5**	**109.8**	**99.0**	**94.1**	**118.1**	**113.5**	**92.5**
97.7	126.8	119.5	97.0	84.9	123.0	119.3	90.5
104.7	98.2	103.1	113.1	113.1	98.3	105.9	98.9
86.5	129.0	120.5	96.0	82.8	129.9	122.7	88.4
99.6	134.6	114.2	104.5	99.0	118.4	102.7	94.5
97.3	111.5	105.9	99.9	97.6	115.2	110.2	93.7
92.3	115.0	111.6	99.3	90.7	122.2	123.4	89.9
92.3	126.8	109.6	99.5	101.3	115.7	98.6	92.8
98.7	114.6	110.7	98.4	100.1	111.1	101.8	92.6
91.0	129.2	109.4	99.7	101.5	127.9	90.8	93.2
96.1	126.7	104.4	95.3	98.3	121.4	104.1	97.9
96.8	109.4	108.6	90.9	90.3	131.5	113.5	73.0
100.1	114.3	105.5	92.9	99.7	106.7	103.0	98.0
94.4	124.9	109.9	101.0	99.5	114.8	136.1	88.9
99.1	103.0	104.0	105.6	103.9	106.8	103.2	100.8
104.8	98.0	103.3	114.0	114.0	99.6	105.8	99.2
106.1	108.1	108.6	100.2	88.9	102.5	115.3	87.8

6-4 分月分类工业生产者出厂价格同比指数(2023)

(上年同期=100)

项　　目	Item	全年 Annual Year	1月 January	2月 February
总指数	**General Index**	**95.9**	**99.7**	**98.4**
核心指数	Core Index	94.5	96.7	95.3
高技术	High Technology	104.3	103.3	103.1
能源	Energy	96.8	103.1	102.0
按轻重工业分	Groouped by Light and Heavy Industries			
轻工业	Light Industry	101.8	102.5	101.6
以农产品为原料	Processing of Agricultural Products	100.8	102.7	101.2
以非农产品为原料	Processing of Non-agricultural Products	105.0	101.8	102.6
重工业	Heavy Industry	95.2	99.4	98.0
采掘	Mining&Quarrying	92.4	109.0	101.1
原料	Raw Material	96.1	100.3	99.0
加工	Processing	94.0	94.0	94.6
按两大部类分	By Means of Production and Consumer Goods			
生产资料	Means of Production	95.2	99.4	98.1
采掘	Mining&Quarrying	92.4	109.0	101.1
原料	Raw Material	96.2	100.3	99.1
加工	Processing	94.2	94.3	94.7
生活资料	Consumer Goods	102.8	103.4	102.2
食品	Food	103.1	103.8	102.4
衣着	Clothing	95.8	91.5	91.5
一般日用品	Articels for Daily Use	97.8	97.1	98.1
耐用消费品	Durable Consumer Goods	100.0	100.0	100.0
按初级中间最终产品分	By Primary, Intermediate and Final Goods			
初级产品	Primary Products	92.4	108.9	101.0
中间产品	Intermediate Products	95.9	98.7	97.9
最终产品	Final Products	98.5	101.5	101.7
按工业部门分	By Sector			
冶金工业	Metallurgical Industry	94.0	96.7	94.7
电力工业	Electric Power Industry	103.4	95.1	102.4
煤炭及炼焦工业	Coal Industry	97.4	105.5	102.2
石油工业	Petroleum Industry	91.9	108.5	100.6
化学工业	Chemical Industry	97.3	98.9	98.1
机械工业	Machine Manufacturing Industry	98.9	99.0	98.4
建筑材料工业	Building Materials Industry	91.4	88.5	88.9
森林工业	Tinber Industry			
食品工业	Food Industry	101.2	103.0	101.5
纺织工业	Textile Industry	92.3	85.6	84.7
缝纫工业	Tailoring Industry	95.8	91.5	91.5
皮革工业	Leather Industry			
造纸工业	Paper Industry	92.5	97.7	96.6
文教艺术用品工业	Cultural, Educational&Handicrafts Articles	99.9	100.0	100.0
其他工业	Other Industry	87.4	106.6	107.5

Producer Price Indices for Industrial Products by Main Classification and Month(2023)

(same period last year=100)

3月 March	4月 April	5月 May	6月 June	7月 July	8月 August	9月 September	10月 October	11月 November	12月 December
93.7	**91.8**	**91.3**	**90.4**	**95.0**	**98.0**	**98.3**	**99.3**	**98.3**	**97.2**
91.5	88.7	88.0	90.1	97.3	98.6	98.7	97.6	97.3	95.7
103.1	102.2	102.4	103.1	105.4	105.9	105.5	105.6	106.3	105.3
95.0	94.3	93.8	88.8	91.4	97.2	98.0	101.8	99.8	98.7
102.0	101.0	101.7	101.5	101.8	102.4	101.8	101.5	102.3	102.0
102.0	101.1	101.8	101.4	100.6	100.7	99.8	99.2	99.8	99.7
102.1	100.6	101.6	101.9	105.6	107.8	107.8	109.0	110.2	109.0
92.8	90.9	90.1	89.1	94.2	97.5	97.9	99.0	97.9	96.6
90.7	90.9	86.9	79.9	81.4	90.4	94.3	98.8	95.8	95.6
92.4	90.4	91.0	90.5	96.8	99.9	99.4	100.4	98.7	96.6
94.2	91.7	89.2	89.7	93.9	95.2	96.3	96.2	96.9	96.9
92.8	90.9	90.2	89.3	94.2	97.5	97.9	99.0	97.9	96.6
90.7	90.9	86.9	79.9	81.4	90.4	94.3	98.8	95.8	95.6
92.5	90.5	91.1	90.5	96.8	100.0	99.4	100.4	98.8	96.7
94.2	91.9	89.6	90.1	93.9	95.3	96.4	96.4	97.0	96.9
103.2	102.4	103.0	102.9	103.2	103.3	102.2	101.8	102.9	102.6
103.5	102.8	103.4	103.3	103.6	103.7	102.5	101.9	103.2	102.7
91.5	93.6	95.4	93.1	94.2	100.0	100.0	100.0	100.0	100.0
99.9	94.8	96.6	96.3	97.0	97.3	98.4	99.9	98.5	100.4
100.0	100.0	100.0	100.0	100.0	100.0	100.0	100.0	100.0	100.0
90.7	90.8	86.9	79.8	81.3	90.3	94.2	98.7	95.8	95.5
93.7	91.6	91.4	91.2	96.3	98.6	98.5	99.1	98.3	97.0
98.1	96.8	97.1	94.0	95.9	98.9	98.9	100.9	99.8	99.1
88.9	85.8	85.3	88.8	99.1	100.6	100.1	98.3	97.7	95.5
99.4	101.5	106.0	106.0	110.6	107.2	102.3	104.2	103.8	103.1
99.1	103.8	93.0	91.9	91.0	96.3	96.6	97.2	98.4	93.8
90.6	87.1	85.2	77.8	79.7	90.7	95.1	101.4	97.3	96.1
97.3	94.7	92.9	92.1	94.9	97.6	99.4	100.3	101.7	99.9
98.5	98.4	97.9	98.5	99.8	99.8	99.7	99.1	98.6	99.2
91.1	90.6	90.0	91.8	93.0	92.1	91.5	92.2	93.1	94.1
102.4	101.6	102.2	101.9	101.1	101.0	100.1	99.4	100.0	100.1
85.6	87.0	87.5	89.0	89.1	97.6	99.8	101.7	102.6	102.1
91.5	93.6	95.4	93.1	94.2	100.0	100.0	100.0	100.0	100.0
91.5	90.0	91.2	89.7	90.8	89.8	92.6	93.4	93.0	93.6
100.0	99.8	99.8	99.8	99.8	99.8	99.8	99.8	99.8	100.0
102.6	92.2	85.9	77.3	76.3	78.1	84.7	83.9	82.0	78.0

6-5 分月分类工业生产者出厂价格同比指数(2023年)

(上年同期=100)

项　　目	Item	全年 Annual Year	1月 January
煤炭开采和洗选业	Mining and Washing of Coal	98.6	106.6
烟煤和无烟煤开采洗选	Mining and Washing of Bituminous and Anthracite	98.6	106.6
石油和天然气开采业	Extraction of Petroleum and Natural Gas	86.6	111.2
石油开采	Extraction of Petroleum	86.6	111.2
黑色金属矿采选业	Mining and Processing of Ferrous Metal Ores	95.5	89.3
铁矿采选	Mining and Processing of Iron Ores	93.4	82.8
锰矿、铬矿采选	Manganese Ore, Chrome Ore by Mining and Beneficiation	99.6	106.4
有色金属矿采选业	Mining and Processing of Non-Ferrous Metal Ores	103.3	106.0
常用有色金属矿采选	Mining and Processing of Common Non-Ferrous Metal Ores	98.0	105.0
贵金属矿采选	Mining and Processing of Precious Metals	114.7	109.6
稀有稀土金属矿采选	Mining and Processing of Rare Metals	108.3	98.9
非金属矿采选业	Mining and Processing of Non-metal Ores	101.6	102.3
土砂石开采	Extraction of Soil Gravel	98.6	98.8
化学矿开采	Chemical Ore Mining	100.0	100.0
石棉及其他非金属矿采选	Asbestos and Other Non-metal Mineral Mining and Selecting	125.8	132.1
开采专业及辅助性活动	Support Activities for Mining	100.4	104.4
石油和天然气开采专业及辅助性活动	Support Activities for Petroleum and Natural Cas Extraction	100.4	104.4
农副食品加工业	Processing of Food from Agricultural Products	101.5	106.6
谷物磨制	Corn Whetted	101.2	106.2
饲料加工	Forage Processed	101.2	107.5
植物油加工	Planting-oil Processed	92.6	100.2
制糖业	Sugar Industry	99.4	91.8
屠宰及肉类加工	Slaughtered Meta and Meat Processes	96.7	103.3
蔬菜、菌类、水果和坚果加工	Vegetables, Fruits and Nuts Processing	101.1	114.7
其他农副食品加工	Other Farm and Side-line Food Processed	109.9	108.7
食品制造业	Manufacture of Foods	102.2	103.1
焙烤食品制造	Baked Food Manufacturing	101.2	103.0
糖果、巧克力及蜜饯制造	Candy, Chocolate and Candied Fruit Production	100.0	100.0
方便食品制造	Convenient Food Manufacturing	106.0	115.7
乳制品制造	Dairy Products Manufacturing	99.0	102.4
罐头食品制造	Canned Food Manufacturing	159.8	125.5
调味品、发酵制品制造	Condiment, Ferment Product Manufacturing	97.8	96.4
其他食品制造	Other Food Manufacturing	94.6	89.6
酒、饮料和精制茶制造业	Manufacture of Alcohol, Beverages and Refined Tea	101.5	100.8
酒的制造	Manufacture of Wine	99.2	95.9
饮料制造	Beverage Manufacturing	105.2	109.4
烟草制品业	Manufacture of Tobacoo	99.9	99.8
卷烟制造	Cigarette Manufacturing	99.9	99.8
纺织业	Manufacture of Textile	92.3	85.6
棉纺织及印染精加工	Cotton and Textile Printing and Dyeing Finishing	87.1	71.7
毛纺织及染整精加工	Woolen Textile and Dyeing and Finishing	95.4	94.6
纺织服装、服饰业	Manufacture of Textile Wearing Apparel and Accessories	95.8	91.5
机织服装制造	Manufacture of Woven Garment	95.8	91.5
造纸和纸制品业	Manufacture of Paper and Paper Products	92.5	97.7
造纸	Paper Making	95.0	97.6
纸制品制造	Paper Products Manufacturing	91.8	97.7

Producer Price Indices for Industrial Products by Sector and Month(2023)

(same period last year=100)

2月 February	3月 March	4月 April	5月 May	6月 June	7月 July	8月 August	9月 September	10月 October	11月 November	12月 December
102.6	98.8	104.8	99.0	94.2	92.3	96.8	98.0	97.9	98.1	94.2
102.6	98.8	104.8	99.0	94.2	92.3	96.8	98.0	97.9	98.1	94.2
98.5	82.2	79.7	76.8	68.6	71.8	84.9	91.3	100.3	94.2	93.9
98.5	82.2	79.7	76.8	68.6	71.8	84.9	91.3	100.3	94.2	93.9
96.8	94.2	90.2	91.9	92.5	91.2	95.3	95.4	101.1	103.7	107.3
93.3	92.1	87.4	88.4	89.7	88.7	92.9	94.3	101.7	104.7	110.3
104.3	98.1	96.2	99.7	98.5	96.3	100.0	97.1	98.9	100.6	99.9
103.7	106.2	105.7	103.1	100.5	100.6	103.1	104.2	100.7	102.3	103.5
101.1	106.0	104.2	99.7	93.7	92.4	95.8	95.8	91.3	95.1	97.7
110.8	107.7	110.6	112.4	113.8	118.1	118.2	121.7	121.6	117.6	114.6
98.9	98.8	95.6	95.6	115.9	117.3	114.5	116.9	116.5	115.4	116.0
102.0	103.3	95.3	97.9	99.4	103.2	104.7	103.9	104.8	101.8	101.3
98.4	99.9	90.5	93.6	95.4	100.2	101.7	100.7	101.8	101.7	101.5
100.0	100.0	100.0	100.0	100.0	96.8	100.0	100.0	100.0	101.5	101.5
132.1	132.1	132.1	132.1	132.1	132.1	132.1	132.1	132.1	102.8	100.0
104.4	103.2	103.2	98.3	98.6	98.8	98.8	98.8	98.8	98.8	98.8
104.4	103.2	103.2	98.3	98.6	98.8	98.8	98.8	98.8	98.8	98.8
104.8	107.5	103.9	104.6	104.3	99.2	99.3	97.6	96.6	98.2	97.1
105.5	104.3	101.0	99.8	99.6	99.5	99.4	99.4	99.4	100.1	100.6
107.6	104.7	100.8	101.0	100.2	99.6	100.4	102.1	99.7	96.6	95.1
100.2	100.2	92.4	92.4	90.9	92.3	88.6	88.6	88.6	88.6	88.6
93.5	93.4	95.0	95.8	95.5	96.5	96.0	102.2	105.3	115.3	114.1
105.6	105.2	100.7	98.2	97.3	91.0	95.6	93.3	91.3	90.7	90.8
86.4	124.6	113.9	139.2	137.6	98.5	88.2	76.9	78.8	102.0	95.8
110.9	111.2	110.9	111.4	112.8	111.7	109.5	109.6	108.3	107.6	106.1
102.2	101.2	101.6	102.4	102.3	101.6	101.6	102.0	102.9	103.4	102.3
103.0	103.0	103.0	103.0	101.2	101.2	101.2	100.0	98.8	98.8	98.8
100.0	100.0	100.0	100.0	100.0	100.0	100.0	100.0	100.0	100.0	100.0
111.9	107.4	105.3	105.3	108.4	108.4	104.0	104.0	104.0	100.0	100.0
101.2	99.8	100.0	99.2	98.4	97.1	96.9	97.2	98.9	99.5	97.8
125.5	125.5	134.2	161.6	172.8	172.8	172.8	184.4	195.3	170.6	174.4
96.4	96.0	97.6	97.6	97.6	97.6	98.9	98.9	98.9	98.9	98.9
89.6	89.3	89.1	92.2	94.2	93.0	98.5	97.9	96.9	106.5	101.2
95.9	96.1	98.4	100.3	99.3	107.4	106.8	104.9	102.3	101.8	104.5
90.1	91.3	93.8	94.5	96.0	109.2	105.2	103.8	103.8	103.4	106.6
106.4	104.5	106.6	110.5	105.0	104.5	109.5	106.5	100.0	99.4	101.2
100.0	100.0	100.0	100.0	99.8	99.8	99.8	99.8	99.8	99.8	99.8
100.0	100.0	100.0	100.0	99.8	99.8	99.8	99.8	99.8	99.8	99.8
84.7	85.6	87.0	87.5	89.0	89.1	97.6	99.8	101.7	102.6	102.1
70.4	72.0	73.8	75.2	78.2	86.2	100.8	110.3	111.8	112.6	108.8
94.1	94.6	95.6	95.6	96.1	91.0	96.0	94.6	96.7	97.8	98.8
91.5	91.5	93.6	95.4	93.1	94.2	100.0	100.0	100.0	100.0	100.0
91.5	91.5	93.6	95.4	93.1	94.2	100.0	100.0	100.0	100.0	100.0
96.6	91.5	90.0	91.2	89.7	90.8	89.8	92.6	93.4	93.0	93.6
97.2	96.7	94.0	93.1	93.8	94.1	94.1	95.0	95.3	95.6	93.4
96.5	90.2	88.9	90.7	88.6	89.9	88.7	92.0	92.9	92.3	93.7

6-5 续表 1

(上年同期=100)

项　　目	Item	全年 Annual Year	1月 January
印刷和记录媒介复制业	Printing,Reproduction of Recording Media	99.9	100.0
印刷	Painting	99.9	100.0
石油、煤炭及其他燃料加工业	Processing of Petroleum,Coal and other Fuel	93.1	107.4
精炼石油产品制造	Refined Coking Petroleum Manufacturing	93.1	107.9
煤炭加工	Processing of Coal	91.9	100.0
化学原料和化学制品制造业	Manufacturie of Raw Chemical Materials and Chemical Products	91.8	97.1
基础化学原料制造	Basic Chemical Material Manufacturing	88.5	92.0
肥料制造	Fertilizer Manufacture	101.3	113.4
农药制造	Pesticide Manufacturing	79.4	91.9
涂料、油墨、颜料及类似产品制造	Coating, Printing Ink, Pigment and The Similar Products Manufacture	90.2	81.2
合成材料制造	Compounded Material Manufacture	95.7	94.9
专用化学产品制造	Specialized Chemical Product Manufacture	94.6	109.2
医药制造业	Manufacture of Medicines	109.1	106.3
化学药品原料药制造	Manufacture of Chemical Raw Material Medicine	97.6	95.8
化学药品制剂制造	Chemical Medicine Agent Manufacture	101.5	116.8
中药饮片加工	Processing of Chinese Herbal Pieces	129.5	121.4
中成药生产	Chines Patent Medicine's Production	101.7	100.7
兽用药品制造	Medicine in Herbs Manufacture	100.0	100.0
生物药品制品制造	Manufacturing of Biological Drug Products	100.0	100.0
橡胶和塑料制品业	Manufacture of Rubber and Plastic Products	92.3	88.6
塑料制品业	Plastic Products Industry	92.3	88.6
非金属矿物制品业	Manufacture of Non-metallic Mineral Products	89.9	92.9
水泥、石灰和石膏制造	Manufacture of Cement, Lime and Gesso	85.8	80.5
石膏、水泥制品及类似制品制造	Manufacture of Gesso, Cement and Similar Products	97.0	97.5
砖瓦、石材等建筑材料制造	Manufacture of Tile and Dimension Stone	96.9	101.6
玻璃制造	Manufacture of Glass	102.0	101.7
玻璃制品制造	Manufacture of Glass Products	100.0	100.0
陶瓷制品制造	Manufacture of Ceramics Products	95.1	92.6
耐火材料制品制造	Refractory Products Manufacturing	90.1	95.0
石墨及其他非金属矿物制品制造	Manufacture of Graphite and Other Non-metallic Mineral Products	85.2	107.5
黑色金属冶炼和压延加工业	Smelting and Pressing of Ferrous Metals	89.4	88.7
炼铁	Steelmaking	84.1	81.7
钢压延加工	Steel Rolling Processing	91.2	90.8
铁合金冶炼	Ferroalloy Smelting	80.0	78.1
有色金属冶炼和压延加工业	Smelting and Pressing of Non-Ferrous Metals	94.7	98.4
常用有色金属冶炼	General Non-ferrous Metal Coking	93.6	99.5
贵金属冶炼	Precious Metals Refining	114.3	109.0
稀有稀土金属冶炼	Smelting of Rare and Rare Earth Metals	67.8	80.5
有色金属合金制造	Non-ferrous Metal Alloy Manufacture	101.1	94.6
有色金属压延加工	Non-ferrous Metal Rolling Processing	98.7	94.1
金属制品业	Manufacture of Metal Products	96.7	101.3
结构性金属制品制造	Structural Metal Product	98.9	101.8
集装箱及金属包装容器制造	Manufacturing of Containers and Metal Packaging Containers	91.0	93.9

Continued 1

(same period last year=100)

2月 February	3月 March	4月 April	5月 May	6月 June	7月 July	8月 August	9月 September	10月 October	11月 November	12月 December
100.0	100.0	99.8	99.8	99.8	99.8	99.8	99.8	99.8	99.8	100.0
100.0	100.0	99.8	99.8	99.8	99.8	99.8	99.8	99.8	99.8	100.0
101.0	93.1	89.2	86.1	79.8	81.5	92.3	96.0	101.7	98.4	96.0
101.1	92.7	88.7	87.1	79.7	81.3	92.2	96.2	102.1	98.3	96.2
100.0	99.7	99.2	65.8	81.7	84.8	94.4	90.7	94.5	100.2	91.8
95.5	93.9	90.4	87.2	85.4	86.9	90.1	93.5	94.9	94.8	93.2
90.7	88.6	86.4	83.1	80.8	84.9	85.7	93.2	92.7	93.5	91.9
115.7	114.8	108.2	101.6	92.0	88.4	94.5	95.3	96.8	100.8	98.9
79.3	71.1	76.6	77.9	80.7	83.1	83.4	75.7	82.3	78.3	74.1
83.1	80.7	79.7	83.6	82.6	84.2	95.7	98.0	108.9	108.2	109.5
94.5	92.6	86.3	86.0	87.3	94.3	98.3	101.9	106.1	107.2	104.7
103.0	105.7	95.8	88.0	95.1	92.0	95.2	92.8	91.4	85.9	83.5
107.0	106.9	105.3	105.6	106.3	111.3	112.2	111.9	111.8	113.3	111.3
98.2	102.7	90.3	95.0	95.5	96.8	96.8	99.3	101.2	97.1	102.1
116.6	109.9	104.1	96.4	92.5	95.2	91.7	92.0	90.6	100.2	111.4
123.3	121.4	119.2	120.0	121.2	137.3	139.5	137.9	137.0	142.7	130.6
100.6	100.2	101.4	100.3	101.4	101.8	102.1	101.9	102.0	102.5	105.7
100.0	100.0	100.0	100.0	100.0	100.0	100.0	100.0	100.0	100.0	100.0
99.9	100.1	100.0	100.0	99.9	99.9	100.0	100.0	100.0	100.0	100.0
88.3	89.5	90.3	90.3	90.5	91.5	93.5	92.8	93.2	99.6	100.6
88.3	89.5	90.3	90.3	90.5	91.5	93.5	92.8	93.2	99.6	100.6
93.4	93.9	90.8	88.4	87.0	87.5	87.5	89.2	89.4	89.5	88.9
81.1	84.6	84.3	84.4	86.9	88.3	87.7	86.6	87.5	89.4	91.0
97.8	98.2	98.3	96.3	96.6	97.8	96.4	96.6	96.1	96.3	96.2
101.6	102.0	94.4	94.1	100.1	98.3	93.8	90.5	95.4	93.7	98.0
101.7	101.7	104.7	99.4	100.1	102.5	99.5	102.3	102.3	103.5	104.4
100.0	100.0	100.0	100.0	100.0	100.0	100.0	100.0	100.0	100.0	100.0
92.6	90.2	91.2	93.2	95.6	95.8	94.7	96.4	100.1	100.0	99.5
90.3	86.8	90.4	90.1	93.1	89.3	89.3	89.3	89.3	89.3	89.3
108.5	102.8	91.0	83.6	73.9	72.5	74.4	81.7	80.8	78.7	74.3
89.8	88.8	83.9	78.7	81.7	91.7	92.0	93.2	94.2	97.8	97.2
82.6	80.9	77.0	67.9	72.6	81.7	92.5	93.2	96.6	97.9	99.1
91.8	91.4	86.2	80.2	83.1	94.7	93.5	94.4	95.0	99.4	98.2
79.7	75.7	72.6	72.1	74.4	77.5	83.2	85.5	89.5	89.1	90.4
95.4	88.0	85.5	86.2	89.9	101.5	103.2	102.0	99.1	97.4	94.5
95.4	86.3	83.7	84.7	89.2	101.9	102.9	100.6	97.3	95.4	91.7
108.5	108.5	111.0	112.7	113.0	116.9	117.1	119.6	119.8	118.4	117.0
79.0	89.8	70.1	58.6	52.3	55.5	51.3	58.3	68.5	80.7	78.1
97.1	94.1	93.6	91.5	96.4	115.3	111.0	110.8	106.2	104.5	103.8
94.8	93.3	93.0	92.7	93.1	99.1	106.0	108.3	106.0	103.7	103.9
97.7	94.5	90.8	94.3	96.6	95.3	97.4	98.3	99.5	98.3	97.7
101.8	101.1	100.0	97.8	97.8	97.8	97.5	97.3	97.3	97.3	99.0
93.9	93.9	91.5	88.6	88.6	94.5	93.0	90.2	87.3	88.1	88.1

6-5 续表 2

(上年同期=100)

项　　目	Item	全年 Annual Year	1月 January
金属丝绳及其制品制造	Manufacture of Metal Commodity	98.0	101.2
铸造及其他金属制品制造	Forging and Other Metal Products Manufacturing	95.7	102.4
通用设备制造业	Manufacture of General Purpose Machingery	97.6	99.6
锅炉及原动设备制造	Boiler and Original Equipment Manufacturing	99.6	98.3
金属加工机械制造	Metalworking Machinery Manufacturing	100.2	102.7
物料搬运设备制造	Manufacture of Material Handling Equipment	100.7	104.6
泵、阀门、压缩机及类似机械制造	Pump, Valve, Compressor and Its Similar Mechanical Manufacture	94.6	97.1
轴承、齿轮和传动部件制造	Bearings, Gears and Transmission Components Manufacturing	94.2	99.8
通用零部件制造	Metal Casting and Forging	99.5	103.8
专用设备制造业	Manufacture of Special Purpose Machingery	97.5	97.6
采矿、冶金、建筑专用设备制造	Mining, Metallurgy, Building Special Equipment Manufacture	95.0	95.3
化工、木材、非金属加工专用设备制造	Chemical Engineering, Timber, Non-Metal Processed Special Equipments Manufacture	100.2	100.0
农、林、牧、渔专用机械制造	Manufacture of Agriculture, Forestry Animal Husbandry and Fishery Specific Machinery	102.1	101.2
环保、邮政、社会公共服务及其他专用设备制造	Manufacture of Environment Protection, Social Public Security and Other Specific Equipment	100.0	100.0
汽车制造业	Manufacture of Automobiles	99.5	100.3
汽车整车制造	Manufacture of Automobiles	100.0	100.0
汽车车身、挂车制造	Car Body, Trailer Manufacturing	99.1	100.5
汽车零部件及配件制造	Manufacture of Auto Parts and Accessories	100.0	100.0
电气机械和器材制造业	Manufacture of Electrical Machinery and Apparatus	99.8	98.7
电机制造	Manufacture of Motor	97.7	96.8
输配电及控制设备制造	Electricity Mixed and Control Equipments Manufacture	100.0	103.5
电线、电缆、光缆及电工器材制造	Manufacture of Wire, Cable, Optical Cable and Electrical Equipment	100.4	96.1
电池制造	Manufacture of Battery	100.0	100.0
计算机、通信和其他电子设备制造业	Manufacture of Computers, Communication and Other	99.5	100.2
电子器件制造	Manufacture of Electronic Device	99.5	100.2
废弃资源综合利用业	Utilization of Waste Resources	91.5	100.5
金属废料和碎屑加工处理	Metal Waste and Scrap Processing	86.7	86.9
非金属废料和碎屑加工处理	Processing and Disposal of Non-metallic Wastes and Debris	99.3	128.9
金属制品、机械和设备修理业	Repair Service of Metal Products, Machingery and Equipment	100.0	100.0
专用设备修理	Professional Equipment Repair	100.0	100.0
铁路、船舶、航空航天等运输设备修理	Repair of Railway, Ship, Aerospace and Other Transport Equipment	100.0	100.0
电力、热力生产和供应业	Production and Supply of Electric Power and Heat Power	103.4	95.1
电力生产	Electric Power Production	105.8	88.8
电力供应	Electric Power Supply	101.6	99.7
热力生产和供应	Thermal Production and Supply	100.9	100.8
燃气生产和供应业	Production and Supply of Gas	101.9	102.4
燃气生产和供应业	Gas Production and Supply Industry	101.9	102.4
水的生产和供应业	Production and Supply of Water	100.0	100.0
自来水生产和供应	Tapping-water Production and Supply	100.0	100.0
污水处理及其再生利用	Sewage Treatment and Its Recycling	100.0	100.0

Continued

(same period last year=100)

2月 February	3月 March	4月 April	5月 May	6月 June	7月 July	8月 August	9月 September	10月 October	11月 November	12月 December
109.7	104.0	90.0	90.9	97.5	98.8	102.0	98.3	104.5	92.3	88.8
94.1	88.2	82.7	92.3	97.1	92.7	98.0	101.2	104.4	102.0	98.8
97.2	97.9	98.3	95.4	99.6	97.2	97.2	97.1	97.4	97.8	96.8
98.3	98.3	98.9	98.3	99.9	99.8	100.1	100.6	101.1	100.9	100.7
100.0	100.0	100.0	100.0	100.0	100.0	100.0	100.0	100.0	100.0	100.0
104.6	97.7	97.7	102.0	102.5	100.0	100.0	100.0	100.0	100.0	100.0
91.1	94.4	96.8	87.4	102.4	94.9	95.1	94.5	94.9	95.7	92.5
99.8	99.8	98.9	98.9	90.4	90.4	90.4	90.4	90.4	90.4	90.4
101.2	102.1	98.9	98.9	98.9	98.9	97.4	97.4	97.4	99.8	99.8
97.6	97.6	97.6	97.5	97.0	97.0	97.1	97.1	97.1	97.5	99.9
95.3	95.3	95.3	95.3	94.2	94.2	94.2	94.2	94.2	94.2	98.9
100.0	100.0	100.0	100.0	100.0	100.0	100.0	100.0	100.0	101.2	101.2
101.2	100.2	103.5	96.3	98.2	96.9	102.5	105.6	105.6	106.3	107.8
100.0	100.0	100.0	100.0	100.0	100.0	100.0	100.0	100.0	100.0	100.0
100.4	99.7	98.7	99.8	98.0	98.7	100.3	99.4	99.4	99.4	99.4
100.0	100.0	100.0	100.0	100.0	100.0	100.0	100.0	100.0	100.0	100.0
100.5	99.5	97.9	99.7	96.6	97.9	100.5	98.9	98.9	98.9	98.9
100.0	100.0	100.0	100.0	100.0	100.0	100.0	100.0	100.0	100.0	100.0
98.8	98.7	98.2	97.5	97.9	104.1	103.5	103.0	100.4	98.1	99.7
96.8	98.3	97.8	98.4	97.7	97.8	96.8	96.8	96.8	99.0	98.7
101.9	101.9	101.6	100.9	99.8	98.5	98.0	99.9	98.3	97.8	98.4
97.2	96.6	95.9	94.8	96.6	110.9	110.5	107.7	103.3	98.0	100.9
100.0	100.0	100.0	100.0	100.0	100.0	100.0	100.0	100.0	100.0	100.0
99.2	99.2	99.1	99.1	99.7	99.7	99.7	99.6	99.8	99.7	99.6
99.2	99.2	99.1	99.1	99.7	99.7	99.7	99.6	99.8	99.7	99.6
96.8	95.4	90.0	86.5	80.0	79.2	88.8	95.1	97.9	97.1	95.2
87.5	86.3	82.2	78.6	72.0	72.6	88.9	99.8	100.1	99.9	96.7
114.2	112.7	104.7	101.5	94.8	91.0	87.2	86.3	93.8	92.3	92.8
100.0	100.0	100.0	100.0	100.0	100.0	100.0	100.0	100.0	100.0	100.0
100.0	100.0	100.0	100.0	100.0	100.0	100.0	100.0	100.0	100.0	100.0
100.0	100.0	100.0	100.0	100.0	100.0	100.0	100.0	100.0	100.0	100.0
102.4	99.4	101.5	106.0	106.0	110.6	107.2	102.3	104.2	103.8	103.1
108.0	100.7	99.9	109.2	106.4	115.8	111.9	104.6	108.6	108.9	107.3
98.1	98.3	103.1	103.8	106.2	106.9	103.5	100.5	100.8	99.9	100.0
99.9	100.4	100.2	100.0	100.8	101.7	102.2	102.3	101.8	100.6	100.7
102.1	104.0	101.1	104.0	101.4	100.5	101.0	101.0	100.7	101.6	103.2
102.1	104.0	101.1	104.0	101.4	100.5	101.0	101.0	100.7	101.6	103.2
100.0	100.0	100.0	100.0	100.0	100.0	100.0	100.0	100.0	100.0	100.0
100.0	100.0	100.0	100.0	100.0	100.0	100.0	100.0	100.0	100.0	100.0
100.0	100.0	100.0	100.0	100.0	100.0	100.0	100.0	100.0	100.0	100.0

6-6 分月分类工业生产者出厂价格环比指数(2023年)

(上月=100)

项 目	Item	全年 Annual Year	1月 January	2月 February
总指数	**General Index**	**97.2**	**99.4**	**102.0**
核心指数	Core Index	95.7	100.5	100.7
高技术	High Technology	105.3	100.8	99.9
能源	Energy	98.7	97.7	104.2
按轻重工业分	Groouped by Light and Heavy Industries			
轻工业	Light Industry	102.0	100.2	100.4
以农产品为原料	Processing of Agricultural Products	99.7	99.9	100.3
以非农产品为原料	Processing of Non-agricultural Products	109.0	101.1	100.7
重工业	Heavy Industry	96.6	99.3	102.2
采掘	Mining&Quarrying	95.6	99.6	99.9
原料	Raw Material	96.6	98.5	103.1
加工	Processing	96.9	101.0	101.2
按两大部类分	By Means of Production and Consumer Goods			
生产资料	Means of Production	96.6	99.3	102.1
采掘	Mining&Quarrying	95.6	99.6	99.9
原料	Raw Material	96.7	98.5	103.1
加工	Processing	96.9	100.9	101.1
生活资料	Consumer Goods	102.6	100.4	100.5
食品	Food	102.7	100.4	100.5
衣着	Clothing	100.0	100.0	100.0
一般日用品	Articels for Daily Use	100.4	99.9	101.3
耐用消费品	Durable Consumer Goods	100.0	100.0	100.0
按初级中间最终产品分	By Primary, Intermediate and Final Goods			
初级产品	Primary Products	95.5	99.6	99.9
中间产品	Intermediate Products	97.0	99.4	102.2
最终产品	Final Products	99.1	98.4	103.1
按工业部门分	By Sector			
冶金工业	Metallurgical Industry	95.5	100.9	101.3
电力工业	Electric Power Industry	103.1	97.9	109.3
煤炭及炼焦工业	Coal Industry	93.8	105.9	97.6
石油工业	Petroleum Industry	96.1	95.7	101.4
化学工业	Chemical Industry	99.9	100.5	98.9
机械工业	Machine Manufacturing Industry	99.2	100.2	99.9
建筑材料工业	Building Materials Industry	94.1	100.2	100.5
森林工业	Tinber Industry			
食品工业	Food Industry	100.1	100.0	100.3
纺织工业	Textile Industry	102.1	99.2	100.0
缝纫工业	Tailoring Industry	100.0	100.0	100.0
皮革工业	Leather Industry			
造纸工业	Paper Industry	93.6	99.9	98.9
文教艺术用品工业	Cultural, Educational&Handicrafts Articles	100.0	100.0	100.0
其他工业	Other Industry	78.0	97.0	99.0

Producer Price Indices for Industrial Products by Main Classification and Month(2023)

(preceding month=100)

3月 March	4月 April	5月 May	6月 June	7月 July	8月 August	9月 September	10月 October	11月 November	12月 December
99.0	**99.3**	**98.2**	**98.7**	**101.0**	**101.2**	**100.3**	**100.0**	**100.1**	**98.1**
98.9	99.1	97.4	99.1	100.4	100.1	100.0	99.2	100.3	99.9
100.3	99.2	100.3	100.8	102.2	100.8	100.0	99.9	100.6	100.2
98.8	99.6	99.0	97.8	102.1	102.7	100.8	101.2	99.7	95.4
100.1	99.6	100.3	99.7	100.8	100.6	99.9	100.0	100.3	99.9
100.0	99.9	100.2	99.4	100.0	100.5	99.8	99.9	100.0	99.7
100.4	98.9	100.9	100.7	103.1	100.9	100.2	100.3	100.9	100.5
98.8	99.3	98.0	98.5	101.0	101.2	100.3	100.0	100.1	97.9
99.8	99.0	96.9	96.5	101.8	105.2	101.5	102.8	98.3	94.8
98.0	99.7	98.7	98.6	101.4	101.3	100.3	99.6	100.3	97.2
100.2	98.6	96.9	99.2	99.9	99.9	99.8	99.9	100.2	100.2
98.9	99.3	98.0	98.6	101.0	101.2	100.3	100.0	100.0	97.9
99.8	99.0	96.9	96.5	101.8	105.2	101.5	102.8	98.3	94.8
98.0	99.7	98.7	98.6	101.4	101.3	100.4	99.6	100.3	97.3
100.1	98.6	97.2	99.2	99.9	99.9	99.8	99.9	100.2	100.2
100.2	99.7	100.3	99.8	101.0	100.8	99.8	99.8	100.4	99.9
100.2	99.9	100.2	99.8	101.1	100.8	99.7	99.8	100.5	99.9
100.0	100.0	100.0	100.0	100.0	100.0	100.0	100.0	100.0	100.0
100.8	95.5	101.4	99.8	100.6	100.5	101.1	100.3	98.8	100.4
100.0	100.0	100.0	100.0	100.0	100.0	100.0	100.0	100.0	100.0
99.8	99.0	96.8	96.4	101.7	105.2	101.5	102.8	98.3	94.8
98.9	99.4	98.3	98.8	100.8	100.8	100.1	99.7	100.2	98.4
99.2	99.6	99.9	98.4	101.2	101.1	100.3	100.4	100.1	97.5
98.5	99.2	96.6	99.2	100.5	100.3	99.9	98.8	100.4	100.0
97.5	101.1	101.6	97.2	103.0	99.0	99.1	98.5	101.6	97.9
99.8	100.1	89.1	97.7	102.1	104.4	98.9	100.4	100.4	98.2
99.8	98.0	98.9	98.5	101.2	106.0	102.6	103.7	98.1	92.6
100.1	98.4	99.2	99.2	101.3	100.9	101.2	100.2	101.1	99.0
100.0	100.2	99.6	99.4	100.1	100.1	100.1	99.5	100.1	100.0
99.7	98.2	98.8	100.8	99.7	98.5	98.5	99.7	99.8	99.7
100.1	99.9	100.2	99.5	100.1	100.5	99.8	99.9	100.1	99.9
100.7	100.7	100.6	100.8	98.3	104.3	97.8	101.5	100.1	98.1
100.0	100.0	100.0	100.0	100.0	100.0	100.0	100.0	100.0	100.0
96.5	98.4	100.8	97.8	100.5	98.1	102.6	100.6	99.5	100.1
100.0	100.0	100.0	100.0	100.0	100.0	100.0	100.0	100.0	100.0
99.3	97.5	96.1	92.7	96.3	98.1	101.4	100.3	99.5	98.6

6-7 分月分类工业生产者出厂价格环比指数(2023年)

(上月=100)

项　目	Item	全年 Annual Year	1月 January
煤炭开采和洗选业	Mining and Washing of Coal	94.2	107.2
烟煤和无烟煤开采洗选	Mining and Washing of Bituminous and Anthracite	94.2	107.2
石油和天然气开采业	Extraction of Petroleum and Natural Gas	93.9	92.8
石油开采	Extraction of Petroleum	93.9	92.8
黑色金属矿采选业	Mining and Processing of Ferrous Metal Ores	107.3	101.7
铁矿采选	Mining and Processing of Iron Ores	110.3	101.3
锰矿、铬矿采选	Manganese Ore, Chrome Ore by Mining and Beneficiation	99.9	102.7
有色金属矿采选业	Mining and Processing of Non-Ferrous Metal Ores	103.5	99.3
常用有色金属矿采选	Mining and Processing of Common Non-Ferrous Metal Ores	97.7	99.0
贵金属矿采选	Mining and Processing of Precious Metals	114.6	99.7
稀有稀土金属矿采选	Mining and Processing of Rare Metals	116.0	100.0
非金属矿采选业	Mining and Processing of Non-metal Ores	101.3	100.8
土砂石开采	Extraction of Soil Gravel	101.5	101.0
化学矿开采	Chemical Ore Mining	101.5	100.0
石棉及其他非金属矿采选	Asbestos and Other Non-metal Mineral Mining and Selecting	100.0	100.0
开采专业及辅助性活动	Support Activities for Mining	98.8	100.0
石油和天然气开采专业及辅助性活动	Support Activities for Petroleum and Natural Cas Extraction	98.8	100.0
农副食品加工业	Processing of Food from Agricultural Products	97.1	99.9
谷物磨制	Corn Whetted	100.6	100.1
饲料加工	Forage Processed	95.1	99.2
植物油加工	Planting-oil Processed	88.6	100.0
制糖业	Sugar Industry	114.1	99.2
屠宰及肉类加工	Slaughtered Meta and Meat Processes	90.8	97.4
蔬菜、菌类、水果和坚果加工	Vegetables, Fruits and Nuts Processing	95.8	101.6
其他农副食品加工	Other Farm and Side-line Food Processed	106.1	103.3
食品制造业	Manufacture of Foods	102.3	100.1
焙烤食品制造	Baked Food Manufacturing	98.8	100.0
糖果、巧克力及蜜饯制造	Candy, Chocolate and Candied Fruit Production	100.0	100.0
方便食品制造	Convenient Food Manufacturing	100.0	100.0
乳制品制造	Dairy Products Manufacturing	97.8	100.1
罐头食品制造	Canned Food Manufacturing	174.4	100.0
调味品、发酵制品制造	Condiment, Ferment Product Manufacturing	98.9	100.0
其他食品制造	Other Food Manufacturing	101.2	101.4
酒、饮料和精制茶制造业	Manufacture of Alcohol, Beverages and Refined Tea	104.5	100.0
酒的制造	Manufacture of Wine	106.6	100.1
饮料制造	Beverage Manufacturing	101.2	99.8
烟草制品业	Manufacture of Tobacoo	99.8	100.0
卷烟制造	Cigarette Manufacturing	99.8	100.0
纺织业	Manufacture of Textile	102.1	99.2
棉纺织及印染精加工	Cotton and Textile Printing and Dyeing Finishing	108.8	97.5
毛纺织及染整精加工	Woolen Textile and Dyeing and Finishing	98.8	100.0
纺织服装、服饰业	Manufacture of Textile Wearing Apparel and Accessories	100.0	100.0
机织服装制造	Manufacture of Woven Garment	100.0	100.0
造纸和纸制品业	Manufacture of Paper and Paper Products	93.6	99.9
造纸	Paper Making	93.4	100.0
纸制品制造	Paper Products Manufacturing	93.7	99.8

Producer Price Indices for Industrial Products by Sector and Month(2023)

(preceding month=100)

2月 February	3月 March	4月 April	5月 May	6月 June	7月 July	8月 August	9月 September	10月 October	11月 November	12月 December
97.2	99.8	100.1	93.8	93.9	101.8	103.1	99.5	99.6	99.2	99.7
97.2	99.8	100.1	93.8	93.9	101.8	103.1	99.5	99.6	99.2	99.7
102.1	99.4	98.0	98.6	97.8	102.5	109.0	103.7	105.9	96.8	88.8
102.1	99.4	98.0	98.6	97.8	102.5	109.0	103.7	105.9	96.8	88.8
104.5	99.9	96.7	100.8	98.4	99.0	103.3	95.9	103.3	101.6	102.4
106.8	100.4	95.9	101.6	97.9	98.6	104.5	94.9	103.9	101.6	103.3
98.8	98.5	98.8	98.9	100.0	100.0	100.0	98.7	101.8	101.7	100.0
99.8	102.8	100.3	99.1	98.3	100.8	99.1	102.3	100.6	100.7	100.5
98.7	103.6	98.5	98.0	95.7	101.0	98.4	101.5	100.9	102.1	100.4
102.2	101.5	104.4	101.2	100.8	100.3	100.7	104.0	100.0	98.4	100.6
100.0	100.0	100.0	100.0	115.9	101.2	97.6	102.1	99.7	99.1	100.5
99.7	99.4	99.0	102.5	101.0	99.8	100.5	97.8	100.6	100.5	99.8
99.6	99.2	98.7	103.2	101.3	100.1	100.3	97.6	100.8	100.1	99.8
100.0	100.0	100.0	100.0	100.0	96.8	103.3	96.8	100.0	104.9	100.0
100.0	100.0	100.0	100.0	100.0	100.0	100.0	100.0	100.0	100.0	100.0
100.0	98.8	100.0	100.0	100.0	100.0	100.0	100.0	100.0	100.0	100.0
100.0	98.8	100.0	100.0	100.0	100.0	100.0	100.0	100.0	100.0	100.0
100.7	100.2	99.5	99.6	99.0	99.2	101.1	100.3	99.3	99.6	98.7
99.8	99.6	99.4	99.1	99.8	99.9	100.3	100.3	100.2	101.1	100.9
99.6	99.7	98.2	100.2	98.7	99.8	101.0	100.6	100.1	98.9	98.9
100.0	100.0	92.4	100.0	98.3	101.5	96.0	100.0	100.0	100.0	100.0
100.4	100.7	100.7	101.6	100.0	101.7	100.0	106.9	102.6	100.8	99.0
101.1	100.1	100.0	99.2	97.8	98.0	104.1	99.8	98.1	99.4	95.9
98.8	101.5	99.7	97.6	96.5	100.2	101.0	98.6	98.6	99.6	102.1
102.9	100.9	100.4	100.2	101.5	98.9	98.4	100.8	99.8	99.6	99.3
99.5	99.7	99.8	100.6	100.3	99.6	99.8	100.4	101.0	101.7	99.7
100.0	100.0	100.0	100.0	100.0	100.0	100.0	100.0	98.8	100.0	100.0
100.0	100.0	100.0	100.0	100.0	100.0	100.0	100.0	100.0	100.0	100.0
100.0	99.0	98.0	100.0	103.0	100.0	100.0	100.0	100.0	100.0	100.0
99.0	99.7	99.6	99.6	99.1	99.3	99.3	99.8	101.8	100.5	100.0
100.0	100.0	106.9	114.6	106.9	100.0	100.0	106.7	105.9	117.8	100.0
100.0	99.6	98.0	100.0	100.0	100.0	101.3	100.0	100.0	100.0	100.0
100.0	99.6	99.8	99.6	103.3	98.7	100.9	101.6	99.0	102.5	95.0
100.5	100.1	100.8	101.5	99.1	102.7	100.7	97.7	100.0	100.0	101.4
100.8	99.9	101.3	100.9	101.1	104.9	98.6	96.9	99.9	100.1	102.2
100.2	100.4	99.9	102.4	96.1	99.1	104.2	99.1	100.1	99.9	100.1
100.0	100.0	100.0	100.0	99.8	100.0	100.0	100.0	100.0	100.0	100.0
100.0	100.0	100.0	100.0	99.8	100.0	100.0	100.0	100.0	100.0	100.0
100.0	100.7	100.7	100.6	100.8	98.3	104.3	97.8	101.5	100.1	98.1
100.0	102.2	101.0	102.0	102.9	103.7	103.3	102.2	100.4	98.3	95.3
100.0	100.0	100.5	100.0	99.7	95.6	104.9	95.5	102.2	101.2	99.7
100.0	100.0	100.0	100.0	100.0	100.0	100.0	100.0	100.0	100.0	100.0
100.0	100.0	100.0	100.0	100.0	100.0	100.0	100.0	100.0	100.0	100.0
98.9	96.5	98.4	100.8	97.8	100.5	98.1	102.6	100.6	99.5	100.1
99.6	99.6	97.3	98.7	100.0	100.0	100.0	100.0	100.0	100.0	98.0
98.7	95.7	98.7	101.3	97.2	100.6	97.6	103.4	100.8	99.3	100.7

6-7 续表 1

(上月=100)

项　目	Item	全年 Annual Year	1月 January
印刷和记录媒介复制业	Printing,Reproduction of Recording Media	100.0	100.0
印刷	Painting	100.0	100.0
石油、煤炭及其他燃料加工业	Processing of Petroleum,Coal and other Fuel	96.0	96.4
精炼石油产品制造	Refined Coking Petroleum Manufacturing	96.2	96.2
煤炭加工	Processing of Coal	91.8	100.0
化学原料和化学制品制造业	Manufacturie of Raw Chemical Materials and Chemical Products	93.2	100.1
基础化学原料制造	Basic Chemical Material Manufacturing	91.9	99.7
肥料制造	Fertilizer Manufacture	98.9	101.6
农药制造	Pesticide Manufacturing	74.1	98.3
涂料、油墨、颜料及类似产品制造	Coating, Printing Ink, Pigment and The Similar Products Manufacture	109.5	99.5
合成材料制造	Compounded Material Manufacture	104.7	104.4
专用化学产品制造	Specialized Chemical Product Manufacture	83.5	99.3
医药制造业	Manufacture of Medicines	111.3	101.6
化学药品原料药制造	Manufacture of Chemical Raw Material Medicine	102.1	98.5
化学药品制剂制造	Chemical Medicine Agent Manufacture	111.4	116.1
中药饮片加工	Processing of Chinese Herbal Pieces	130.6	105.0
中成药生产	Chines Patent Medicine's Production	105.7	100.3
兽用药品制造	Medicine in Herbs Manufacture	100.0	100.0
生物药品制品制造	Manufacturing of Biological Drug Products	100.0	99.9
橡胶和塑料制品业	Manufacture of Rubber and Plastic Products	100.6	99.2
塑料制品业	Plastic Products Industry	100.6	99.2
非金属矿物制品业	Manufacture of Non-metallic Mineral Products	88.9	99.3
水泥、石灰和石膏制造	Manufacture of Cement, Lime and Gesso	91.0	100.6
石膏、水泥制品及类似制品制造	Manufacture of Gesso, Cement and Similar Products	96.2	99.5
砖瓦、石材等建筑材料制造	Manufacture of Tile and Dimension Stone	98.0	102.4
玻璃制造	Manufacture of Glass	104.4	100.0
玻璃制品制造	Manufacture of Glass Products	100.0	100.0
陶瓷制品制造	Manufacture of Ceramics Products	99.5	100.0
耐火材料制品制造	Refractory Products Manufacturing	89.3	100.0
石墨及其他非金属矿物制品制造	Manufacture of Graphite and Other Non-metallic Mineral Products	74.3	96.5
黑色金属冶炼和压延加工业	Smelting and Pressing of Ferrous Metals	97.2	103.5
炼铁	Steelmaking	99.1	104.4
钢压延加工	Steel Rolling Processing	98.2	104.1
铁合金冶炼	Ferroalloy Smelting	90.4	99.3
有色金属冶炼和压延加工业	Smelting and Pressing of Non-Ferrous Metals	94.5	100.0
常用有色金属冶炼	General Non-ferrous Metal Coking	91.7	99.9
贵金属冶炼	Precious Metals Refining	117.0	101.6
稀有稀土金属冶炼	Smelting of Rare and Rare Earth Metals	78.1	97.8
有色金属合金制造	Non-ferrous Metal Alloy Manufacture	103.8	99.6
有色金属压延加工	Non-ferrous Metal Rolling Processing	103.9	100.7
金属制品业	Manufacture of Metal Products	97.7	102.9
结构性金属制品制造	Structural Metal Product	99.0	101.7
集装箱及金属包装容器制造	Manufacturing of Containers and Metal Packaging Containers	88.1	100.0

Continued

(preceding month=100)

2月 February	3月 March	4月 April	5月 May	6月 June	7月 July	8月 August	9月 September	10月 October	11月 November	12月 December
100.0	100.0	100.0	100.0	100.0	100.0	100.0	100.0	100.0	100.0	100.0
100.0	100.0	100.0	100.0	100.0	100.0	100.0	100.0	100.0	100.0	100.0
101.2	99.9	98.2	97.2	99.5	101.1	105.9	102.2	103.4	98.5	93.0
101.3	99.8	98.1	99.0	98.6	100.9	105.7	102.5	103.4	98.2	93.0
100.1	99.9	99.9	66.2	124.1	103.8	111.2	95.9	104.2	106.1	91.5
97.6	99.4	98.3	98.3	97.8	99.1	100.3	102.4	100.5	100.7	98.6
96.8	97.9	98.4	98.5	96.7	100.8	99.6	105.0	98.3	101.6	98.6
100.7	101.4	98.1	96.9	94.8	97.9	102.0	100.5	100.7	104.7	100.0
96.0	95.0	100.0	100.0	100.0	95.6	99.5	91.8	101.3	97.5	95.9
100.7	99.7	101.1	104.1	99.1	99.4	98.4	102.1	104.6	98.8	101.7
99.1	100.9	99.1	101.0	99.3	99.2	101.0	102.4	101.4	99.0	98.0
94.2	102.4	95.8	93.8	103.2	96.3	102.2	100.6	103.9	96.3	94.8
100.8	100.7	98.3	100.7	101.1	104.5	101.6	100.1	99.8	101.3	100.4
102.9	101.9	89.0	104.6	101.1	101.7	101.4	103.5	100.8	96.4	101.2
100.5	101.1	93.5	91.6	94.6	100.3	95.6	97.3	103.0	109.0	111.2
101.5	101.2	98.2	100.8	102.9	112.9	104.1	99.5	99.2	103.8	98.6
100.3	100.4	99.9	100.5	100.2	99.9	100.2	99.8	100.1	100.7	103.3
100.0	100.0	100.0	100.0	100.0	100.0	100.0	100.0	100.0	100.0	100.0
100.0	100.0	100.0	100.0	99.9	100.0	100.1	100.0	99.9	100.0	100.0
100.0	101.3	100.0	99.6	99.9	100.1	100.7	99.6	99.7	101.0	99.6
100.0	101.3	100.0	99.6	99.9	100.1	100.7	99.6	99.7	101.0	99.6
100.1	99.6	97.9	97.9	98.5	98.8	98.3	99.2	99.9	99.7	99.4
100.7	99.4	97.3	99.0	101.0	100.5	97.1	97.3	98.9	99.5	99.3
100.6	100.0	99.5	97.7	99.9	99.5	99.8	99.8	99.9	100.2	99.9
100.0	100.8	93.2	100.0	106.5	94.9	99.2	96.6	105.3	98.9	101.1
100.0	100.0	100.0	102.5	98.8	103.1	97.0	102.8	100.0	100.3	100.0
100.0	100.0	100.0	100.0	100.0	100.0	100.0	100.0	100.0	100.0	100.0
100.0	97.5	102.1	100.5	100.0	99.8	100.2	100.0	100.0	100.0	99.5
95.0	100.0	100.0	100.0	100.0	94.0	100.0	100.0	100.0	100.0	100.0
98.8	99.1	97.1	95.4	91.2	95.5	97.6	101.8	100.4	99.4	98.2
103.2	100.4	96.7	92.4	99.7	100.4	99.8	99.5	100.4	100.8	100.9
102.0	102.3	98.0	88.6	100.9	102.1	101.2	98.8	100.6	100.0	101.1
103.3	100.7	96.4	91.9	100.1	100.6	100.0	99.5	99.9	101.0	101.3
102.5	97.9	99.3	96.5	97.1	98.6	98.3	99.8	103.7	99.5	97.7
100.8	97.6	100.0	97.5	99.0	100.8	100.6	100.0	98.1	100.3	99.8
100.4	96.5	99.9	97.6	98.9	100.8	100.3	99.7	97.6	100.3	99.5
100.8	102.8	103.9	102.0	99.4	101.1	100.0	101.9	100.8	100.7	100.8
102.9	121.1	93.4	76.6	89.2	95.6	95.2	100.2	110.3	105.1	94.6
103.8	99.8	101.0	95.9	102.9	100.5	101.2	100.0	97.0	101.4	101.0
101.5	100.7	100.2	98.3	99.2	100.6	101.9	101.0	99.6	99.5	100.8
100.5	100.2	99.4	99.4	99.5	97.9	99.0	99.4	101.1	99.7	98.7
100.0	100.7	98.9	97.7	100.0	100.0	100.0	100.0	100.0	100.0	100.0
100.0	100.0	100.0	102.2	100.0	104.8	93.9	90.5	96.7	100.0	100.0

6-7 续表 2

(上月=100)

项　　目	Item	全年 Annual Year	1月 January
金属丝绳及其制品制造	Manufacture of Metal Commodity	88.8	100.0
铸造及其他金属制品制造	Forging and Other Metal Products Manufacturing	98.8	104.9
通用设备制造业	Manufacture of General Purpose Machingery	96.8	99.9
锅炉及原动设备制造	Boiler and Original Equipment Manufacturing	100.7	100.0
金属加工机械制造	Metalworking Machinery Manufacturing	100.0	100.0
物料搬运设备制造	Manufacture of Material Handling Equipment	100.0	100.0
泵、阀门、压缩机及类似机械制造	Pump, Valve, Compressor and Its Similar Mechanical Manufacture	92.5	99.7
轴承、齿轮和传动部件制造	Bearings, Gears and Transmission Components Manufacturing	90.4	100.0
通用零部件制造	Metal Casting and Forging	99.8	100.0
专用设备制造业	Manufacture of Special Purpose Machingery	99.9	100.0
采矿、冶金、建筑专用设备制造	Mining, Metallurgy, Building Special Equipment Manufacture	98.9	100.0
化工、木材、非金属加工专用设备制造	Chemical Engineering, Timber, Non-Metal Processed Special Equipments Manufacture	101.2	100.0
农、林、牧、渔专用机械制造	Manufacture of Agriculture, Forestry Animal Husbandry and Fishery Specific Machinery	107.8	100.0
环保、邮政、社会公共服务及其他专用设备制造	Manufacture of Environment Protection, Social Public Security and Other Specific Equipment	100.0	100.0
汽车制造业	Manufacture of Automobiles	99.4	99.4
汽车整车制造	Manufacture of Automobiles	100.0	100.0
汽车车身、挂车制造	Car Body, Trailer Manufacturing	98.9	98.9
汽车零部件及配件制造	Manufacture of Auto Parts and Accessories	100.0	100.0
电气机械和器材制造业	Manufacture of Electrical Machinery and Apparatus	99.7	100.1
电机制造	Manufacture of Motor	98.7	100.0
输配电及控制设备制造	Electricity Mixed and Control Equipments Manufacture	98.4	100.4
电线、电缆、光缆及电工器材制造	Manufacture of Wire, Cable, Optical Cable and Electrical Equipment	100.9	99.9
电池制造	Manufacture of Battery	100.0	100.0
计算机、通信和其他电子设备制造业	Manufacture of Computers, Communication and Other	99.6	100.1
电子器件制造	Manufacture of Electronic Device	99.6	100.1
废弃资源综合利用业	Utilization of Waste Resources	95.2	101.9
金属废料和碎屑加工处理	Metal Waste and Scrap Processing	96.7	102.8
非金属废料和碎屑加工处理	Processing and Disposal of Non-metallic Wastes and Debris	92.8	100.3
金属制品、机械和设备修理业	Repair Service of Metal Products, Machingery and Equipment	100.0	100.0
专用设备修理	Professional Equipment Repair	100.0	100.0
铁路、船舶、航空航天等运输设备修理	Repair of Railway, Ship, Aerospace and Other Transport Equipment	100.0	100.0
电力、热力生产和供应业	Production and Supply of Electric Power and Heat Power	103.1	97.9
电力生产	Electric Power Production	107.3	91.8
电力供应	Electric Power Supply	100.0	102.7
热力生产和供应	Thermal Production and Supply	100.7	99.3
燃气生产和供应业	Production and Supply of Gas	103.2	100.4
燃气生产和供应业	Gas Production and Supply Industry	103.2	100.4
水的生产和供应业	Production and Supply of Water	100.0	100.0
自来水生产和供应	Tapping-water Production and Supply	100.0	100.0
污水处理及其再生利用	Sewage Treatment and Its Recycling	100.0	100.0

Continued

(preceding month=100)

2月 February	3月 March	4月 April	5月 May	6月 June	7月 July	8月 August	9月 September	10月 October	11月 November	12月 December
118.7	96.1	94.0	103.0	101.4	96.1	93.6	99.4	99.3	98.3	90.7
100.4	100.0	100.0	100.3	98.8	94.4	99.5	100.7	103.3	99.5	97.5
98.4	100.7	100.9	99.1	97.9	100.4	100.2	100.2	100.2	100.2	98.7
100.0	100.0	100.6	100.3	100.0	99.9	100.3	100.0	100.0	99.8	99.8
100.0	100.0	100.0	100.0	100.0	100.0	100.0	100.0	100.0	100.0	100.0
100.0	93.4	100.0	103.5	103.4	100.0	100.0	100.0	100.0	100.0	100.0
94.5	103.6	102.9	96.1	96.2	101.7	100.2	100.6	100.8	100.9	95.5
100.0	100.0	100.0	100.0	90.4	100.0	100.0	100.0	100.0	100.0	100.0
100.0	100.8	99.0	100.0	100.0	100.0	100.0	100.0	100.0	100.0	100.0
100.0	100.0	100.0	100.0	99.4	100.0	100.0	100.0	100.0	100.4	100.0
100.0	100.0	100.0	100.0	98.9	100.0	100.0	100.0	100.0	100.0	100.0
100.0	100.0	100.0	100.0	100.0	100.0	100.0	100.0	100.0	101.2	100.0
100.0	100.0	101.9	100.0	100.0	100.0	101.9	102.4	100.0	100.0	101.4
100.0	100.0	100.0	100.0	100.0	100.0	100.0	100.0	100.0	100.0	100.0
99.7	100.0	100.0	101.1	99.4	100.8	99.1	100.0	100.0	100.0	100.0
100.0	100.0	100.0	100.0	100.0	100.0	100.0	100.0	100.0	100.0	100.0
99.5	100.0	100.0	101.9	98.9	101.3	98.4	100.0	100.0	100.0	100.0
100.0	100.0	100.0	100.0	100.0	100.0	100.0	100.0	100.0	100.0	100.0
101.6	99.8	100.1	98.7	99.1	100.3	100.3	100.2	98.1	100.2	101.2
100.0	100.0	98.7	100.0	97.5	100.0	100.0	100.0	100.0	102.6	100.0
99.9	99.8	100.3	99.9	98.1	99.6	100.3	100.2	99.8	99.5	100.7
103.4	99.7	100.5	97.5	100.4	100.9	100.4	100.2	96.2	100.0	101.9
100.0	100.0	100.0	100.0	100.0	100.0	100.0	100.0	100.0	100.0	100.0
99.0	100.0	100.1	99.9	100.5	100.0	100.0	100.0	100.1	99.9	100.0
99.0	100.0	100.1	99.9	100.5	100.0	100.0	100.0	100.1	99.9	100.0
102.6	101.4	97.6	98.1	91.9	98.0	102.6	102.4	102.1	99.9	97.3
104.4	101.9	100.0	97.1	88.7	99.3	106.7	103.9	98.3	99.8	94.9
99.5	100.4	93.3	100.0	97.7	95.8	95.7	99.5	109.8	100.0	101.6
100.0	100.0	100.0	100.0	100.0	100.0	100.0	100.0	100.0	100.0	100.0
100.0	100.0	100.0	100.0	100.0	100.0	100.0	100.0	100.0	100.0	100.0
100.0	100.0	100.0	100.0	100.0	100.0	100.0	100.0	100.0	100.0	100.0
109.3	97.5	101.1	101.6	97.2	103.0	99.0	99.1	98.5	101.6	97.9
124.2	95.1	102.6	103.7	97.1	105.2	99.4	97.6	96.8	101.9	95.0
99.4	99.3	99.8	99.9	97.1	101.2	98.5	100.5	100.0	101.4	100.5
100.0	100.3	101.5	100.6	100.0	99.7	100.4	100.1	99.9	100.0	98.8
100.0	101.9	96.5	99.2	100.3	100.3	100.3	100.1	99.7	102.5	102.2
100.0	101.9	96.5	99.2	100.3	100.3	100.3	100.1	99.7	102.5	102.2
100.0	100.0	100.0	100.0	100.0	100.0	100.0	100.0	100.0	100.0	100.0
100.0	100.0	100.0	100.0	100.0	100.0	100.0	100.0	100.0	100.0	100.0
100.0	100.0	100.0	100.0	100.0	100.0	100.0	100.0	100.0	100.0	100.0

6-8 分月分类工业生产者购进价格同比指数(2023年)

(上年同期=100)

项　　目	Item	全年 Annual Year	1月 January	2月 February
总 指 数	**General Index**	**92.5**	**99.4**	**97.1**
按初级中间最终产品分	By Primary, Intermediate and Final Goods			
初级产品	Primary Products	90.5	102.4	98.9
农产品	Agriculture Products	98.9	107.1	106.7
矿产品	Mineral Products	88.4	101.5	97.3
废料	Waste Meterial	94.5	89.5	88.8
中间产品	Intermediate Products	93.7	97.6	96.0
全部原材料	Total Raw Materials			
燃料、动力类	Fuel and Power	89.9	102.8	99.5
黑色金属材料类	Ferrous Metals	92.8	93.6	93.5
钢材	Rolled Steel	92.6	93.9	94.0
其他	Others	93.2	92.6	92.0
有色金属材料及电线类	Nonferrous Metals	97.9	96.9	96.3
化工原料类	Raw Chemical Materials	73.0	77.6	73.3
木材及纸浆类	Timber and Paper Pulp	98.0	100.4	100.0
建筑材料类及非金属类	Building Materials and Non-metal Ore	88.9	113.0	106.2
其他工业原材料及半成品类	Other Industrial Raw Materials and Semi-finished Produces	100.8	99.9	98.0
农副产品类	Agricultural Products	99.2	107.0	106.7
纺织原料类	Textile Materials	87.8	78.9	78.2

6-9 分月分类工业生产者购进价格环比指数(2023年)

(上月=100)

项　　目	Item	全年 Annual Year	1月 January	2月 February
总 指 数	**General Index**	**94.3**	**99.8**	**99.7**
按初级中间最终产品分	By Primary, Intermediate and Final Goods			
初级产品	Primary Products	92.4	98.1	100.0
农产品	Agriculture Products	91.3	97.9	99.6
矿产品	Mineral Products	92.5	98.1	100.1
废料	Waste Meterial	102.6	102.8	100.2
中间产品	Intermediate Products	95.5	100.8	99.6
全部原材料	Total Raw Materials			
燃料、动力类	Fuel and Power	92.6	99.7	100.4
黑色金属材料类	Ferrous Metals	95.4	99.9	99.7
钢材	Rolled Steel	92.9	100.1	100.0
其他	Others	102.1	99.4	99.2
有色金属材料及电线类	Nonferrous Metals	100.7	100.2	100.8
化工原料类	Raw Chemical Materials	83.0	99.3	95.0
木材及纸浆类	Timber and Paper Pulp	97.6	99.9	100.0
建筑材料类及非金属类	Building Materials and Non-metal Ore	81.7	98.2	95.8
其他工业原材料及半成品类	Other Industrial Raw Materials and Semi-finished Produces	102.2	102.0	100.1
农副产品类	Agricultural Products	91.8	98.3	99.6
纺织原料类	Textile Materials	108.0	97.7	100.9

Purchasing Price Indices for Industrial Producers by Main Classification and Month(2023)

(same period last year=100)

3月 March	4月 April	5月 May	6月 June	7月 July	8月 August	9月 September	10月 October	11月 November	12月 December
93.5	**91.1**	**89.3**	**87.0**	**88.8**	**90.8**	**93.0**	**93.6**	**92.8**	**94.3**
92.9	91.1	86.6	82.0	83.4	87.5	90.4	91.2	89.7	92.4
106.1	104.2	102.4	99.9	95.9	98.7	96.2	91.5	90.2	91.3
90.0	88.1	82.9	77.9	80.1	84.4	88.6	90.9	89.5	92.5
88.5	94.7	90.2	84.8	95.9	99.4	104.6	101.0	99.5	102.6
93.8	91.1	91.0	90.2	92.3	92.8	94.6	95.2	94.7	95.5
92.1	90.1	85.1	81.6	82.5	85.6	88.3	91.1	89.6	92.6
91.9	90.4	89.1	89.8	91.1	93.9	94.8	96.1	95.3	95.4
92.5	91.9	91.1	90.9	90.2	92.9	93.6	94.9	93.2	92.9
90.0	86.2	83.8	86.7	93.8	96.8	98.0	99.1	100.8	102.1
94.8	93.7	92.9	92.7	100.7	101.5	103.1	101.7	101.1	100.7
71.2	61.9	75.7	67.4	66.9	68.5	76.7	79.8	79.8	83.0
98.5	97.9	95.9	97.3	97.7	97.5	96.0	97.6	99.4	97.6
102.3	96.6	84.8	83.9	82.3	80.2	81.5	80.6	80.9	81.7
99.8	100.4	99.7	99.9	101.4	102.3	102.5	101.8	101.5	102.2
105.8	103.9	102.4	100.0	96.5	98.6	96.6	92.4	90.9	91.8
73.0	73.0	74.4	75.5	84.6	98.6	109.1	110.4	110.8	108.0

Purchasing Price Indices for Industrial Producers by Main Classification and Month(2023)

(preceding month=100)

3月 March	4月 April	5月 May	6月 June	7月 July	8月 August	9月 September	10月 October	11月 November	12月 December
99.5	**98.7**	**97.8**	**98.4**	**99.6**	**100.5**	**101.0**	**100.1**	**99.6**	**99.5**
99.9	98.8	96.5	97.3	99.7	101.7	101.8	100.7	99.2	98.6
100.2	99.2	99.4	98.3	99.7	102.6	99.1	97.6	98.1	99.3
99.8	98.5	95.6	96.9	99.7	101.4	102.7	101.7	99.6	98.3
101.5	108.7	94.4	96.3	102.4	100.3	99.4	97.0	98.4	101.8
99.3	98.6	98.5	99.1	99.6	99.8	100.6	99.8	99.8	100.1
98.6	97.5	96.4	97.4	100.6	100.1	101.2	101.7	99.5	99.3
99.6	99.9	98.8	100.1	98.6	99.8	100.5	100.0	98.8	99.6
99.4	99.9	98.9	99.7	98.1	99.5	100.4	99.6	98.0	99.2
100.2	99.8	98.3	101.2	99.9	100.6	101.0	101.1	100.9	100.6
101.1	100.4	97.8	98.4	100.4	100.4	101.7	99.4	100.4	99.9
98.3	93.5	103.4	97.4	92.8	101.6	103.5	98.2	99.0	100.1
98.8	99.7	98.1	101.2	99.7	99.6	99.5	101.6	99.8	99.7
99.7	98.2	93.1	99.8	98.1	99.7	99.2	99.4	99.6	99.4
99.5	100.8	99.6	99.9	100.1	100.6	100.5	99.7	99.6	99.7
99.8	99.2	99.4	98.5	99.7	102.2	99.3	97.8	98.4	99.2
100.0	100.9	101.9	100.4	106.0	103.1	103.4	100.2	97.8	95.8

主要指标解释

工业生产者出厂价格指数 是反映一定时期内全部工业产品第一次出售时的出厂价格总水平的变动趋势和变动幅度的相对数。

工业生产者购进价格指数 是反映作为中间投入的原材料、燃料、动力购进价格总水平的变动趋势和变动幅度的相对数。

Explanatory Notes on Main Statistical Indicators

Producer Price Indices for Industrial Products are relative figures reflecting the trend and degree of changes in general ex-factory prices of all manufactured goods for first sale during a given period.

Purchasing Price Indices for Industrial Producers are relative figures reflecting changes in the level and degree of purchasing prices such as intermediate input such as raw materials, fuels and power.

七　附　录

Appendix

附-1　全国及各省(区、市)粮食生产情况(2023年)
Basic Statistics of Grain Production by Region(2023)

地　区	Region	播种面积(千公顷) Sown Areas (1000 hectares)	总产量(万吨) Total Output (10000 tons)	单位面积产量(公斤/公顷) Yield per Unit Area (kg/hectares)
全　国	**National**	**118968.5**	**69541.0**	**5845.3**
北　京	Beijing	89.5	47.8	5340.6
天　津	Tianjin	390.0	255.7	6556.7
河　北	Hebei	6455.2	3809.9	5902.1
山　西	Shanxi	3161.0	1478.1	4676.1
内蒙古	Neimenggu	6984.7	3957.8	5666.4
辽　宁	Liaoning	3578.4	2563.4	7163.5
吉　林	Jilin	5825.6	4186.5	7186.4
黑龙江	Heilongjiang	14743.1	7788.2	5282.6
上　海	Shanghai	127.2	101.9	8010.1
江　苏	Jiangsu	5458.9	3797.7	6956.8
浙　江	Zhejiang	1024.7	638.8	6234.1
安　徽	Anhui	7334.5	4150.8	5659.2
福　建	Fujian	841.1	511.0	6074.9
江　西	Jiangxi	3774.3	2198.3	5824.4
山　东	Shandong	8387.9	5655.3	6742.2
河　南	Henan	10785.3	6624.3	6142.0
湖　北	Hubei	4707.0	2777.0	5899.9
湖　南	Hunan	4763.5	3068.0	6440.7
广　东	Guangdong	2229.5	1285.2	5764.4
广　西	Guangxi	2834.7	1395.4	4922.4
海　南	Hainan	273.6	147.0	5373.8
重　庆	Chongqing	2025.9	1095.9	5409.3
四　川	Sichuan	6404.0	3593.8	5611.8
贵　州	Guizhou	2773.8	1119.7	4036.6
云　南	Yunnan	4243.2	1974.0	4652.1
西　藏	Xizang	194.6	108.9	5594.8
陕　西	Shaanxi	3023.0	1323.7	4378.7
甘　肃	Gansu	2710.9	1272.9	4695.4
青　海	Qinghai	304.9	116.2	3812.0
宁　夏	Ningxia	693.9	378.8	5459.1
新　疆	Xinjiang	2824.8	2119.2	7502.1

注：此表中部分数据因四舍五入，分省合计数与全国数略有差异。
Notes: Partial data in this table, due to rounding, the total data by province are slightly different from the national data.

附-2　全国粮食播种面积、总产量及单位面积产量情况(2023年)
Sown Area,Total Output and Yield per Unit Area of National grain(2023)

指　标	Item	播种面积(千公顷) Sown Areas (1000 hectares)	总产量(万吨) Total Output (10000 tons)	单位面积产量(公斤/公顷) Yield per Unit Area (kg/hectares)
全年粮食	Annual Grain	**118968.5**	**69541.0**	**5845.3**
分季节	By Season			
夏粮	Summer Grain	26608.6	14615.2	5492.7
早稻	Early-season Rice	4733.1	2833.7	5987.0
秋粮	Autumn Grain	87626.8	52092.0	5944.8
分品种	By Species			
谷物	Cereals	99926.4	64143.0	6419.0
稻谷	Rice	28949.1	20660.3	7136.8
小麦	Wheat	23627.2	13659.0	5781.0
玉米	Corn	44218.9	28884.2	6532.1
豆类	Beans	11994.2	2384.1	1987.7
薯类	Tubers	7048.0	3013.9	4276.2

注：1.根据甘肃、宁夏、新疆等部分地区小麦实际产量对全国夏粮数据进行了修正。
　　2.此表中部分数据因四舍五入，分项数合计与全年数据略有差异。

Notes: 1. The data of national summer grain were revised according to the actual wheat yield in Gansu, Ningxia, Xinjiang and other regions.
　　2. Partial data in this table due to rounding, the amount of separate number are slightly different from the annual data.

附-3 全国及各省(区、市)农产品生产者价格指数(2023年)
Producer Price Indices for Farm Products by Region(2023)

(上年=100) (preceding year=100)

地 区	Region	农产品生产者价格指数 Producer Price Indices for Farm Products	种植业产品 Planting Products	林业产品 Forestry Products	畜牧业产品 Animal Husbandry Products	渔业产品 Fishery Products
全 国	**National**	**97.7**	**99.2**	**97.3**	**91.7**	**99.4**
北 京	Beijing	99.7	102.1		94.6	103.9
天 津	Tianjin	98.1	98.5		90.8	93.3
河 北	Hebei	95.5	96.6	99.6	92.6	106.6
山 西	Shanxi	101.6	104.9	100.5	95.6	100.3
内蒙古	Neimenggu	97.8	100.1	111.2	93.7	100.7
辽 宁	Liaoning	98.8	99.5	86.1	98.0	103.5
吉 林	Jilin	95.8	98.1	93.9	88.9	96.5
黑龙江	Heilongjiang	100.6	103.1	84.9	87.9	112.4
上 海	Shanghai	98.4	95.9	95.5	93.3	110.8
江 苏	Jiangsu	98.3	101.4	100.5	92.7	99.3
浙 江	Zhejiang	101.2	100.8	97.1	90.2	107.0
安 徽	Anhui	96.7	97.3	98.8	90.6	99.8
福 建	Fujian	99.8	102.1	102.8	95.1	99.1
江 西	Jiangxi	95.3	100.4	86.7	89.1	96.1
山 东	Shandong	101.0	106.2	94.0	91.2	103.8
河 南	Henan	91.4	100.0	99.7	84.9	90.1
湖 北	Hubei	97.1	101.6	102.5	87.1	97.6
湖 南	Hunan	97.6	99.7	105.0	94.4	95.9
广 东	Guangdong	98.0	97.4	98.7	93.6	100.1
广 西	Guangxi	97.1	100.1	95.9	90.1	96.8
海 南	Hainan	98.2	102.0	90.9	89.0	103.5
重 庆	Chongqing	97.5	100.4	99.1	92.5	100.7
四 川	Sichuan	95.6	100.1	100.9	90.9	99.0
贵 州	Guizhou	95.1	98.8	101.0	92.1	99.2
云 南	Yunnan	98.8	104.7	93.2	89.8	99.5
西 藏	Xizang					
陕 西	Shaanxi	101.3	105.6	104.2	89.5	95.4
甘 肃	Gansu	103.3	106.7		97.3	
青 海	Qinghai	97.4	102.2		93.8	
宁 夏	Ningxia	96.6	103.6		89.5	93.7
新 疆	Xinjiang	102.4	106.2	105.0	91.7	97.6

附-4 全国及各省(区、市)脱贫县农村常住居民人均可支配收入
Per Capita Disposable Income of Rural Households in Poverty Relief Counties by Region

单位：元 (yuan)

地 区	Region	2013年	2014年	2015年	2016年	2017年	2018年	2019年	2020年	2021年	2022年	2023年
全 国	**National**	**6079**	**6852**	**7653**	**8452**	**9377**	**10371**	**11567**	**12588**	**14051**	**15111**	**16396**
河 北	Hebei	6150	6886	7575	8382	9331	10393	11684	12712	14272	15425	16700
山 西	Shanxi	4875	5430	6078	6623	7330	8250	9379	10352	11666	12724	13937
内蒙古	Neimenggu	6545	7375	8201	9005	9852	10965	12272	13458	15034	16223	17751
吉 林	Jilin	5798	6414	7045	7669	8361	9330	10494	11490	12906	13667	14990
黑龙江	Heilongjiang	5896	6450	7174	7828	8572	9621	10815	11933	13474	14393	15583
安 徽	Anhui	7119	8062	8952	9890	10931	12078	13485	14763	16589	17781	19232
江 西	Jiangxi	6053	6830	7759	8643	9602	10635	11767	12877	14452	15741	17210
河 南	Henan	7070	7983	8865	9735	10789	11911	13252	14366	15752	16880	18221
湖 北	Hubei	6971	7831	8682	9502	10471	11552	12874	13075	14822	16188	17612
湖 南	Hunan	5715	6461	7222	8029	8908	9875	10938	12023	13537	14714	16036
广 西	Guangxi	6252	7044	7927	8800	9719	10761	11958	13141	14663	15796	17066
海 南	Hainan	7145	7449	8284	9163	10312	11545	12789	13917	15683	16935	18516
重 庆	Chongqing	7131	8044	9120	10244	11273	12470	13832	15019	16668	17875	19299
四 川	Sichuan	6282	7091	7966	8799	9759	10837	12127	13240	14909	15949	17196
贵 州	Guizhou	5557	6381	7171	7894	8677	9528	10580	11478	12703	13569	14688
云 南	Yunnan	5616	6314	7070	7847	8695	9595	10771	11740	13027	14027	15218
西 藏	Xizang	6553	7359	8244	9094	10330	11450	12951	14598	16932	18209	19924
陕 西	Shaanxi	6162	6963	7692	8424	9297	10267	11421	12491	13909	14838	16074
甘 肃	Gansu	4487	5106	5782	6323	6968	7687	8592	9385	10458	11190	12107
青 海	Qinghai	6462	7283	7933	8664	9462	10393	11499	12342	13604	14456	15614
宁 夏	Ningxia	5840	6555	7255	7937	8809	9744	10804	11858	13045	14151	15339
新 疆	Xingjiang	5986	6635	7341	8055	9985	10907	12035	13052	14477	15417	16881

附-5 全国及各省(区、市)脱贫县农村常住居民人均消费支出
Per Capita Living Expenditure for Region Households in Poverty Relief Counties by Region

单位：元 (yuan)

地 区	Region	2013年	2014年	2015年	2016年	2017年	2018年	2019年	2020年	2021年	2022年	2023年
全 国	**National**	**5404**	**6007**	**6656**	**7331**	**7998**	**8956**	**10011**	**10758**	**12311**	**12851**	**14203**
河 北	Hebei	5767	6210	6738	7171	7846	8913	10053	10534	12814	13433	14386
山 西	Shanxi	4630	5080	5455	5841	6274	7006	8000	8536	10040	10391	11894
内蒙古	Neimenggu	6467	7232	7886	8377	9122	10206	11376	12045	13887	13988	16759
吉 林	Jilin	5344	5948	6607	7272	7647	8652	9878	10775	11762	11477	12793
黑龙江	Heilongjiang	5005	5612	5930	6471	7283	8132	9409	10133	11729	12441	13457
安 徽	Anhui	6375	7159	8227	9178	10092	11210	12797	13732	15447	16082	17371
江 西	Jiangxi	5443	6035	6763	7330	8074	8984	10254	11299	13170	14291	15944
河 南	Henan	5296	5845	6529	7157	7782	8669	9572	10412	11842	12550	13677
湖 北	Hubei	6507	7249	7798	8499	9457	10647	12029	12817	14711	15736	17515
湖 南	Hunan	5633	6355	7054	7825	8735	9644	10686	11641	13338	14295	15222
广 西	Guangxi	5764	6517	6991	7755	8279	9352	10368	11066	12144	11994	13665
海 南	Hainan	6319	6626	7091	7697	7951	9159	10407	11075	13342	13897	15552
重 庆	Chongqing	6442	7345	8170	9119	10098	11058	12145	13158	14836	15295	16144
四 川	Sichuan	5527	6100	6903	7757	8746	9652	10760	11660	13359	14110	15438
贵 州	Guizhou	5327	5897	6498	7327	7852	8895	9509	9967	11515	12014	13055
云 南	Yunnan	4413	4958	5686	6275	6809	7677	8844	9715	10962	11741	13572
西 藏	Xizang	4102	4822	5580	6070	6691	7452	8418	8917	10577	11139	12619
陕 西	Shaanxi	5840	6406	6934	7615	8200	9250	10033	10531	11702	11905	13000
甘 肃	Gansu	4313	4912	5452	5857	6365	7241	8184	8701	9925	10033	11201
青 海	Qinghai	7506	8235	8566	9222	9903	10352	11343	12134	13300	12516	14790
宁 夏	Ningxia	5616	6132	7060	7728	8079	8904	9580	10213	11556	11409	12674
新 疆	Xingjiang	4925	5203	5434	5633	6222	7056	8162	9007	10826	10439	11595

附-6 全国及各省(区、市)城镇居民家庭人均可支配收入
Per Capita Disposable Income of Urban Households by Rgion

单位：元 (yuan)

地 区 Region	2014年	2015年	2016年	2017年	2018年	2019年	2020年	2021年	2022年	2023年
全 国 National	**28843.9**	**31194.8**	**33616.2**	**36396.2**	**39251.0**	**42359.0**	**43833.8**	**49282.9**	**47411.9**	**51820.7**
北 京 Beijing	48531.8	52859.2	57275.3	62406.3	67990.0	73849.0	75601.5	84023.1	81517.5	88650.2
天 津 Tianjin	31506.0	34101.3	37109.6	40277.5	42976.0	46119.0	47658.5	53003.2	51485.7	55354.5
河 北 Hebei	24141.3	26152.2	28249.4	30547.8	32977.0	35738.0	37285.7	41277.7	39791.0	43630.5
山 西 Shanxi	24069.4	25827.7	27352.3	29131.8	31035.0	33262.0	34792.7	39532.0	37433.1	41327.4
内蒙古 Neimenggu	28349.6	30594.1	32974.9	35670.0	38305.0	40782.0	41353.1	46295.4	44376.9	48675.7
辽 宁 Liaoning	29081.7	31125.7	32876.1	34993.4	37342.0	39777.0	40375.9	44002.6	43050.8	45896.0
吉 林 Jilin	23217.8	24900.9	26530.4	28318.7	30172.0	32299.0	33395.7	35470.9	35645.8	37503.5
黑龙江 Heilongjiang	22609.0	24202.6	25736.4	27446.0	29191.0	30945.0	31114.7	35042.1	33646.1	36492.0
上 海 Shanghai	48841.4	52961.9	57691.7	62595.7	68034.0	73615.0	76437.3	84034.0	82428.9	89476.7
江 苏 Jiangsu	34346.3	37173.5	40151.6	43621.8	47200.0	51056.0	53101.7	60178.1	57743.5	63211.1
浙 江 Zhejiang	40392.7	43714.5	47237.2	51260.7	55574.0	60182.0	62699.3	71267.9	68486.8	74996.8
安 徽 Anhui	24838.5	26935.8	29156.0	31640.3	34393.0	37540.0	39442.1	45133.2	43008.7	47445.9
福 建 Fujian	30722.4	33275.3	36014.3	39001.4	42121.0	45620.0	47160.3	53817.1	51140.5	56152.8
江 西 Jiangxi	24309.2	26500.1	28673.3	31198.1	33819.0	36546.0	38555.8	43696.5	41684.4	45553.6
山 东 Shandong	29221.9	31545.3	34012.1	36789.4	39549.0	42329.0	43726.3	49049.7	47066.4	51570.9
河 南 Henan	23672.1	25575.6	27232.9	29557.9	31874.0	34201.0	34750.3	38483.7	37094.8	40234.5
湖 北 Hubei	24852.3	27051.5	29385.8	31889.4	34455.0	37601.0	36705.7	42625.8	40277.8	44989.7
湖 南 Hunan	26570.2	28838.1	31283.9	33947.9	36698.0	39842.0	41697.5	47301.2	44866.1	49242.8
广 东 Guangdong	32148.1	34757.2	37684.3	40975.1	44341.0	48118.0	50257.0	56905.3	54853.6	59306.6
广 西 Guangxi	24669.0	26415.9	28324.4	30502.1	32436.0	34745.0	35859.3	39703.0	38529.9	41286.6
海 南 Hainan	24486.5	26356.4	28453.5	30817.4	33349.0	36017.0	37097.0	40117.5	40213.2	42661.0
重 庆 Chongqing	25147.2	27238.8	29610.0	32193.2	34889.0	37939.0	40006.2	45508.9	43502.5	47434.8
四 川 Sichuan	24234.4	26205.3	28335.3	30726.9	33216.0	36154.0	38253.1	43233.3	41443.8	45227.4
贵 州 Guizhou	22548.2	24579.6	26742.6	29079.8	31592.0	34404.0	36096.2	41085.7	39211.2	42772.4
云 南 Yunnan	24299.0	26373.2	28610.6	30995.9	33488.0	36238.0	37499.5	42167.9	40904.9	43563.2
西 藏 Xizang	22015.8	25456.6	27802.4	30671.1	33797.0	37410.0	41156.4	48752.9	46503.3	51900.5
陕 西 Shaanxi	24365.8	26420.2	28440.1	30810.3	33319.0	36098.0	37868.2	42431.3	40713.1	44713.0
甘 肃 Gansu	21803.9	23767.1	25693.5	27763.4	29957.0	32323.0	33821.8	37572.4	36187.3	39832.8
青 海 Qinghai	22306.6	24542.3	26757.4	29168.9	31515.0	33830.0	35505.8	38735.8	37745.3	40408.5
宁 夏 Ningxia	23284.6	25186.0	27153.0	29472.3	31895.0	34328.0	35719.6	40193.7	38290.7	42395.0
新 疆 Xinjiang	23214.0	26274.7	28463.4	30774.8	32764.0	34664.0	34838.4	38410.2	37642.4	40578.0

附-7 全国及各省(区、市)城镇居民家庭人均生活消费支出
Per Capita Living Expenditure for Urban Households by Region

单位：元 (yuan)

地 区	Region	2014年	2015年	2016年	2017年	2018年	2019年	2020年	2021年	2022年	2023年
全 国	**National**	**19968.1**	**21392.4**	**23078.9**	**24445.0**	**26112.3**	**28063.0**	**27007.4**	**30390.8**	**30307.2**	**32994.2**
北 京	Beijing	33717.5	36642.0	38255.5	40346.3	42925.6	46358.0	41726.3	45616.9	46775.7	50897.4
天 津	Tianjin	24289.6	26229.5	28344.6	30283.6	32655.1	34811.0	30894.7	33823.6	36066.9	37585.6
河 北	Hebei	16203.8	17586.6	19105.9	20600.3	22127.4	23483.0	23167.4	25071.3	24192.4	27905.6
山 西	Shanxi	14636.9	15818.6	16992.8	18404.0	19789.8	21159.0	20331.9	21922.6	21965.5	24523.9
内蒙古	Neimenggu	20885.2	21876.5	22744.5	23637.8	24437.1	25383.0	23887.7	26666.8	27194.2	32248.9
辽 宁	Liaoning	20519.6	21556.7	24995.9	25379.4	26447.9	27355.0	24849.1	26652.2	28438.4	29090.6
吉 林	Jilin	17156.1	17972.6	19166.4	20051.2	22393.7	23394.0	21623.2	21834.9	24420.9	26676.7
黑龙江	Heilongjiang	16466.6	17152.1	18145.2	19269.8	21035.5	22165.0	20397.3	24011.0	24422.1	25882.2
上 海	Shanghai	35182.4	36946.1	39856.8	42304.3	46015.2	48272.0	44839.3	48110.5	51294.6	54918.8
江 苏	Jiangsu	23476.3	24966.0	26432.9	27726.3	29461.9	31329.0	30882.2	37795.7	36558.0	40460.7
浙 江	Zhejiang	27241.7	28661.3	30067.7	31924.2	34597.9	37508.0	36196.9	44511.2	42193.5	47761.7
安 徽	Anhui	16107.1	17233.5	19606.2	20740.2	21522.7	23782.0	22682.7	26832.4	26495.1	27900.2
福 建	Fujian	22204.1	23520.2	25005.5	25980.5	28145.1	30946.0	30486.5	35692.1	33942.0	37673.7
江 西	Jiangxi	15141.8	16731.8	17695.6	19244.5	20760.0	22714.0	22134.3	25975.5	24586.5	27732.6
山 东	Shandong	18322.6	19853.8	21495.3	23072.1	24798.4	26731.0	27291.1	28555.2	29314.3	30251.0
河 南	Henan	16184.5	17154.3	18087.8	19422.3	20989.2	21972.0	20644.9	23539.3	23177.5	25570.4
湖 北	Hubei	16681.4	18192.3	20040.0	21275.6	23995.9	26422.0	22885.5	29120.9	28505.6	31500.1
湖 南	Hunan	18334.7	19501.4	21420.0	23162.6	25064.2	26924.0	26796.4	29580.1	28293.8	31035.5
广 东	Guangdong	23611.7	25673.1	28613.3	30197.9	30924.3	34424.0	33511.3	36936.2	36621.1	39333.3
广 西	Guangxi	15045.4	16321.2	17268.5	18348.6	20159.4	21591.0	20906.5	22438.1	22555.3	24427.1
海 南	Hainan	17513.8	18448.4	19015.5	20371.9	22971.2	25317.0	23559.9	26417.6	27564.8	28930.3
重 庆	Chongqing	18279.5	19742.3	21030.9	22759.2	24154.2	25785.0	26464.4	30573.9	29849.6	31530.9
四 川	Sichuan	17759.9	19276.8	20659.8	21990.6	23483.9	25367.0	25133.2	27637.3	26970.8	29279.6
贵 州	Guizhou	15254.6	16914.2	19201.7	20347.8	20787.9	21402.0	20587.0	24229.9	25333.0	27692.7
云 南	Yunnan	16268.3	17675.0	18622.4	19559.7	21626.4	23455.0	24569.4	26239.7	27440.7	28338.5
西 藏	Xizang	15669.4	17022.0	19440.5	21087.5	23029.4	25637.0	24927.4	28265.4	28159.2	28858.4
陕 西	Shaanxi	17546.0	18463.9	19368.9	20388.2	21966.4	23514.0	22866.4	24765.8	24783.7	27303.3
甘 肃	Gansu	15942.3	17450.9	19539.2	20659.4	22606.0	24454.0	24614.6	25207.0	25756.6	27044.4
青 海	Qinghai	17492.9	19200.6	20853.2	21473.0	22997.5	23799.0	24315.2	21700.2	24512.5	25372.5
宁 夏	Ningxia	17216.2	18983.9	20364.2	20219.5	21976.7	24161.0	22379.1	24213.4	25385.6	27075.5
新 疆	Xinjiang	17684.5	19414.7	21228.5	22796.9	24191.4	25594.0	22951.8	24142.3	25724.0	26133.7

附-8 全国及各省(区、市)农村居民家庭人均可支配收入
Per Capita Disposable Income of Rural Households by Rgion

单位：元 (yuan)

地 区	Region	2014年	2015年	2016年	2017年	2018年	2019年	2020年	2021年	2022年	2023年
全 国	**National**	**10488.9**	**11421.7**	**12363.4**	**13432.4**	**14617.0**	**16021.0**	**17131.5**	**20132.8**	**18930.9**	**21690.9**
北 京	Beijing	18867.3	20568.7	22309.5	24240.5		28928.0	30125.7	34753.8	33302.7	37358.0
天 津	Tianjin	17014.2	18481.6	20075.6	21753.7	23065.0	24804.0	25690.6	29017.8	27954.5	30851.0
河 北	Hebei	10186.1	11050.5	11919.4	12880.9	14031.0	15373.0	16467.0	19364.2	18178.9	20688.4
山 西	Shanxi	8809.4	9453.9	10082.5	10787.5	11750.0	12902.0	13878.0	16322.7	15308.3	17676.7
内蒙古	Neimenggu	9976.3	10775.9	11609.0	12584.3	13803.0	15283.0	16566.9	19640.9	18336.8	21220.5
辽 宁	Liaoning	11191.5	12056.9	12880.7	13746.8	14656.0	16108.0	17450.3	19908.0	19216.6	21483.2
吉 林	Jilin	10780.1	11326.2	12122.9	12950.4	13748.0	14936.0	16067.0	18134.5	17641.7	19472.0
黑龙江	Heilongjiang	10453.2	11095.2	11831.9	12664.8	13804.0	14982.0	16168.4	18577.4	17889.3	19755.9
上 海	Shanghai	21191.6	23205.2	25520.4	27825.0	30375.0	33195.0	34911.3	39729.4	38520.7	42988.0
江 苏	Jiangsu	14958.4	16256.7	17605.6	19158.0	20845.0	22675.0	24198.5	28486.5	26790.8	30488.4
浙 江	Zhejiang	19373.3	21125.0	22866.1	24955.8	27302.0	29876.0	31930.5	37565.0	35247.4	40310.8
安 徽	Anhui	9916.4	10820.7	11720.5	12758.2	13996.0	15416.0	16620.2	19574.9	18371.7	21143.9
福 建	Fujian	12650.2	13792.7	14999.2	16334.8	17821.0	19568.0	20880.3	24986.6	23228.9	26721.7
江 西	Jiangxi	10116.6	11139.1	12137.7	13241.8	14460.0	15796.0	16980.8	19936.0	18684.2	21358.2
山 东	Shandong	11882.3	12930.4	13954.1	15117.5	16297.0	17775.0	18753.2	22109.9	20793.9	23776.0
河 南	Henan	9966.1	10852.9	11696.7	12719.2	13831.0	15164.0	16107.9	18697.3	17533.3	20052.9
湖 北	Hubei	10849.1	11843.9	12725.0	13812.1	14978.0	16391.0	16305.9	19709.5	18259.0	21293.4
湖 南	Hunan	10060.2	10992.5	11930.4	12935.8	14093.0	15395.0	16584.6	19546.3	18295.2	20921.0
广 东	Guangdong	12245.6	13360.4	14512.2	15779.7	17168.0	18818.0	20143.4	23597.8	22306.0	25141.8
广 西	Guangxi	8683.2	9466.6	10359.5	11325.5	12435.0	13676.0	14814.9	17432.7	16362.9	18655.7
海 南	Hainan	9912.6	10857.6	11842.9	12901.8	13989.0	15113.0	16278.8	19117.4	18076.3	20708.3
重 庆	Chongqing	9489.8	10504.7	11548.8	12637.9	13781.0	15133.0	16361.4	19312.7	18099.6	20819.8
四 川	Sichuan	9347.7	10247.4	11203.1	12226.9	13331.0	14670.0	15929.1	18672.4	17575.3	19977.9
贵 州	Guizhou	6671.2	7386.9	8090.3	8869.1	9716.0	10756.0	11642.3	13706.7	12856.1	14817.2
云 南	Yunnan	7456.1	8242.1	9019.8	9862.2	10768.0	11902.0	12841.9	15146.9	14197.3	16361.3
西 藏	Xizang	7359.2	8243.7	9093.8	10330.2	11450.0	12951.0	14598.4	18209.5	16932.3	19923.9
陕 西	Shaanxi	7932.2	8688.9	9396.4	10264.5	11213.0	12326.0	13316.5	15704.3	14744.8	16991.8
甘 肃	Gansu	6276.6	6936.2	7456.9	8076.1	8804.0	9629.0	10344.3	12165.2	11432.8	13131.2
青 海	Qinghai	7282.7	7933.4	8664.4	9462.3	10393.0	11499.0	12342.5	14456.2	13604.2	15613.9
宁 夏	Ningxia	8410.0	9118.7	9851.6	10737.9	11708.0	12858.0	13889.4	16430.3	15336.6	17772.1
新 疆	Xinjiang	8723.8	9425.1	10183.2	11045.3	11975.0	13122.0	14056.1	16549.9	15575.3	17947.9

附-9　全国及各省(区、市)农村居民家庭人均生活消费支出
Per Capita Living Expenditure for Region Households by Region

单位：元　　　　(yuan)

地　区	Region	2014年	2015年	2016年	2017年	2018年	2019年	2020年	2021年	2022年	2023年
全　国	**National**	**8382.6**	**9222.6**	**10129.8**	**10954.5**	**12124.0**	**13328.0**	**13713.4**	**16632.1**	**15915.6**	**18175.1**
北　京	Beijing	14535.1	15811.2	17329.0	18810.5		21881.0	20912.7	23745.4	23574.0	26277.1
天　津	Tianjin	13738.6	14739.4	15912.1	16385.9	16863.3	17843.0	16844.1	18934.2	19285.5	21552.9
河　北	Hebei	8248.0	9022.8	9798.3	10535.9	11382.8	12372.0	12644.2	16270.6	15390.7	17243.8
山　西	Shanxi	6991.7	7421.2	8028.8	8424.0	9172.2	9728.0	10290.1	12090.9	11410.1	13684.1
内蒙古	Neimenggu	9972.2	10637.4	11462.6	12184.4	12661.5	13816.0	13593.7	15443.6	15691.4	18650.5
辽　宁	Liaoning	7800.7	8872.8	9953.1	10787.3	11455.0	12030.0	12311.2	14326.1	14605.9	16039.9
吉　林	Jilin	8139.8	8783.3	9521.4	10279.4	10826.2	11457.0	11863.6	12729.2	13411.0	14354.5
黑龙江	Heilongjiang	7830.0	8391.5	9423.8	10523.9	11416.8	12495.0	12360.0	15161.8	15225.0	16452.6
上　海	Shanghai	14820.1	16152.3	17070.8	18089.8	19964.7	22449.0	22095.5	27430.3	27204.8	30781.9
江　苏	Jiangsu	11820.3	12882.5	14428.2	15611.5	16567.0	17716.0	17021.7	22596.9	21130.1	25028.8
浙　江	Zhejiang	14497.8	16107.7	17358.9	18093.4	19706.8	21352.0	21555.4	27483.4	25415.2	30467.9
安　徽	Anhui	7980.8	8975.2	10287.3	11106.1	12748.1	14546.0	15023.5	17980.4	17163.3	18904.6
福　建	Fujian	11055.9	11960.8	12910.8	14003.4	14942.8	16281.0	16338.9	20466.5	19290.4	21745.7
江　西	Jiangxi	7548.3	8485.6	9128.3	9870.4	10885.2	12497.0	13579.4	16984.4	15663.1	18420.6
山　东	Shandong	7962.2	8747.6	9518.9	10342.1	11270.1	12309.0	12660.4	14686.7	14298.7	16074.7
河　南	Henan	7277.2	7887.4	8586.6	9211.5	10392.0	11546.0	12201.1	14823.9	14073.2	16638.2
湖　北	Hubei	8680.9	9803.1	10938.3	11632.5	13946.3	15328.0	14472.5	18991.0	17646.9	20921.5
湖　南	Hunan	9024.8	9690.6	10629.9	11533.6	12720.5	13969.0	14974.0	18077.7	16950.7	19210.2
广　东	Guangdong	10043.2	11103.0	12414.8	13199.6	15411.3	16949.0	17132.3	20800.0	20011.8	22209.1
广　西	Guangxi	6675.1	7582.0	8351.2	9436.6	10617.0	12045.0	12431.1	14657.7	14165.3	15434.9
海　南	Hainan	7029.0	8210.3	8921.2	9599.4	10955.8	12418.0	13169.3	15145.5	15487.3	16923.8
重　庆	Chongqing	7982.6	8937.7	9954.4	10936.1	11976.8	13112.0	14139.5	16727.1	16095.7	17963.5
四　川	Sichuan	8301.1	9250.6	10191.6	11396.7	12723.2	14056.0	14952.6	17199.0	16444.0	17900.8
贵　州	Guizhou	5970.3	6644.9	7533.3	8299.0	9170.2	10222.0	10817.6	13172.5	12557.0	14260.4
云　南	Yunnan	6030.3	6830.1	7330.5	8027.3	9122.9	10260.0	11069.5	13308.6	12386.3	15147.4
西　藏	Xizang	4822.1	5579.7	6070.3	6691.5	7452.1	8418.0	8917.1	11138.9	10576.6	12619.3
陕　西	Shaanxi	7252.4	7900.7	8567.7	9305.6	10070.8	10935.0	11375.7	14094.2	13158.0	15647.5
甘　肃	Gansu	6147.8	6829.8	7487.0	8029.7	9064.6	9694.0	9922.9	11494.2	11206.1	12575.4
青　海	Qinghai	8235.1	8566.5	9222.2	9902.7	10352.4	11343.0	12134.2	12515.8	13300.2	14790.2
宁　夏	Ningxia	7676.5	8414.9	9138.4	9982.1	10789.6	11465.0	11724.3	12825.3	13535.7	14648.9
新　疆	Xinjiang	7365.3	7697.9	8277.0	8712.6	9421.3	10318.0	10778.2	12169.1	12821.4	13644.7

附-10　全国及各省(区、市)居民消费价格指数
Consumer Price Indices by Region

(上年=100)　　(preceding year=100)

地　区	Region	2015年	2016年	2017年	2018年	2019年	2020年	2021年	2022年	2023年
全　国	**National**	**101.4**	**102.0**	**101.6**	**102.1**	**102.9**	**102.5**	**100.9**	**102.0**	**100.2**
北　京	Beijing	101.8	101.4	101.9	102.5	102.3	101.7	101.1	101.8	100.4
天　津	Tianjin	101.7	102.1	102.1	102.0	102.7	102.0	101.3	101.9	100.4
河　北	Hebei	100.9	101.5	101.7	102.4	103.0	102.1	101.0	101.8	100.6
山　西	Shanxi	100.6	101.1	101.1	101.8	102.7	102.9	101.0	102.1	99.9
内蒙古	Neimenggu	101.1	101.2	101.7	101.8	102.4	101.9	100.9	101.8	100.6
辽　宁	Liaoning	101.4	101.6	101.4	102.5	102.4	102.4	101.1	102.0	100.1
吉　林	Jilin	101.7	101.6	101.6	102.1	103.0	102.3	100.6	102.1	99.9
黑龙江	Heilongjiang	101.1	101.5	101.3	102.0	102.8	102.3	100.6	101.9	100.6
上　海	Shanghai	102.4	103.2	101.7	101.6	102.5	101.7	101.2	102.5	100.3
江　苏	Jiangsu	101.7	102.3	101.7	102.3	103.1	102.5	101.6	102.2	100.4
浙　江	Zhejiang	101.4	101.9	102.1	102.3	102.9	102.3	101.5	102.2	100.3
安　徽	Anhui	101.3	101.8	101.2	102.0	102.7	102.7	100.9	102.0	100.2
福　建	Fujian	101.7	101.7	101.2	101.5	102.6	102.2	100.7	101.9	100.0
江　西	Jiangxi	101.5	102.0	102.0	102.1	102.9	102.6	100.9	102.0	100.3
山　东	Shandong	101.2	102.1	101.5	102.5	103.2	102.8	101.2	101.7	100.1
河　南	Henan	101.3	101.9	101.4	102.3	103.0	102.8	100.9	101.5	99.8
湖　北	Hubei	101.5	102.2	101.5	101.9	103.1	102.7	100.3	102.1	100.1
湖　南	Hunan	101.4	101.9	101.4	102.0	102.9	102.3	100.5	101.8	100.2
广　东	Guangdong	101.5	102.3	101.5	102.2	103.4	102.6	100.8	102.2	100.4
广　西	Guangxi	101.5	101.6	101.6	102.3	103.7	102.8	100.9	101.9	99.8
海　南	Hainan	101.0	102.8	102.8	102.5	103.4	102.3	100.3	101.6	100.3
重　庆	Chongqing	101.3	101.8	101.0	102.0	102.7	102.3	100.3	102.1	99.7
四　川	Sichuan	101.5	101.9	101.4	101.7	103.2	103.2	100.3	102.0	100.0
贵　州	Guizhou	101.8	101.4	100.9	101.8	102.4	102.6	100.1	101.6	99.7
云　南	Yunnan	101.9	101.5	100.9	101.6	102.5	103.6	100.2	101.6	100.3
西　藏	Xizang	102.0	102.5	101.6	101.7	102.3	102.2	100.9	101.5	99.9
陕　西	Shaanxi	101.0	101.3	101.6	102.1	102.9	102.5	101.5	102.1	100.1
甘　肃	Gansu	101.6	101.3	101.4	102.0	102.3	102.0	100.9	101.9	100.5
青　海	Qinghai	102.6	101.8	101.5	102.5	102.5	102.6	101.3	102.4	100.5
宁　夏	Ningxia	101.1	101.5	101.6	102.3	102.1	101.5	101.4	102.3	100.4
新　疆	Xinjiang	100.6	101.4	102.2	102.0	101.9	101.5	101.2	101.8	100.0